国际货运代理实务

主　编◎朱　岩　白春柳
副主编◎牟光宇　王贵斌

浙江工商大学出版社
ZHEJIANG GONGSHANG UNIVERSITY PRESS

图书在版编目(CIP)数据

国际货运代理实务 / 朱岩，白春柳主编. —杭州 ：浙江工商大学出版社，2017.2(2023.1 重印)

ISBN 978-7-5178-1900-4

Ⅰ. ①国… Ⅱ. ①朱… ②白… Ⅲ. ①国际货运—货运代理—高等学校—教材 Ⅳ. ①F511.41

中国版本图书馆 CIP 数据核字(2016)第 264648 号

国际货运代理实务

主　编◎朱　岩　白春柳　副主编◎牟光宇　王贵斌

责任编辑　吴岳婷　刘　韵

封面设计　林朦朦

责任印制　包建辉

出版发行　浙江工商大学出版社

(杭州市教工路 198 号　邮政编码 310012)

(E-mail:zjgsupress@163.com)

(网址:http://www.zjgsupress.com)

电话:0571-88904980,88831806(传真)

排　　版　杭州朝曦图文设计有限公司

印　　刷　广东虎彩云印刷有限公司绍兴分公司

开　　本　710mm×1000mm　1/16

印　　张　13.5

字　　数　312 千

版 印 次　2017 年 2 月第 1 版　2023 年 1 月第 6 次印刷

书　　号　ISBN 978-7-5178-1900-4

定　　价　32.00 元

前　　言

当前,中国经济发展出现了新动力和新特点。简政放权同行政服务制度创新一起成为推动改革的“加速器”和“润滑剂”。互联网与传统行业进行深度融合,创造出新的发展生态。中国对外贸易实现了互联网化,跨境电商成为中国电子商务发展的最新趋势,根据国家商务部预测,到2016年跨境电商占进出口总额的比重将达20%。区域通关一体化和无纸化通关在全国范围内推进,推动了贸易便利、国际物流大通道建设和外贸转型升级。中国经济发展的这些新元素和新变化使传统国际物流行业的操作模式和操作方法都发生了巨大的变化,在校学生和职场员工迫切需要一本能反映这些新变化的教科书,帮助他们学习和工作。这是编写本教科书的初衷,也是我们的最大愿望。

本教材的主要特点:

(1)教材中加入了“跨境电商货运代理操作”内容。由于缺乏现成的参考书籍,本部分内容主要依据作者在跨境电商企业、跨境电商物流企业(主要是中国邮政、国际商业快递公司)、海关驻邮局办事处、海关驻机场办事处调研得到的第一手资料,经过作者理论提炼和甄别编写而成。

(2)通关无纸化后,进出口报关、货代操作、出入境报检的流程与操作方法,以及需要的单证于之前差别很大,本教材采用新的报关单格式,内容适应上述新要求。

(3)本教材力求反映国际货运行业的新变化。如国际航空运输中,IATA运价手册每年公布两次,本教材及时调整了教科书中相关运价及计算方式。世界每年都有大量的新港口诞生,现有港口的地位和作用也发生着变化,本教材力图反映这些新变化。

(4)厘清行业中一些模糊认识,填补知识空白。实际操作中出现将港口城市与货运港、母港与外港混淆,导致实践中订不到舱位。很多已经工作多年的学生向我反映,查不到某港口的具体位置,很少有书籍介绍这方面的知识,但实践中又迫切需要,本教材试图填补这方面知识空白。

(5)本教材配套有训练手册,配合使用效果较好。根据作者多年的教学实践和教学研究得出的结论,我国高职高专学生的学情因素,即思维特征和认知特点,决定了必须要经过大量、反复的模拟训练,才能使绝大多数学生、较熟练地掌握知识和技能,否则只能是事倍功半。

本书在编写过程中,编者多次深入浙江中海物流有限公司、马士基航运宁波分公司、宁波东海物流有限公司、宁波市联欣报关有限公司、上海经贸国际货运实业有限公司、嘉兴中轮国际货运代理股份公司、嘉兴邮政总公司、浙江省邮政互换局、嘉兴拓美进出口公司、嘉兴职业技术学院企业学院跨境电商班、TNT 国际快递上海分公司、深圳思比特物流有限公司等企业实地调研、查看原始单据、访谈一线员工，特此致谢。

教材编写分工如下：嘉兴职业技术学院朱岩副教授编写项目三、项目四、项目六、项目八；浙江国际海运职业技术学院王贵斌副教授编写项目二，绍兴职业技术学院牟光宇副教授编写项目七、项目九，杭州科技职业技术学院白春柳老师编写项目一、项目五。全书由朱岩老师统稿和内容调整。本书可作为高职高专院校国际贸易实务、国际商务、报关与国际货运专业，跨境电商方向教学用书，也可作为国际货运代理从业人员岗位培训用书。经评议，本书获得第七届全国农业职业教育优秀教学成果三等奖。本教材每次重印均根据实际业务变化做出修订。

由于水平有限，错误和疏漏在所难免，欢迎读者和同行进行业务探讨、交流、批评、指正。相关意见和建议可发电子邮箱：zhuyan1031@163.com。本书提供实践操作视频短片、电子教案、训练题答案，下载地址：http://www.zjgsupress.com。

编　者

2022 年 8 月

目　录

项目一　揽　　货

项目二　航线及运费

项目三　集装箱班轮运输货运代理操作

项目四　杂货班轮运输货运代理操作

项目五　国际多式联运货运代理操作

项目六 国际航空货运代理操作

项目七 国际航空特种货物运输代理操作

项目八 跨境电商货运代理操作

项目九 国际货运风险控制与纠纷处理

项目一 揽 货

项目导入

“揽货”是货代业务操作的第一步，其主要含义就是货代业务员（揽货员）通过宣传、介绍公司所能提供的有关货物运输的服务及与之相关的服务，达到吸引客户，并最终赢得客户的目的。国际货运代理企业服务的一切来自货物的承揽，有了货物的承运权才有国际货运代理业务的开始。货代业务员是公司利润的主要来源，是推广公司产品、提高公司形象的核心力量。90%的公司老板都是从销售做起的，货代公司更不例外，很多公司的老板都曾是优秀的货代业务员。没有货代业务员的货源，其他人员的工作只能是等待，货代业务员在货代公司处于核心地位。

视频短片：宁波货代公司优秀货代业务员谈如何成为一名优秀的揽货员。

学习目标

◉掌握货代营销的方法和技巧；

◉了解货代公司组织结构、岗位职能、主要业务和相关业务；

◉熟悉国际货运代理市场发展变化的基本规律、影响货主需求的因素以及货代心理学。

业务操作

任务一：电话营销

（一）电话营销产生的原因

对于刚跨进货代公司大门的货代新人来说，一般先要放到业务部锻炼。他们还没有自己的客户，工厂有门卫，写字楼有保安，如果没有熟人，想要见到目标客户非常难，这时候需要采用电话营销。拓展市场首先需要联系到这方面的人，才能进行下一步的产品推广。通过电话，找到自己的目标客户，通过不见面的沟通、熟悉，再慢慢介绍自己的产品，为下一步的预约见面打下良好的基础。

（二）获得客户信息

1. 电话簿。电话簿因其常用黄纸印刷俗称黄页，对揽货员有用的是目标货源区的黄页。

2.媒体。出口企业从来不会刊登需要国际货运代理的广告,揽货员要像情报员,善于从公开的信息里找到有用的资料。许多看似无关的资料在有经验的揽货员眼里可能是十分有用的。如一则急聘销售人员的广告,可能传递该外贸企业处在高速成长期或企业处在销售旺季或是产品推广期的信息,对国际货运代理企业来说就是该企业有更多的货物需要运往世界各地,也许以往的国际货运服务已经满足不了该企业的要求。又如企业的产品销售广告,如果企业名称是某某外贸公司、某某进出口公司或销售的产品是该地区传统的出口产品,可以判断该企业有产品出口,有产品出口必定需要货代。

(三)找准目标客户

货代业务员按照目标客户不同,分为直客和同行两个岗位。直客的揽货对象是货主,业界称之为直接客户,直客的目标客户是出口生产企业和外贸公司的业务员、单证员、跟单员、报关员、报检员、船务、关务等负责国际货物运输的那部分人;同行的目标客户是其他货代公司的业务员(揽货员),属于间接客户,是争取将其他货代公司揽货员揽到的货转委托给本公司操作。同行产生的原因,一是大量的二级以下货代公司的存在。以宁波港为例,宁波港能直接向船公司或船代订舱、有进出口报关权的一级货代公司有300多家,而二级以下货代公司,有4万—5万家。二级以下货代公司业务员揽到的货必然要转委托给一级货代公司,才能完成租船订舱工作。因此,争取二级以下货代公司揽货员揽到的货转委托给一级货代公司,就成为一级货代公司业务员的一项工作。二是独家代理的存在。货代市场竞争的结果,使得各货代公司寻求与船公司或船代更紧密的合作,纷纷成为各船公司或船代的指定代理或独家代理,即专做某条航线的货运代理。其他货代公司业务员揽到该航线的货,必然要转委托给专业代理该航线的货代公司做,才有较大的价格优势。

(四)电话营销成功的关键

克服心理障碍是电话营销成功的关键。很多货代业务员由于过不了这一关而离开了货代行业。电话营销必然会遭受很多次的拒绝,而且可以说是大部分的电话营销都会被拒绝。货代新业务员一般一天要打100个以上电话,据统计,只有5%—10%能成为潜在客户。多数人毫不客气地吼道:“不需要!不需要!我们已经有很好的合作伙伴了,你不要再来骚扰我们了。”有的听也不听,就直接挂断电话。有时事先没有征得对方同意就发邮件或传真,好不容易得到的回应却是专门来责骂的。一般刚走上工作岗位的货代新业务员心里会非常难受,觉得很委屈,心里承受了很大的压力,会连续好几天都不想摸电话,产生放弃的想法。这时候,坚持是关键。可以找人倾诉来调节心理压力,也可以跟老业务员聊聊,会发现他们也是这样过来的。学会心理暗示是个较好的方法,每天对自己说几遍:“别人也是这样挺过来的,既然他们可以,我也可以。”经过一段时间的磨炼,心理承受能力增强了,心理障碍自然会解除,继续打电话开发客户时,即使有客户直接挂断电话或说话难听也不放在心上,最终会开发出属于自己的客户群。

应用举例 1:勤动脑

两名货代业务员同时打电话去一家工厂,都被前台工作人员拒接了,而且可能前台工作人员还说了一些比较让人受挫的话语。一名货代业务员决定放弃,因为他觉得这家公司不可能打进去了。而另一名货代业务员思考了一下,觉得这个前台工作人员能这样拒绝他,也一样拒绝了其他货代业务员,真正能找到该公司货运负责人的货代业务员并不多,如果自己能通过一些方式找到该负责人,揽货成功的概率是很大的。所以经过思考,他再次或者说第三次、更多次地把电话打过去,直到找到那位负责人为止。

分析:货代业务员在工作中是需要不停地思考的,面对的拒绝远远超过成功,请思考客户的每一次拒绝,从中总结一些得失,来提高自己的应对能力。

应用举例 2:加深记忆法

一个外贸公司的单证人员讲了这样一个故事。一次,有个货代业务员通过电话营销找到了她,由于手上的权限和老板指定货代的原因,她开始没有在意该业务员。这个货代业务员并没有放弃,而是每隔十天半个月会给她打电话问候一下,并没有直接提及揽货工作,只是几句简单的问候,最多也就发一份传真和公司的基本报价。但是当有一天,老板突然对她说,感觉现在的货代费用过高,想换货代公司,她的脑子里留下的只有那个经常电话回访的货代业务员。合作就是这样达成的,一做就是几年。

分析:这就是电话营销中的加深记忆法,要让自己在客户的脑海里留下印象,在需要的时候能够第一时间想到你。电话营销不是一次就能够成功的,需要日积月累,积累自己在客户心中的分量,这样当有一天客户需要货代的时候,第一个想到的就是你。电话回访的内容切忌死板,也不要长篇大论,只要几句简单的问候,加深一下自己在客户心中的印象即可。

任务二:上门推销

上门推销即登门拜访,又叫陌生拜访,是货代新人开拓市场的另外一种形式,靠的是两条腿和胆大心细,很能锻炼货代业务员的谈判能力。陌生拜访可以分为最初漫无目的的“扫楼”和成熟以后的顺便陌生拜访两种。

(一)“扫楼”

最初漫无目的的“扫楼”是货代新人接受的第二个考验。靠着一开始掌握的不多的业务知识,大胆地出去陌生拜访客户,要面对面地去找合适的人,去和前台、保安周旋,直到找到自己想要找的人,交换到名片,这才算拜访成功。留下名片就有了希望,有希望就会有憧憬,这也是对感到处处碰壁的货代新人心理上的安慰。面对面的交流要比电话营销的成功率大很多,100 次的陌生拜访中应该会有 5%—10%成为自己的潜在客户。

(二)顺便陌生拜访

有了一定揽货经验后的陌生拜访,主要靠货代业务员的敏锐嗅觉。在你去拜访约见客户的路程中会遇到相应的陌生工厂,可以顺便向门卫打听一下,或者即时查询一下电话,电话打进去后告诉他自己在大门口,想顺便拜访一下,争取多给自己积累一个潜在的客户;或者在去写字楼办事的时候,该栋楼里面不止有你要见的一家客户,可能还存在很多你的潜在客户,这时你就可以进行一下陌生拜访,相比你工作初期的那种陌生拜访,这时的陌生拜访成功率就高很多。陌生拜访,就像一只隔着玻璃的无头苍蝇,到处乱撞。如果能够找到出口,外面就是一大片开阔地,天高海阔任你飞。

应用举例:小许的成功

小许是一名货代业务员,为公司推广国际快递的业务。小许经常会去"扫楼",毕竟写字楼里面的进出口公司比较多,走国际快递的也很多,很多客户都是陌生拜访以后才有合作机会的。有一天,小许路过一家很大的进出口公司,里面有很多部门,他抱着试一下的心态说明来由后,门卫让他找一个负责此事的葛先生(很多大公司的快件基本上由专人负责,而且在用很多家快递公司)。找到葛先生后,小许诚恳地说明来意。葛先生人很好,当时小许推出的是UPS的快递业务,葛先生就把他带到了业务三部,说这个部门都是用UPS的,决定权在一位盛小姐那里。小许就这样认识了盛小姐,并且用比较合适的价格把盛小姐那边当时的UPS的快递业务都拿下来了。由于做事认真负责,这个进出口公司其他部门有走UPS的时候,盛小姐都是帮忙介绍给小许。慢慢地小许和盛小姐就成了好朋友。后来小许转向做国际海运,盛小姐手中的决定权也越来越大,在小许换了公司后,盛小姐后来的海运业务也一直支持着小许。

分析:陌生拜访的时候有时能够遇到热心人,这样从试着合作到信任货代业务员的为人,最后小合作也能变成大合作。毕竟陌生拜访有利的一个原因是,只要能见到人,就是面对面的交谈,可信度要比电话沟通好很多。

任务三:网络营销

货代公司基本上都实现了网络化办公。互联网是一个大家都离不开的营销平台,利用好了能创造出很大的财富,利用不好你的信息就如石沉大海。货代网络营销主要有两个方面:搜寻客户信息和发布广告。

(一)搜寻客户信息

1.通过当地人才网。众所周知,人才网是企业招揽人才的地方,但也是信息最为准确及时的地方。看到某企业在招聘关务、船务、外贸业务员、跟单员、单证员、报关报检员等,这家企业肯定有货物出口,就会是你的开发对象,一般人事部也都会留下联系方式,即使没有,你也应该能查询到这家企业的联系方式,下面就靠电话营销的技巧了,通过人事部的人帮忙找人或转电话要比直接联系前台好很多。

2. 通过 B2B 网站。主要有阿里巴巴、中国制造网等，找到电话后进行电话营销。

3. 通过当地门户网站论坛。一般上面都会有对网友的信息进行专门介绍的帖子，你可以去里面寻找一些发布对你有用信息的网友，加为好友，这些都是潜在的客户。

4. 通过 QQ 群、MSN 群。能否成为客户就看你的销售嗅觉了。

（二）发布广告

1. 直接发布广告。你要让别人知道你是做什么的，这就是守株待兔守则。要能等到兔子，就必须好好装饰一下你这棵树。可以用逆向思维法，客户想寻找货代公司的时候，一般会用关键字去搜寻，将这些关键字尽量放在你所发布广告的标题里面，最好简洁明了，或者在 QQ、MSN 和论坛签名档留下自己有效信息，如“嘉兴货代小全”“装箱大师”“我要揽货”等。

2. 发布“软广告”。其实最好的广告不是直接发布广告，而是将你的信息留在签名档，然后经常发布一些行业里面最实用、对大家都有帮助的内容，或者有时写写自己的经历，用真挚的语言去感染别人，让他们不由自主地想认识你，这样你才能真正达到做广告的效果。

网络营销最重要的是让别人信任你，这需要时间的考验，更需要实际的验证。所以网络营销切忌急功近利，多帮助别人解决问题，先交朋友，慢慢才会产生合作关系。

应用举例：泡论坛“泡”来的客户

货代员徐迪讲了他自己的一段经历：“我有段时间喜欢泡论坛，有时间就在上面和大家一起灌水，认识了一些比较投缘的朋友，其中有个和我同在一个城市做外贸的小姑娘。那时她还是刚刚毕业走出校门没多久的外贸新人，有很多问题请教我，我不懂的就会帮她去问别人，总之会尽一切努力帮她解决疑惑。后来有一天，她突然问我，空运的 DDU 能做吗？那个国家我们有自己的代理，所以是没有任何问题的，就这样我接了她委托的第一票货物。后来她换了工作，又帮我介绍她的同事、朋友认识。时至今日不管是她还是她介绍的人都陆陆续续有货物在我这边走。”

分析：其实徐迪和小女孩聊天时都没有提到业务，只是小姑娘对徐迪的一种信任，以及他对她的帮助，让她觉得他能够胜任她所委托的货物。

任务四：关系营销

服务企业所要推销的不是一个实在的物品，而是一种行为或观念。对服务企业来说，利用消费者之间的“口碑”进行关系营销是相当重要的。绝大多数中小货代公司具有很强的地域性，不适合做大规模的广告宣传，所以利用人际“口碑”的关系营销在货代企业营销战略中占有特别重要的地位。通过上面三个阶段的积累，货代新人慢慢地成长起来，更专业了，也能帮助客户解决实际问题，接下来这一阶段主要靠关系营销。货代的关系营销是指通过前三个步骤的积累，业务娴熟了，信誉、口碑也建立起来后，客户会帮你介绍客户，朋友会主动找你，甚至同行都会把你做得好的航线推荐给客户。新业务员不要一开始就找身边的关系去做销售，一个刚步入货代行业的人，对各种操作、货物运输的途径、所需要的手续都不了解，就动用自己身边的关系，或者父辈朋友的一些关系开发市场，很容易把自己身边的关系做砸掉，路反而越走越窄。

（一）客户介绍客户

这是一些资深的成功货代业务员最大的关系营销客户资源。由于专业知识娴熟，专做的航线情况了解清楚，能够帮客户解决疑难问题，客户觉得将货物托付给你很放心。这些客户在与行业内的朋友闲聊、聚会时会提及谁认识比较好的业务员，会把你骄傲地推荐给其他客户。对于同行的推荐，客户一般比较认可，通过别人的言语帮你做销售要比自己开发轻松，成功率也高，后期只要保持自己的本色，客户会越积越多。

（二）朋友会找你

当你的业务知识达到一定水平的时候，相关的朋友自然会主动地找你，毕竟把自己的货物交给自己信任的朋友是最放心的一件事情，你必须认真对待这种信任，这个可以传播你在朋友圈子中的口碑，货源自然就越来越多。

（三）同行介绍客户

这个要看你日积月累的人品。得到同行的赞赏要比得到客户的赞赏难得多，你和同行毕竟是竞争对手，得到对手的欣赏，说明你真的是做货代业务员达到一定层次了。同行会把他们没优势而你专做的航线客户直接介绍给你，因为他们对你信任，这个信任是对你人品的肯定。达到这个层次的时候，你根本就不用担心自己的业务量了。

关系营销其实是靠现有的圈子扩大自己的圈子，客户有朋友，朋友也有朋友，同行更有客户，这样一层层扩大自己的人脉圈子。达到了这个层次，你的工作就得到了大部分人的认可。记住，“好名声要用一辈子去维护，坏名声只要一次就够了”。

应用举例：一个货代业务员的经历

我曾经在中国五矿集团负责锌锭出口。一次有300吨、约20个货柜的二级锌锭出口韩国，原先的货代是兵器工业部北方公司在天津的分公司。货到货代指定仓库后，发现有十几捆散捆。仓库没有这种专用打捆设备，我自己千方百计找到设备打捆，忙完后已经是下午1点多了。仓库不提供住宿和吃饭，又处在荒郊野外，没有饭馆，后来找到一个小卖部买了碗方便面凑合。乘一个多小时的车回到天津市区宾馆住下来，碰到同一个系统做土畜产的小徐，他见我每天起很早乘车去仓库，建议我将货转到他所在的货代公司去。那家货代公司果然服务很好，给我们提供住宿，有专人为我们做饭，提供车辆给我们办理进出口手续用，由于是村镇办企业，各项费用还比原来低很多。后来，我又将公司做铝锭、铜锭、铅锭、镍锭、钢材、水泥、锌精粉等的业务员推荐过去，每年的走货量有几万吨。货代公司当然赚了个盆满钵满。

分析：客户向客户推荐的货代公司，一般客户比较信任，因为他们处于同一个利益群体，没有利害冲突，对货代营销来说也能起到四两拨千斤的效果。

理论支撑

一、国际货运代理市场供需特征

（一）国际货运代理市场需求特征

1. 货代需求的派生性。国际贸易与国际货运的发展变化，直接影响并决定着货运代理市场需求状况，国际贸易的兴衰决定着货代市场的繁荣与否。

2. 供需变化的滞后性。世界经济从繁荣到衰退，从萧条到复苏，都要经过一段时间才能反映到国际贸易中，其次才反映到国际货运代理市场，最后影响到国际货运市场。

3. 个别需求的差异性。货物的类别、性质、包装差异决定着相应的运输方式、运输工具及配载技术，以适应货物的理化性质、重量、体积、形状及包装等各方面的特点，这些各种各样的特殊需求构成需求的差异性。

4. 总体需求的规律性。从总体上来说，世界货运市场需求具有一定的规律性。如原材料、劳动密集型工业制成品由发展中国家运往工业发达国家，资本及技术密集型产品由发达国家运往发展中国家。又如粮食等农产品及取暖燃料等运输的季节性。

了解和掌握国际货运市场总体需求的特征，有利于企业制订战略发展规划及具体的营销计划和营销策略。

（二）国际货运代理市场供给特征

国际货运市场的供给特征主要有三个方面：

1. 货代服务产品的非储存性。产品的储存在市场经济中具有特别重要的意义。通过产品的储存可以调节市场的供求关系，对市场价格人为地加以控制。但在国际货运代理市场中，国际货运代理服务产品不能改变劳动对象（货物）的性质和形状，不能生产出任何独立的物质形态的产品。国际货运代理服务产品是无形的，随着服务的终止而消失，不能像一般生产产品那样可以加以储备。这一特点使得国际货运代理市场的调节非常困难，需求发生变动，供给不可能随即加以变动，结果是极易使市场的运价大幅度波动。

2. 总体供给储存的必要性。由于世界经济发展的周期性及货运代理需求的不平衡性，货代服务产品的供给很难时时与需求相符。在货代服务产品无法储存的情况下，唯有通过总体舱位配额储备来适应市场的变化。这就要求国际货运代理企业有超前意识，及时和承运人签订舱位配额合约。舱位配额的储备可以使国际货运代理企业在市场需求增长时抓住机遇，为企业创造巨大的效益，但也存在着市场萧条时，舱位配额过剩会给企业带来亏舱损失的风险。舱位配额预订的超前量就成为国际货运代理企业经营者研究的重要课题。

3. 货代服务产品使用的不充分性。一方面，由于舱位配额储备的必要性决定了在国际货运淡季及货运市场不景气时，必然会导致部分舱位闲置；另一方面，由于货运代理需求与供给在时间上、地点上存在着不一致现象，即当市场上有货物要出运时，不一定能在该时该地恰好提供它所需要的舱位。反之，国际货运代理企业手中有多余的舱位，此时此地不一定有货，这意味着舱位供给中存在着浪费。

二、影响货主需求的基本因素分析

（一）运价

现阶段中国货运市场上，运价是货主选择货代的主要影响因素。出口产品的低档次决定了中国出口产品市场供需失衡，供给远远大于需求，因此，中国有形产品的出口市场多年来始终是买方市场。一个国外买家后面跟着十几家国内卖家，而一个国内卖家后面又跟着十几家货代公司承揽货运业务。企业间的恶性竞争导致出口营销手段主要靠拼价格，浙江相当一部分外贸企业利润依赖于国家出口退税。温州企业出口一件衬衣赚不到5分钱，卖一只打火机利润不到2厘钱。在其他影响因素不变时，运价决定着货运无形产品的市场需求。客户选择货代首先考虑的就是运价。在目前货代公司同质化竞争很严重的情况下，货代企业要想取得竞争优势，必须放弃单一的价格营销策略，而采用产品差异化营销策略。

（二）运送质量

1.航线。航线要多。宁波—舟山港货代业之所以非常发达，原因之一是它既有近洋运输，又有远洋运输，世界各大船公司几乎都有挂靠宁波港，货主感到在宁波港走货非常方便。

2.班期。班期要密。远洋航线的标准航班是周航班，船公司通过联营等手段将班期增加到每周三至四班，其目的是尽力满足托运人出货时间要求，加强托运人的品牌忠实度，垄断托运人的继续装运行为。

3.航行时间。航行时间要短。较短的在途时间可以降低交易风险。

4.设施。设施要先进。运输船舶船龄不能太长、集装箱数量和类型多、场站设施设备先进、港口交通及港口与腹地交通便利、货代公司信息化水平高等。

5.文件制作。文件制作要准确。委托书、订舱单、集装箱设备交接单、集装箱装箱单、提单、报关单、报检单、保险、舱单等货运单证制作的正确与否关系到能否及时发、接货，若经常出错，货主便不愿意与货代公司继续合作。

6.服务。服务要好。货代行业主要职能是开发客户、做市场，属于服务行业。货代业务员是否服务态度好，操作员是否有较强的操作能力而使货物安全、及时、低成本地运往国外，仓位是否得到保证，交运的货物是否得到妥善地储运，货运种类和方式是否广泛，付款条件是否优惠等，都是客户选择货代要考虑的因素。

（三）社会文化

托运人选择货代有时生活文化因素占据主导地位而忽视运价、运送质量因素。如有的货主倾向于国货国运，排斥外国船；有的货主只相信外国船东的运送质量。货代的商誉和形象往往也会成为影响客户需求的主要因素，有时因为货主个人不喜欢某货运公司的企业文化而排斥该公司。马士基虽然是全球最大的船公司，但由于态度傲慢，2006年带头向中国港口征收码头操作费而遭到中国货代行业的抵制。一些中东国家船公司更愿意与同属于穆斯林的中国货代公司合作而忽视价格因素。

三、货代目标市场营销方法

（一）进行市场调研，分析市场机会

市场机会就是市场上未满足的需要，但并不是所有未满足的需要都构成企业的市场机会。因为对某一企业来说，不是任何机会都可以利用，还要看它是否符合企业的目标和资源条件。因此，营销人员不但要善于发现市场机会，还要善于分析、评估市场机会，看它是否对本企业适用，是否有利可图。市场机会的分析，有赖于对营销环境（包括宏观环境和微观环境）进行科学细致的市场调研。企业的市场营销管理者必须充分重视并及时开展市场营销调研活动，调研市场上的需求状况，预测需求的发展趋势，调查研究哪些因素影响市场需求和企业的营销活动，这些因素是有利影响还是不利影响等。即市场营销部门不仅要善于发掘市场机会，还要注意影响企业营销的不利因素的挑战。机会和挑战往往是并存的，如果不能及时发现，就会造成损失。可利用的机会没有及时利用，会造成“机会损失”。而市场上的种种挑战，如不及时发现并及时采取应变措施，就可能造成更大损失。

（二）进行市场细分，选择目标市场

经过分析和评估，选定了符合企业目标和资源的营销机会后，还要对这一市场容量和市场结构做进一步的分析，以便缩小选择范围，选出本企业准备为之服务的目标市场。

首先，要仔细测量其现有的和未来的市场容量，如果对市场前景看好，就要决定如何进入该市场。其次，要进一步分析市场结构，根据不同的需求特征，如按航线、按货类、按货量或按货主所追求的利益等，将市场划分为若干部分，即“市场细分化”，了解构成该市场的每一细分部分，并确定哪个部分可提供达到企业目标的最佳机会，被选中的细分部分称为“目标市场”。企业根据自己的营销目标和资源条件选择一定的目标市场进行经营，这种经营方式称为“目标市场经营”。

国际货运企业为货主服务，并从货主那里获得报酬。货主主要包括进出口商、加工贸易企业、到国外参展的单位以及一些个人。从货物运量来看，在每年通过海运出口的货物中，从事一般贸易的进出口商的货物运量所占比重最大，它们是国际货运代理企业的首选客户群，其次是加工贸易企业。目前，国内进出口企业对货代的选择主要有以下五种类型：

1. 大型的出口企业。这类企业具有信誉好、出口量大、目标国家多等特点，因此，它们一般会选择实力雄厚、服务质量高的国际货运企业，有些甚至采用招标的方式选择国际货运企业，因此大多数货代企业不能成为其服务供应商。实务中，要想成为其服务供应商，可以尝试关系营销。

2. 中小型出口企业。这类企业具有货量较小、对服务价格比较敏感等特点，但是这些企业数量众多，货源总量很大，也是大多数货代企业争夺的主要目标。

3. 新成立的出口企业。这类企业通常经验不足，因而更加小心翼翼。一个有实力、耐心、诚信的货代企业往往会有较大的机会取得这些新成立的出口企业的信任，并争取到它们的货源。

4. 加工贸易企业。这些“三来一补”企业的货物一般以 FOB 条款成交，在海上运输中运

费的支付方式是运费到付，一般比较适合有较完善的海外代理网络的国际货运代理企业。

5.有特殊货物出口的企业。诸如冷冻食品、超大超重货物、液态货物、危险品等。这些货物需要专业的特种箱运输，宜选择操作人员专业知识扎实、实力较强、实践经验比较丰富的国际货运企业。由于操作难度大，利润也往往更高。

此外，还有各种展销、展览等也需要货代企业协助完成国际运输。

（三）确定目标市场营销策略

采用何种营销策略来进入和经营目标市场，目标市场营销策略的选择就成为企业要考虑的重要问题。

1.无差异营销策略。企业不考虑细分市场的差异性，将整体市场作为目标市场，对所有消费者只提供一种产品，采用单一市场营销组合的目标市场策略。这种策略着眼于满足整个市场的共同需求，而舍弃在细分市场中所表现的某种差异。所面对的市场，客户选择能力不强。它的优点是有利于标准化和大规模生产，不需要做大量的广告，营销费用较低，获得较好的规模效益。缺点在于不能满足客户需求的多样性，不能满足进一步细分化市场的客户需求，竞争激烈导致利润较低。

2.差异营销策略。通过市场细分，选择几个子市场作为目标市场，并针对每个子市场的不同需求特征，设计不同的产品或服务，采取不同的营销组合。该营销策略适用于大多数异质的产品，一般来说，企业规模大，财力、技术、人力资源实力强，采用差异化营销策略容易取得成功。它的优点是增加了销售机会，减轻了竞争压力，提高了市场占有率。缺点在于资源消耗大，成本高。

3.集中营销策略。即密集性目标市场策略，是企业以一个细分市场为目标市场，集中力量，实行专业化生产和经营的目标市场策略。该策略适用于小企业或新进入市场的企业。它的优点在于企业可采用针对性强的营销手段，占据市场优势，提高产品市场知名度，节约生产成本，提高利润。缺点是竞争者加入和客户需求变化导致较大经营风险。

（四）确定市场营销组合策略

在选定了目标市场，确定了目标市场营销策略和市场定位后，市场营销的下一项任务就是设计营销组合策略。市场营销组合策略，又称为市场营销组合，是企业根据目标市场的需要和自己的市场定位，对自己可控制的各种营销因素（产品 product、价格 price、渠道 place、促销 promotion，简称“4P”）进行优化组合和综合运用，使之协调配合，发挥优势，以取得最大的经济效益和社会效益。市场营销组合因素对企业来说都是可控因素，即企业可以根据目标市场的需求，自主决定自己的产品结构、产品价格、分销渠道和促销方法等，但这种自主权不是绝对的，因为在企业的营销过程中不但受到本身目标和资源条件的制约，而且还受到各种微观和宏观环境因素的影响和制约，如微观环境中的供应者、竞争者、营销中介、社会公众等，宏观环境中的经济、自然、政治法律、社会文化、科技、环保等，这些都是企业的不可控制因素。企业营销管理者的任务就是适当安排营销组合，使之与不可控的环境因素相适应，这是企业能否取胜的关键。在国家干预及贸易保护主义盛行的前提下，营销学理论又有了新的发展，认为企业不仅要适应营销环境，而且可以影响营销环境，提出了“大市场营销观念”,即在营销组合“4P”的基础上又增加了3个“P”,即人员(people)、过程(process)、有形展示(physical evidence)。这三个因素对服务企业来说是可以控制的,同时对企业有效地保证和提高服务质量具有重要影响。营销组合因素的多层次性,使营销组合具有可控性、复合性、动态性和整体性的特点。它体现了市场营销观念中的整合营销思想。

四、货代心理学

货代市场营销的理论基础是销售心理学,属应用心理学范畴。货代是做市场,开发客户的,属于服务性行业。掌握各环节人物的心理,懂得换位思考,是成长为优秀业务员的关键因素之一。货代心理学主要分客户心理学、领导心理学、同事心理学、同行心理学、合作方心理学等。

(一)客户心理学

不同类型的客户心理不同,有些利润很低,所以找便宜的运输方式;有些发货人很急,所以找最快的运输方式;有些发货人由于货值很高,需要找最为保险的运输方式;有些货物难以运输,需要找专业的运输公司;有些交接货方式比较特殊,需要找最为合适的操作方式。如果货代员能够了解到这些情况,从而站在发货人的角度去思考问题,成功的概率会大很多。

回答客户询价,不仅仅是计算成本,完成报价,报完价后,告诉客户淡旺季运价变化规律,提示其是否再增加或者减少一些运费做进成本里,以防日后由于时间关系运价变化导致不必要的亏损,这时客户感到你不仅仅是生意伙伴,而是提供贴心服务的朋友,会加深对你的印象。

报价的时候要避免陷入两个误区:一是报很高的价格,等着客户来杀价。国际货运市场不是服装批发市场,当竞争对手突然报一个很低的价格,你不得不大幅度降低报价时,客户会认为你中间会有更大的水分从而怀疑你的人品,怎么能放心将价值几十万、上百万的货物交给你运输呢?二是价格很低,满口答应会给客户多少折扣。国际货运不可控因素较多,货物在中途可能发生一些不必要的费用,利润会消失殆尽,再向客户加收费用,客户会怀疑你做了手脚。正确的做法是,在充分了解本地区货运市场行情的基础上报一个中低价格,不管客户怎么杀价,只要是正常利润,请坚持自己的底线,不要害怕被别人抢走生意而突然降价,主要靠优质服务赢得客户。当客户讨价还价时,最好争取让客户先委托过来,自己凭这个去向船公司或航空公司申请折扣,到时候做下来利润空间允许,可以在开票的时候给客户一个比较满意的折扣,这样客户就觉得你做事可靠,并且没有失信,会更加信任你。

(二)领导心理学

这是货代业务员要掌握好的第二个重点,只有得到领导的支持,才能更好地服务好自己的客户。货代业务员要掌握领导的心理,也要学会让领导了解自己。领导注重的是结果,因为领导无法监控你的所有过程,这个过程就需要你及时向领导汇报。比如货代业务员一般是早八点半、下午五点半各打一次卡,很多新业务员在网吧里打一天网游。你在拜访客户的时候,遇到一些问题可及时打电话给自己的领导,请示一下,一是表明你积极的工作态度,二是即使将来客户没有做下来，领导也知道你在尽力做事，在以后的工作中领导也会更加理解你。领导交办的事情，即使自己知道很难办到，不要直接拒绝，先尽力去办，需要把事情办到哪一步告知领导，并说明自己确实想不出好的办法。事情办成了，向领导表明了你的能力；没办成，领导也明白你是个尽力做事的人。领导都喜欢看见自己的员工在努力做事。

（三）同事心理学

同货代业务员关系最密切的同事是操作员。一个不称职的操作员可能将你辛苦开发的客户做丢，因为操作员拿固定工资，而业务员主要靠拿提成。操作员喜欢照章办事，做丢客户损失的不是他们，而是业务员。相反，一个好的操作员能够帮你挖掘客户，本来客户只是给你一部分货物，但是被操作员的热心和操作能力所信服，就会将更多的货物交给你做，甚至将他的同行朋友介绍给你。操作员是把双刃剑，掌握好操作员的心理并加以利用，对业务员有百利而无一害。

人人都是平等的，虽然业务员是公司的核心，但千万别对操作员乱发脾气（除非他们恶意损害你的客户）。他们帮助你的客户操作货物，你应该心存感激，做得好的时候给予表扬或者私下的一些小恩惠作为奖励，可以在领导面前说说好话。客户心烦的时候对操作人员态度不好，你要多加开导操作员，让他们把气撒在你这里，而微笑着面对你的客户。试想，如果你是一个操作员，一个业务员能如此对你，你能不用心地帮他做好客户吗？

（四）同行心理学

货代业务员分为直客和同行。直客向外贸公司或工厂揽货，同行向其他货代公司揽货。二级以下货代揽到货后一般转委托给一级货代去操作，有些货代公司将自己揽到的货交给那些专做该航线、具有价格优势的货代去做，这样就产生了同行的做法。做同行的货物要清楚，不仅同行对价格要求高，对服务的要求更高。同行的询价比较多，你要不厌其烦，可能前100次的询价没有做成一笔，但是后100次询价可能做成20笔，这个是时间累计的信誉。别人问你100次都没有烦，足以证明你对他的重视，对待这样一个重视自己的朋友，同行心里会有愧疚，只要适合你，都会给你做。同行的传话效果会使你的客户越来越多。当自己的利润足够的时候，适当地让一些利润给同行，他们会心存感激的，当你遇到利润很低的货物时，他们也会主动让给你一些利润，相互之间的体谅，就能使彼此更加长久地合作下去。

（五）合作方心理学

合作方很多，这里主要讲拖车公司和海关、商检等。拖车司机普遍文化素质不高，但感情朴实，直来直去。对他们最好不要讲大道理，多给一些实惠，即使是他们的错，也不要抱怨。你对他们好，他们会加倍报答你。以后你的货，他们会主动替你照顾。

海关人员每天要看很多单子，长期枯燥的工作会造成心情特别烦躁，心理上会倾向那些清晰明了的单证，遇到错误较多的单证可能会甩出来，这时候要多理解，交代客户做单子一定要简单明了。

五、货代公司组织结构及其工作内容

（一）货代公司组织结构及其岗位

1. 货代业务员：主要职责是开发新客户。

2. 操作员：主要职责是订舱、配载、接发货、托运、监装监卸、保险、储运、包装等。

3. 报关员：代理报关。

4. 报检员：代理报检。

5. 单证员：核对提单资料，制作相关单证，又称货代公司内勤。

6. 商务专员：与船公司或船代谈判运价、处理法律事务、管理 VIP 客户。

7. 客服经理：维护、管理客户。

8. 跑单司机：取送单证，在客户与报关部门间传递单证，又称公司外勤。

小型货代公司没有商务专员和客服经理两个岗位，而是将其职能合并到操作员、业务员岗位。有些货代公司用快递取代跑单司机的工作。

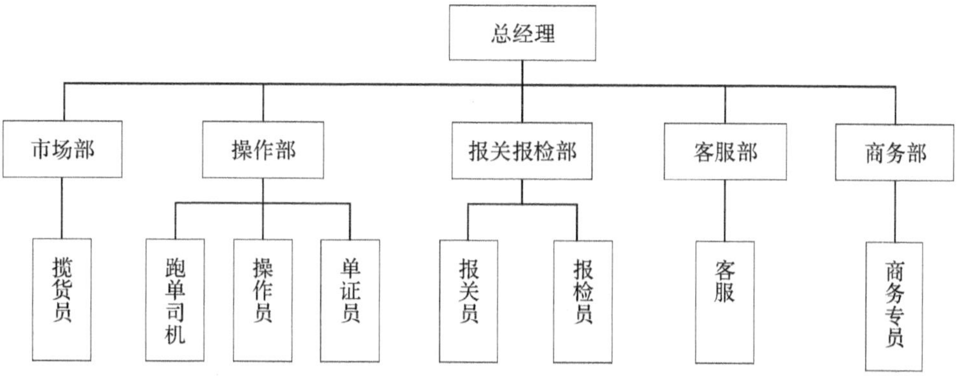

图 1-1 货代公司组织结构图

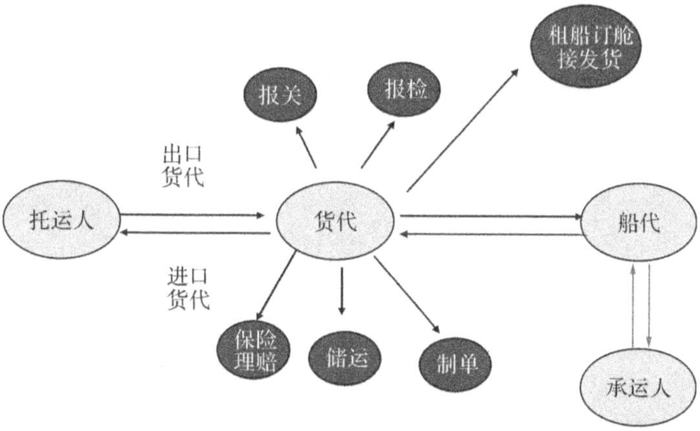

图 1-2 货代工作内容

（二）货代工作内容

托运人的代理称为货代，而承运人的代理称为船代。目前，华南地区托运人可以直接向承运人订舱，也可以通过货代订舱。长三角地区托运人一般要通过货代订舱。过去货代的主要任务就是租船、订舱、接发货。随着货代业竞争的激烈，要求货代公司为客户提供更全面、优质的服务，及代理报关、代理报检制度的施行，一级货代公司已将业务拓展到为客户代理报关，代理报检，代办保险，代理制单，负责货物短途运输、仓储、包装等。

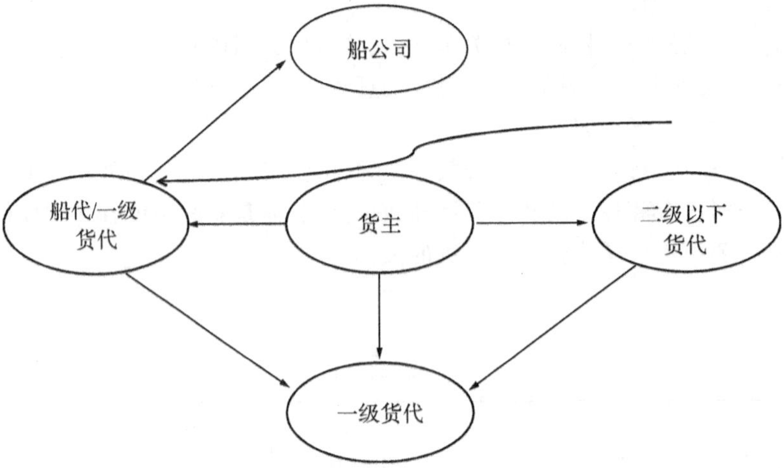

图 1-3　货代行业运行图

（三）货代行业运行图

货代分为一级货代及二级以下货代。一级货代与二级以下货代的根本区别是一级货代可以直接向船公司或船代租船订舱，具有报关权。货代行业大多数是二级以下货代企业，如宁波港一级货代有 300 多家，而二级以下货代有 4 万—5 万家。二级货代主要业务是开发客户，做市场。有些船代公司兼做货代业务，实际上它同时成为一个一级货代公司。货主可以将货物委托给二级以下货代公司，也可以委托给一级货代公司，谁能揽到货主要看公司的市场开发能力，所以市场部在货代公司处于核心地位。货代接受客户委托后向船代租船订舱，船代根据航线、船期、运价选择他所代理的船公司，售出舱位并通知船公司。

项目二 航线及运费

扫一扫

项目导入

海上货物运输，主要是利用船舶在国家间进行货物运输的一种运输方式。海洋运输因运力强、运量大、运费低，世界上国际贸易货物有 2/3 以上是通过海上货物运输的。水路货物运输最适于承担运量大、运距长，对运输时间要求不太紧，货物的运费负担能力相对较低的货运任务。国际海上货物运输风险大，其经营活动要受到有关国际公约和各国法律的约束，也要受到国际贸易兴衰和国际航运市场的影响。

学习目标

◉了解国际海运船舶；

◉熟悉我国对外贸易运输主要航线及其基本港；

◉掌握集装箱整箱货、拼箱货、杂货海运费的计算和报价。

业务操作

任务一：查港口、港口所在国家及其所属航线

货代业务员在接受客户询价中，要确定目的港所在国家及其所属航线，这是计算运费，给客户报价的基础。因此，货代业务员要非常熟悉我国对外贸易主要航线及其基本港。

（一）港口及航线查询方式

1. 通过挂图查询。

2. 电子地图库：http://www.8264.com/ditu；http://www.cdspun.com；http://map.ps123.net/world；http:/ditu.bajiu.cn。

3. 谷歌电子地图：http://ditu.google.cn。

（二）我国主要海运航线及其基本港

为了方便查找沿线各港口，每条航线的港口是按照从中国港口出发，船公司一般的挂靠顺序排列的，打“*”号为重点航线。

1. 近洋航线及基本港

（1）中国—菲律宾航线（MANILA 马尼拉、ILOILO 伊洛伊洛、CEBU 宿务、DAVAO 达

沃)。马尼拉港位于菲律宾北部,是该国最大港口,分为南港、北港及国际集装箱3个港区,该港进口货物约占菲律宾全国进口货物的4/5。达沃港位于该国南部棉兰老岛东南达沃湾西北岸,出口货物主要有香蕉、木材。宿务港是菲律宾第二大港,是菲律宾南部最主要港口。伊洛伊洛港位于该国中南部班乃岛东南岸,是菲律宾第三大港,主要装卸糖等杂货。

*(2)中国—越泰航线(HOHGAY 鸿基、HAIPHONG 海防、DANANG 岘港、HOCHIMINH 胡志明、SATTAHIP 梭桃邑、LAEM CHARBANG 林查班、BANGKOK 曼谷港、SONGKHLA 宋卡)。鸿基港位于该国下龙湾东岸,锦普港南边,是著名的煤港。海防是越南北方最大海港,占全国货物吞吐量的30%,主要装卸货物为矿砂、粮食、集装箱货物。岘港,又名土伦港(TOURANE),是越南最大的海产品输出港,也是著名的中转港。胡志明港又称西贡港,是越南南方最大港口,有 HOCHIMINH VICT(胡志明国际港)、HOCHIMINH CAT LAI(胡志明泰莱港)、HOCHIMINH NEW PORT(胡志明新港)三个港区,胡志明新港还有一种英文写法为 TAN CANG PORT。曼谷港本港由于码头水浅,只能靠1万载重吨的船舶及500TEU的集装箱船,因此,只有开往日本、中国香港、新加坡等的集装箱支线船能靠码头,而开往欧洲的2000—3000TEU集装箱船要在林查班港或梭桃邑港中转。林查班港位于曼谷港东南60英里,在是拉差市南边,是曼谷港的外港,也是该国最大的集装箱港口。

*(3)中国—新马航线(SINGAPORE 新加坡、PASIR GUDANG 巴西古丹、JOHORE BAHRU 新山、TANJUNG PELEPAS 丹戎帕拉帕斯港,MALACCA 马六甲、PORT KELANG 巴生、PENANG 槟城)。新加坡港是亚太地区最大的转口港,80%的货物是转口货物,也是世界最大的集装箱港口之一。巴西古丹位于柔佛海峡的东端。新山港又称柔佛巴鲁港,位于柔佛海峡的中端,装卸木材、石油、橡胶、棕榈油及农产品等散杂货港。丹戎帕拉帕斯港简称PTP,位于柔佛海峡的西端,是马来西亚第二大集装箱港。巴生港是马来西亚最大的集装箱和散杂货港口,也是首都吉隆坡外港。槟城是马来西亚第二大港,是著名的转口贸易港。

(4)中国—孟加拉湾航线(RANGOON 仰光、CHITTAGONG 吉大、CALCUTTA 加尔各答、MADRAS/CHENNAI 马德拉斯/金奈)。加尔各答是印度第一大城市,东部最大港口,是内陆国家尼泊尔、不丹和锡金的出海口,因主要出口黄麻,又有"黄麻港"之称。金奈(泰米尔语 Chennai)以前称为马德拉斯(英文 Madras),为印度第四大城市,泰米尔纳德邦首府。1996年它的名称被官方改为金奈,但是旧称马德拉斯仍被广泛使用。

(5)中国—北加里曼丹航线(MUARA 麻拉港、KOTAKINA BALU 哥打基纳巴卢、SANDAKAN 山打根、MIRI 米里、SIBU 泗务、KUCHING 古晋)。麻拉港位于斯里巴加湾西侧,是斯里巴加湾市的外港,文莱最大港口,檀木的主要出口港。古晋是马来西亚北加里曼丹地区第一大港。

*(6)中国—印尼航线(BELAWAN 勿拉湾、TANJUNGPRIOK 丹戎不碌、SEMARANG 三宝垄、TANJUNG PERAK 丹戎佩拉)。勿拉湾港是棉兰市的外港,是印尼第二大港口,主要装卸橡胶、咖啡、棕榈油等货物。丹戎不碌港是印尼最大港口,也是首都雅加达的外港。丹戎佩拉港是泗水(苏腊巴亚 SURABAIA)的外港,我国船公司称为泗水港,而外轮

称为苏腊巴亚港，是印尼第三大港。

*(7)中国—印巴航线(COLOMBO 科伦坡、NHAVA SHEVA/JNPT 那瓦舍瓦/尼赫鲁/孟买新港、MUMBAI 孟买、KARACHI 卡拉奇)。科伦坡是斯里兰卡最大的港口，世界最大的人工港之一，分为伊丽莎白(ELIZABETH)港区、贾椰(JIAYE)港区和班达拉奈克(BANDARANAIKE)港区，主要输出红茶、橡胶。孟买港是印度最大的港口。孟买的英文名本来叫"Bombay"，但印度政府于 1995 年 11 月 22 日决定恢复其传统的名称"Mumbai"，孟买港分哈瓦舍瓦港(新港)和孟买港(老港)两港区，那瓦舍瓦(Nhava Sheva)位于孟买港以南 70 公里处，现为印度最大的集装箱港，而孟买老港主要装卸散杂货，由于孟买新港由印度尼赫鲁集团开发建设，有些船公司又称其为尼赫鲁(JNPT)港。

*(8)中国—波斯湾航线(MUSCAT 马斯喀特、BANDAR－ABBAS 阿巴斯、KHOMEYNI 霍梅尼港、ABADAN 阿巴丹、KHORRAMSHAHR 霍拉姆沙赫尔、BASRAH 巴士拉、KUWAIT 科威特、SHUWAIKH 舒韦赫、MENA AL AHMADI 艾哈迈迪、DAMMAM 达曼、BAHRAIN 巴林、DOHA 多哈、UMM SAID 乌姆赛义德、ABU DHABI 阿布扎比、DUBAI 迪拜、SHARJAHI 沙迦)。阿巴斯是伊朗最大的港口，霍梅尼港是伊朗新建的现代化国际贸易港口，阿巴丹是伊朗的石油输出港，霍拉姆沙赫尔是伊朗主要干货港。科威特港位于科威特湾的进口南岸，是科威特最大的港口。舒韦赫港位于科威特湾东南岸，是科威特最大的集装箱港。艾哈迈迪港位于塞拜西耶以西，是科威特最大的石油港。达曼是沙特第二大港。巴林港分为米纳苏尔曼(MINASALMAN)、锡特拉(SITRA)、麦纳麦(MANAMA)三个港区。迪拜是自由贸易港和中转港，中东地区最大的港口，中国出口中东货物的主要集散地。

*(9)中国—澳新航线(CAIRNS 凯恩斯、BRISBANE 布里斯班、NEWCASTLE 纽卡斯尔、SYDNEY 悉尼、MELBOURNE 墨尔本、ADELAIDE 阿德莱德、FREMANTLE 弗里曼特尔、PERTH 珀斯、HEDLAND 黑德兰、AUCKLAND 奥克兰、WELLINGTON 惠灵顿、LYTTELTON 利特尔顿)。布里斯班是澳大利亚第三大港。纽卡斯尔是世界上最大的煤港。悉尼港是澳大利亚第一大港口，进口物资的主要集散地，也是世界主要的羊毛输出港。墨尔本港是澳大利亚第二大港口，是谷物、肉类输出港。黑德兰是澳大利亚最大的铁矿石港，主要输出中国、日本、韩国。奥克兰是新西兰最大的港口，北部地区畜产品集散地。惠灵顿是新西兰第二大港，主要输出肉类、乳制品、羊毛等，输入石油制品、汽车。利特尔顿是克赖斯特彻奇(即基督教城)市外港，新西兰第三大港口，主要装卸粮食、煤、石油等大宗散货。

*(10)中国—日本航线(MOJI 门司、KOBE 神户、OSAKA 大阪、NAGOYA 名古屋、YOKOHAMA 横滨、KAWASAKI 川崎、TOKYO 东京、CHIBA 千叶)。日本各港口有明确的职能分工。门司港是北九州市的外港，又称北九州港，长期以来是西日本的外贸基地，也是西日本最大的集装箱码头，主要装卸亚洲国家的货物。神户是日本最大的集装箱港。大阪港以集装箱运输为中心，是日本最大的水果蔬菜输入港。横滨港是日本第一大港及最大的散货港，输出型港口，输出货物吞吐量占港口货运量的 75.5%，主要输出工业制成品和大宗散货。川崎港多为企业专用码头，主要为临港企业输入原料，输出工业制成品服务。东京港是输入型和内贸港口，千叶是日本重化工港，输出能源、输入汽车化工产品为主。

*(11)中国—韩国航线(INCHEON 仁川、KWANGYANG 光阳、PUSAN 釜山、WULSAN 蔚山)。仁川港是首都首尔的外港,韩国第二大港口。光阳港是韩国在 21 世纪建造的最大新港。釜山港是韩国最大的港口。蔚山市是韩国最大的重化工业和造船工业基地,蔚山港主要是为其服务。

2.远洋航线及基本港

(1)中国—红海线(ADEN 亚丁、HODEIDAH 荷台达、JEDDAH 吉达、PORT SUDAN 苏丹港、AQABA 亚喀巴、SOKHNA 苏科纳)。亚丁港是世界第二大补给港,吉达港是沙特最大的商港,也是沙特最大的集装箱港。苏科纳又译为苏赫纳泉,位于苏伊士城西南 40 公里处,埃及第三大集装箱港。

(2)中国—东非航线(DJIBOUTI 吉布堤、MOMBASA 蒙巴萨、DARESSALAAM 达累斯萨拉姆、MAPUTO 马普托、DURBAN 德班、ELIZABETH 伊丽莎白、LOUIS 路易)。吉布堤港是自由港,东非最大的现代化港口之一,埃塞俄比亚的重要转运港,还是一个加油站及供应站。蒙巴萨港是肯尼亚最大的港口,也是东部非洲主要的货物中转港,有铁路和海堤与大陆相连,肯尼亚和乌干达大部分外贸货物,及卢旺达、坦桑尼亚、刚果、苏丹的部分货物由此中转。达累斯萨拉姆港是坦桑尼亚最大商港,处理了该国 90%的国际贸易货物,也是赞比亚的物资中转站。德班港是南非最大的集装箱港,纳塔尔为主要码头,依托丰厚的自然资源,主要出口的货物为锰矿、钢材、黄金、煤炭、铁矿、糖、花生、玉米、羊毛、皮张、柑橘及生铁等。路易港位于印度洋上毛里求斯岛西北海岸,是南印度洋重要的中转港。

(3)中国—西非航线(CAPE TOWN 开普敦、MATADI 马塔迪、POINTE NOIRE 黑角、DOUALA 杜阿拉、LAGOS 拉各斯、COTONOU 科托努、LOME 洛美、TEMA 特马、ABIDJAN 阿比让、DAKAR 达喀尔)。开普敦是南非与欧洲贸易的主要港口。马塔迪是河港,南距大西洋出海口 135 公里,集装箱总吞吐量居西非第六位。黑角属于综合型港口,是南、北非间重要的中转港,主要输出石油、木材、钾盐等大宗散货和集装箱货物。杜阿拉西非海运中心之一,主要输出木材、可可、咖啡、棉花及香蕉,输入机器设备和日用百货。拉各斯是西非最大的商港和主要的中转港,包括阿帕帕 APAPA 和廷坎 TINCAN 两个港区,主要输出货物为石油、可可、棕榈油、锡等,输入以机械、粮食为主。洛美是多哥最大的海港,也是西非重要的商品集散地,又是西非内陆国家对外贸易的货物中转点,我国很多销往西非的货物都在此中转。特马港是加纳最大的港口,也是布基纳法索的货物中转港和非洲最大的人工港。达喀尔港是西非的第二大港,大西洋航线的重要中转港及加油港。主要输出货物为花生、花生油、金枪鱼和沙丁鱼、磷酸盐等,输入货物主要有纺织品、机器、大米、煤、石油等。

(4)中国—地东航线(PORT SAID 塞得港、DAMIETTA 达米埃塔/杜姆亚特、ALEXANDRIA 亚历山大、ASHDOD 阿什杜德、HAIFA 海法、LIMASOOL 利马索尔、BEIRUT 黎巴嫩、LATTAKIA 拉塔基亚、MERSIN 梅尔辛、IZMIR 伊兹密尔、ISTANBUL 伊斯坦布尔、RIJEKA 里耶卡、TRIESTE 的里雅斯特、VENICE 威尼斯、ANCONA 安科纳)。亚历山大港是埃及最大的港口,埃及每年有 80%以上的货物都在此中转,它分为 DEKHEILA ALEXANDRIA 达克黑拉/亚历山大新港和 ALEXANDRIA 亚历山大老港两个港区。海法是以色列第一大港。阿什杜德是首都特拉维夫的外港,主要进出特拉维夫—雅法的外贸物资。

利马索尔是地东航线集装箱中转港，主要中转由远东运往欧洲的货物。梅尔辛是土耳其南部最大港口，主要装卸大宗散货。伊斯坦布尔是土耳其最大海港，进出口货物以大宗散货为主。意大利的里雅斯特港是天然良港，目前已经成为亚洲到瑞士、德国、奥地利、捷克、斯洛伐克海运贸易的中转港。威尼斯港是综合性港口，分别建有大宗干散货、杂货、石油、汽车、集装箱、客运码头。

(5)中国—黑海/爱琴海航线(PIRAEUS 比雷埃夫斯、THESSALONIKI 塞萨洛尼基、VARNA 瓦尔纳、CONSTANZA 康斯坦察、ILLICHIVSK 伊利乔夫斯克、ODESSA 敖德萨、NOVOROSSIYSK 新罗西斯克)。比雷埃夫斯是希腊南部的主要港口，也是希腊最大港口，该港还是欧洲客运最繁忙的港口之一，去往雅典的游人在此换乘交通工具，游客络绎不绝。中国远洋投资该港口，获得 2、3 号码头 35 年的特许经营权。塞萨洛尼基是希腊北部最主要港口，而且是马其顿、保加利亚、塞尔维亚、匈牙利等国家中转港。瓦尔纳是保加利亚最大的海港，以大宗散货码头为主，兼有集装箱码头。康斯坦察是黑海西岸的最大海港，以大宗散货为主的综合性港口。新罗西斯克是俄罗斯最大的大宗散货港，有石油和干散货两个港区。

*(6)中国—地西航线(TARANTO 塔兰托、MARSAXLOKK 马尔萨什洛克、GIOIA TAURO 焦亚陶罗、NAPLES 那不勒斯、LIVORNO 里窝诺、LA SPEZIA 拉斯佩齐亚、GENOVA 热那亚、MARSEILLES—FOS 马赛/福斯、BARCELONA 巴塞罗那、VALENCIA 巴伦西亚、ALGECILAS 阿尔赫西拉斯、LISBON 里斯本)。马尔萨什洛克港位于马尔萨什洛克湾最北端，与焦亚陶罗(位于柏尔米市)、阿尔赫西拉斯构成地中海三大集装箱中转港，运往西欧的货物多在此中转。热那亚是意大利最大的港口，承担着为意大利北方工业中心米兰、都灵输送进出口货物的重任。马赛/福斯是法国最大的海港，地中海最大商港，欧洲第四大港，本港共包括马赛(MARSEILLES)、拉沃拉和贝尔(LAVORAL&BELL)、布克(BOUC)、圣路易罗拉(ST. LOUIS DE RHONE)、福斯(FOS)五个港区。马赛港区主要客运集装箱、件杂货，拉沃拉和贝尔港区主要是石油、天然气码头，布克港区主要装卸干散货，圣路易罗拉港区装卸成品油、液化天然气、散装酒、汽车和重件货物，福斯港区主要装卸集装箱、原油、矿砂等货物，中国运往马赛港的货物一般就是指福斯港。巴塞罗那港是西班牙最大的综合型港口。

*(7)中国—西欧航线(LE HAVRE 勒阿弗尔、SOUTHAMPTON 南安普顿、THAMESPORT 泰晤士港、FELIXSTOWE 费里克斯托、ZEEBRUGGE 泽布吕赫、ANTWERP 安特卫普、ROTTERDAM 鹿特丹、BREMEN 不莱梅、HAMBURG 汉堡)。勒阿弗尔是法国北部主要港口，也是法国第二大港、集装箱第一大港。南安普顿是英国南部主要港口，是南美东岸、西北非、地中海沿岸国家客货进出英国的主要港口。泰晤士港是伦敦的外港。费里克斯托是伊普斯威奇的外港，英国最大集装箱港。安特卫普是比利时最大、欧洲第二大港，过去以石材、木材、石化等大宗散货运输为主，目前集装箱运输已经居欧洲第三位。鹿特丹是世界最大的吞吐和中转港、欧洲最大的集装箱港，拥有世界最先进的集装箱码头，是西欧主要的商品集散地，它对欧洲的物资流通乃至整个欧洲的经济发展都起着重要作用。除了对欧洲国家中转货物之外，美国向欧洲出口货物的 43%，日本向西欧市场出口货物的

34%也都由鹿特丹中转。汉堡港是德国第一大港、欧洲第二大集装箱港，是世界最大的自由港区，拥有1600万平方米的自由港区，汉堡港的装卸效率世界第一，有“世界最快转运港”美誉。

(8)中国—北欧/波罗的海航线(BERGEN卑尔根、OSLO奥斯陆、AARHUS奥胡斯、COPENHAGEN哥本哈根、GOTHENBURG哥德堡、STOCKHOLM斯德哥尔摩、HELSINKI赫尔辛基、KOTKA科特卡)。卑尔根是挪威最大海港，是世界三大渔港之一。奥斯陆是挪威第二大港，最大的集装箱和进口港，输出裘皮、纸张等货物，全国进口商品有半数以上是经过本港输入的。哥本哈根是丹麦最大的港口，其中貂皮出口约占全世界的60%。哥德堡是瑞典最大的港口，主要输出纸浆、纸张、木制品，输入煤、纺织品、食品。赫尔辛基是芬兰最大的外贸口岸，它担负着芬兰对外贸易货运量的50%左右，主要输入煤、石油、粮谷、水果及汽车等，输出木材、纸张、纸浆及木制品等。科特卡是芬兰第二大港口，最大的输出港，主要输出锯材、胶合板、纸浆等，冬季港口要封冻，须用破冰船引航。

*(9)中国—美西航线(VANCOUVE温哥华、SEATTLE西雅图、TACOMA塔科马、PORTLAND波特兰、SANFRANCISCO旧金山、LOS ANGLES洛杉矶、LONG BEACH长滩)。温哥华港位于加拿大西部，是加拿大最大的港口，也是世界主要的小麦出口港之一。西雅图是美国第五大集装箱港口，也是美国离远东最近的港口，是向远东地区输出粮食的重要港口。塔科马港是美国第六大集装箱港，是美国木材输出港和汽车的输入港，目前中国和日本已成为塔科马最大的贸易伙伴，贸易量占全港约61.5%。按吞吐量排名，旧金山港口群四大港区依次为红杉市港区(Port of Redwood City)、旧金山港区(Port of San Francisco)、奥克兰港区(Port of Oakland)和里士满港区(Richmond)。洛杉矶是美国第二大集装箱港，长滩是美国第一大集装箱港，美国西海岸最大物流中心，中国运往美国西海岸货物最主要的卸货港。美国西部各港口是北美大陆桥的桥头堡。

*(10)中国—美东航线(HOUSTON休斯敦、NEW ORLEANS新奥尔良、EVERGLADES埃弗格莱兹、JACKSONVILLE杰克逊维尔、SAVANNAH萨凡纳、CHARLESTON查尔斯顿、NORFOLK诺福克、BALTIMORE巴尔的摩、NEW YORK—NEW JERSEY纽约一新泽西、BOSTON波士顿、MONTREAL蒙特利尔、TORONTO多伦多)。休斯敦是美国南部主要港口，主要以大宗散货为主，是美国第二大谷物出口港。新奥尔良是世界上最大的谷物出口港。埃弗格莱兹是迈阿密市的外港。纽约一新泽西港主要包括四个港区：纽约(NEW YORK)港区、新泽西(NEW JERSEY)港区、纽瓦克(NEWARK)港区和伊丽莎白(ELIZABETH)港区，纽瓦克和伊丽莎白码头是主要的装卸码头。纽约一新泽西港是美国第三大集装箱港，是美国最大的废旧金属出口港。纽约是美国最大的交通枢纽，是两条横贯美国东西大陆桥的桥头堡，即北太平洋铁路东起纽约，西至西雅图，联合太平洋铁路东起纽约，西至旧金山。蒙特利尔是加拿大著名的农作物输出港，是世界上最大的小麦输出港。

(11)中国—中美洲/加勒比航线(MANZANILLO曼萨尼约、SAN JOSE圣何塞、COLON科隆、CAUCEDO考塞多、KINGSTONG金斯敦、CABEELLO卡贝略、LA GUAIRA拉瓜伊拉)。曼萨尼约是墨西哥最大的港口，装卸的货物主要来自中国。科隆港是著名的自由贸易港,克里斯托瓦尔(CRISTOBAL)为其外港。金斯敦是牙买加最大的港口,世界最大的铝矾土输出港。卡贝略是委内瑞拉最大的港口,全国七成的进出口货物在这里集散。拉瓜伊拉是加拉加斯的外港。

(12)中国—南美西航线(BUENAVENTURA 布埃纳文图拉、GUAYAQUIL 瓜亚基尔、CALLAO 卡亚俄、IQUIQUE 伊基克、VALPARAISO 瓦尔帕莱索、圣安东尼奥 SAN ANTONIO)。瓜亚基尔是厄瓜多尔最大的港口,是著名的香蕉港。卡亚俄是南美西岸最现代化的港口,是世界三大渔港之一,秘鲁全国进口货物的 3/4 和出口货物的 1/4 经由此港。瓦尔帕莱索是智利最大的集装箱港,智利外贸进口物资半数以上经此港装卸,由于巴拿马运河开凿成功,该港的中转地位有所下降。圣安东尼奥是智利最大的港口。

*(13)中国—南美东航线(SUAPE 苏阿普、SALVADOR 萨尔瓦多、VICTORIA 维多利亚、RIO DE JANEIRO 里约热内卢、SANTOS 桑托斯、PANANAGUA 巴拉那瓜、IATJAI 伊塔雅伊、RIO GRANDE 里奥格兰德、MONTEVIDEO 蒙得维的亚、BUENOS AIRES 布宜诺斯艾利斯)。苏阿普是累西腓外港,新建综合性港口,是巴西东北部最重要的港口之一。维多利亚港是巴西最大的铁矿石输出港,主要输出中国、日本、韩国。里约热内卢是巴西最大的进口港,进口物资主要有煤炭、石油等能源原料。桑托斯是拉丁美洲第一大港,圣保罗的外港,出口主要以农产品居多,是世界最大的咖啡输出港,内陆国家玻利维亚、巴拉圭进口产品由此中转。巴拉那瓜是库里蒂巴市的外港。伊塔雅伊位于弗洛里亚诺波利斯市北边。布宜诺斯艾利斯是阿根廷最大的港口,南美洲最大的小麦输出港。

任务二:集装箱整箱货海运费计算

整箱货以箱为计费单位计算运费。

1. 宁波运往鹿特丹一批文教用品,装 3×40HQ,1×20GP,FCL。海运费:O/F+BAF+CAF+PSC+SCS+ENS,USD1000/1700/1750,150/220/220,10%,100/150/150,10/TEU,25/BILL,计算总运费。

解:“USD1000/1700/1750”是集装箱整箱货运价表示方式,分别表示“20GP/40GP/40HC”三种规格集装箱的运价。整箱货运费计算公式:$F_t = F_b + \sum_{i=1}^{n} S_i$ 。

O/F(基本运费)=3×1750+1×1000=USD6250

BAF(燃油附加费)=3×220+1×150=660+150=USD810

PSC(港口附加费)=3×150+1×100=USD550

SCS(苏伊士运河附加费)=7×10=USD70

ENS(欧洲舱单提前申报费)=USD25

CAF(货币贬值附加费)=(6250+810+550+25+70)×10%=7705×10%=USD770.5

计算货币贬值附加费时应注意,实际业务中不仅基本运费要征收货币贬值附加费,附加费也要征收货币贬值附加费。

Ft=(6250+810+550+25+70)+770.5=USD8475.5

2. 某票货从张家港出口到欧洲的费里克斯托，经上海转船。2×20GP FCL，张家港到费里克斯托的费率是 USD1850.00/ 20GP A. I. R，该票货需要转船和过苏伊士运河，转船附加费为 USD100/20GP，苏伊士运河附加费为 USD10/TEU，问：托运人应支付多少运费？

解：A. I. R 英文全称为 all in rate，即全包价，附加费已经包含在船公司的运费报价中了，实务中，许多船公司都采用全包价报价。由题意可知，转船附加费和苏伊士运河附加费已经包含在总报价 USD1850/20′中，所以 Ft＝1850×2＝USD3700。

任务三：集装箱拼箱货/杂货海运费计算

拼箱货/杂货以每一运费吨(F. T)为计费单位计算运费。

1. 查运价表计算运费

上海捷迅货代公司为上海土畜产进出口公司代理 1000 箱葡萄干出口运输业务，每箱毛重为 20.00KGS，尺码为 30cm×30cm×40cm，目的港为温哥华港，试计算总运费。

表 2-1　班轮货物分级表(节选)

CLASSIFICATION OF COMMODITIES GENERAL CARGO

COMMODITY	BASIS	CLASS
…	…	…
Fishing Implements	M	9
Fish, Shrimps, dried, brined	W	13
Flint	W	3
Flour	W	5
Fluorspar	W	4
Footwear, N. O. E.	M	11
Fruits, dried	M	11
Fruits, fresh	M	7
Fruits, juice	M	8
…	…	…

表 2-2　班轮航线费率表(中国—加拿大)节选

SCALE OF CLASS RATES FOR CHINA—CANADA SERVICE

West Canada East Canada Class	Halifax Vancouver	Montreal, Saint John	Quebec, Toronto Hamilton
1	150.00	177.00	193.00
2	159.00	185.00	202.00
3	167.00	193.00	211.00
4	175.00	201.00	220.00

5	183.00	215.00	235.00
6	194.00	231.00	252.00
7	205.00	248.00	270.00
8	219.00	264.00	288.00
9	235.00	283.00	309.00
10	257.00	305.00	333.00
11	285.00	337.00	368.00
12	317.00	373.00	407.00
13	350.00	414.00	451.00
14	383.00	454.00	496.00
15	416.00	495.00	540.00
16	449.00	536.00	585.00
17	492.00	591.00	644.00
18	547.00	645.00	704.00
19	629.00	735.00	802.00
20	711.00	844.00	920.00
Ad. Val	4%	4%	4%

注：* 装在杂货船上的散油，出口至温哥华港加收港口附加费 USD5.00 / F.T；

* 魁北克港加收燃油附加费 10%；

* 多伦多、蒙特利尔港加收燃油附加费 10%；

* 温哥华港、哈利法克斯港加收港口附加费 USD7 / F.T.，港口拥挤附加费 8%。

解：本项业务主要练习如何看懂船公司运价表。拼箱货/杂货运价表主要由三个表构成：货物分级表、基本费率表和附加费率表。如果没有附加费率表，附加费率一般放在基本费率表的注释部分。中国船公司将杂货费率由低到高分为二十级，等级越高，费率越高。计算时，首先确定货物属于哪一级，其次确定该级货物的基本运费率，第三确定附加费率。本项目的附加费率表放在基本费率表的注释部分。

(1)先确定货物等级。查表 2-1 得知葡萄干为 11 级，计费标准为 M。

(2)其次查询基本费率并计算海运费。从中国运往加拿大温哥华港 11 级货物基本费率 285 / F.T，计算基本运费：Fb=285×0.036×1000=10260 美元。

(3)查询附加费率并计算附加费。该船公司的附加费率在基本运费表的注释栏里，查温哥华港有两项附加费：港口附加费 USD 7/F.T，港口拥挤附加费 8%。

港口附加费：7×36=252 美元；港口拥挤附加费：10260×8%=820.8 美元

总运费：Ft=10260+252+820.8=11332.8 美元

2.按净重报价计算运费

上海某公司对新加坡客户出口某种商品共 10 公吨，报价为每公吨净重 FOB 上海 2000 港元，后外商要求改报 CFR 新加坡。经查该商品用木箱装，每箱装货 20 公斤，箱重 5 公斤，每箱体积为：25×25×30cm，计费标准“W/M”，从上海至新加坡运价为 500 港元(TNE)，480(MTQ)，另收港口附加费 20%，请计算运费并重新报价(MTQ：Measurement Cube；

TNE：Tonnage)。

解：经比较，该批货物是重货。(1)计算基本运费：500×[(10÷0.02)×0.025]=6250港元

(2)计算附加费：6250×20%=1250港元

(3)总运费：6250+1250=7500港元

(4)计算CFR价：2000+(7500÷10)=2750港元

答：总运费为7500港元，CFR价为2750港元。该项业务应注意，船公司根据毛重来收取运费，而托运人按净重报价，否则就是将包装按照货物卖了，这显然不合理。

3.按从价费率计算运费

我向日本出口1000公斤贵金属，价格USD1200/KG CIF OSAKA，计费标准：Ad. Val =4%。问：该批货物的运费是多少?

解：(1)由于该货物的计费标准是"A. V / Ad. Val"，因此要按照从价运费的计算公式计算海运费。

(2)计算FOB价格：CFR=FOB+F=FOB+FOB×Ad. Val=FOB×(1+d. Val)

FOB=CFR/ (1+Ad. Val)，在未得知保险费率时，货运惯例：CFR=0.99CIF，

FOB=0.99×1200/ (1+4%)=1142.3077

(3)计算总运费：1142.3077×4%×1000=45692.3美元

答：运费为45692.3美元。

理论支撑

一、海洋运输的特点

(一)运力强

海洋运输可以利用天然的航道四通八达，它不像汽车、火车受道路限制，如遇特殊情况还可以改道航行。

(二)运量大

一般杂货轮能载货1万—2万吨；集装箱船能载货6万—7万吨；散货轮载货10万—20万吨；油轮能载货25万—30万吨。海洋运输的载重量远大于铁路运输的车辆，一般万吨级的货轮载重量相当于250—300个车皮的载重量。

(三)运费低

由于海运运量大，运程远，与其他的运输方式相比，单位运输成本低，约为铁路运费的1/5，公路运费的1/10，航空运费的1/30。

(四)速度慢

由于船体大，水的阻力高，所以速度慢，一般货轮为15节左右，最新的集装箱船为35节[节(Knot)：海里/小时，1海里=1.852千米]。

（五）风险大

在海上货物运输途中伴随着遭遇狂风、巨浪、暴风、雷电、海啸等人力难以抗衡的海洋自然灾害风险袭击的可能，遇险的可能性比陆地、沿海要大。每年全世界遇险船约 300 艘。此外，还可能遇到如战争、罢工、贸易禁运等的社会风险。

二、国际海运航线经过的主要海峡和运河

（一）马六甲海峡

马六甲海峡位于马来半岛和苏门答腊岛之间。因马来半岛南岸古代名城马六甲而得名。海峡西连安达曼海，东通南海，呈西北—东南走向，长约 1080 千米，连同出口处的新加坡海峡为 1185 千米。西北宽 370 千米，东南宽 37 千米。面积 6.4 万平方千米。海底比较平坦，多泥沙质。水深由北向南、由东向西递减，一般为 25—115 米。东南峡口有许多小岛，一些小岛边缘有岩礁和沙脊，妨碍航行。主要深水航道偏于海峡东侧，宽度 2.7—3.6 千米，可通航吃水 20 米的巨轮。海峡西岸地势低平，多大片沼泽、泥质岛屿和红树林海滩，大船不易靠岸。马六甲海峡是沟通太平洋与印度洋的重要航道。通航历史远达 2000 多年，是环球航线的重要环节，每天平均通过的船有 200 多艘，每年通过 8 万多艘，成为仅次于多佛尔海峡—英吉利海峡的世界最繁忙海之一。然而海峡宽度较窄，其中还有沙滩和沙洲，浅于 23 米的地方就有 37 处，再加上过去的沉船等有碍巨型油轮通行，因而不断发生巨轮搁浅事件，载重 20 万吨以上油轮只得绕道印尼的龙目海峡，多航行 2000 多千米。由于马六甲海峡是繁忙水道，且海峡有很多宽度狭小处，因此马六甲海峡是一个海盗猖獗的海峡，海盗时而盗劫来往的商船。

（二）龙目海峡

龙目海峡位于印度尼西亚群岛的巴厘岛和龙目岛之间，北接巴厘海，南通印度洋。它是因地壳断裂下沉而形成的，因而水道幽深、岸壁陡峭。南北长 80.5 公里，水深 1200 米以上，最深处达 1306 米，无暗礁。由于海流的强烈侵蚀冲刷，龙目海峡至今仍在继续加深加宽。上述自然条件使龙目海峡成为印度尼西亚群岛各海峡中最安全的水道，它可通行载重 20 万吨以上的大型船只。它不仅是印度尼西亚群岛之间的纽带，也是太平洋与印度洋海上航运的重要通道。特别是近几年来，由于通过马六甲海峡的大型油船和舰艇越来越拥挤，加上沉船、流沙、淤泥经常使航道改变，很多大型船只无法通过，而且日益猖獗的海盗活动也给通过马六甲海峡的船只带来了很大的风险，因此，许多船只特别是超级巨型油船更愿意经由龙目海峡。龙目海峡由此成为世界性的海运门户，其战略地位与日俱增。

（三）苏伊士运河

苏伊士运河 1869 年修筑通航，是一条海平面的水道，在埃及贯通苏伊士地峡，连接地中海与红海，提供从欧洲至印度洋和西太平洋附近土地的最近的航线。它是世界使用最频繁的航线之一，也是亚洲与非洲的交界线，运河北起塞得港南至苏伊士城。苏伊士运河是条无闸明渠，其全线基本为直，却也有 8 个主要弯道。运河自北向南贯穿四个湖泊：曼札拉湖（Lake Manzala）、提姆萨赫湖（Lake Timsah）、大苦湖（Great Bitter Lake）、小苦湖（Little

Bitter Lake)。总长 190.25 千米。从航路浮标至塞得港灯塔:19.5 千米;从等候区域到南入口:8.5 千米;从塞得港到伊斯梅利亚:78.5 千米;从伊斯美利亚到陶菲克港:83.75 千米。水面宽度(北/南):345—280 米。浮标之间的宽度(北/南):215—195 米。运河深度:22.5 米。最大船舶吃水允许值:18.8976 米。交叉区域:4800—4350 平方米。最大吨位:21 万吨。满载油轮的限速:13 千米/小时。货舱船限速:14 千米/小时。2014 年 8 月 5 日,埃及政府宣布,将在苏伊士运河东侧开凿一条 72 千米长的新运河,以扩大通航能力。新运河项目将单独开凿 35 千米的新河道,其余 37 千米将通过拓宽旧运河。新苏伊士运河将于 2015 年 8 月 6 日正式开通,待新运河开通后,船只通过运河的时间有望从 22 小时减少到 11 小时。

(四)巴拿马运河

巴拿马运河 1914 年由美国开凿通航并管理,1999 年归还巴拿马政府。运河全长 81.3 千米,宽 152—304 米,水深 13—15 米,整个运河的水位高出两大洋 26 米,设有六座船闸。船舶通过运河需要 12 小时,但等待的时间平均 6 天。最大可以通航 7.8 万吨级散货船、4400TEU 的集装箱船。平均每艘船只通行费约为 13430 美元。2016 年运河扩建后,最大可通过 20 万吨的散货船、1.4 万 TEU 的集装箱船。

三、我国主要港口

(一)上海港

上海港主要由分布在长江入海口南岸的宝山、张华浜、军工路、外高桥、洋山、共青、高阳、朱家门、民生、新华、复兴、开平、东昌等港区构成,其中外高桥和洋山是主要港口,外高桥港为长三角货物的输入输出服务,洋山港将发展成为著名的国际中转港。2014 年集装箱吞吐量为 3000 万 TEU,为中国第一大港。

(二)宁波—舟山港

宁波港由北仑港区、镇海港区、大榭港区、穿山港区、梅山港区、象山港区和宁波老港区组成,舟山港有定海、沈家门、老塘山、高亭、衢山、泗礁、绿华山、洋山等港区,洋山港委托上海经营管理。北仑港是宁波主要的集装箱港,舟山港是大宗散货集散地。2014 年集装箱吞吐量为 1500 万 TEU,为我国第二大港。

(三)青岛港

青岛港是国家特大型港口,由青岛老港区、黄岛油港区、前湾新港区三大港区组成,是综合性港口。2014 年集装箱吞吐量为 1300 万 TEU,为我国第三大港。

(四)广州港

广州港地处我国外向型经济最活跃的珠江三角洲地区中心。港区分为虎门港区、新沙港区、黄埔港区和广州内港港区。广州港国际海运通达 80 多个国家和地区的 300 多个港口,并与国内 100 多个港口通航,是中国华南地区最大的对外贸易口岸。属于综合性港口。2014 年集装箱吞吐量为 1250 万 TEU,为我国第四大港口。

(五)天津港

天津港是中国最大的人工港,主要由北疆港区、南疆港区、东疆港区、临港经济区南部区域、南港港区东部区域等组成。属于综合性港口。2014 年集装箱吞吐量为 1050 万 TEU,为我国第五大港口。

(6)大连港

大连港是中国东北最重要的集装箱枢纽港,拥有国际国内集装箱航线 74 条,航班密度为 300 多班/月,东北三省 90%以上的外贸集装箱均在大连港转运。2014 年集装箱吞吐量为 800TEU。

四、海运船舶

(一)杂货船(General Cargo Ship)

杂货船一般是指定期航行于货运繁忙的航线,以装运零星杂货为主的船舶。船上配有足够的起吊设备,船舶构造中有多层甲板把船舱分隔成多层货柜,以适应装载不同货物的需要。一般来说,远洋的杂货船总载重量为 1 万—1.4 万吨,近洋的杂货船总载重量为 5000 吨左右。航速在 15 节左右。

图 2-1　杂货船

(二)散货船(Bulk Cargo Ship)

散货船是散装货船简称,是用以装载无包装的大宗散货的船舶。依所装货物的种类不同,又可分为粮谷船(Grain Ship)、煤船(Collier)和矿砂船(Ore Ship)。这种船大都为单甲板,舱内不设支柱,没有起重设备,但设有隔板,用以防止在风浪中运行的舱内货物错位。一般船速在 10 节左右。

图 2-2 散货船

（三）集装箱船（Container Ship）

集装箱船完全是一种新型的船，船体其实就是一座庞大的仓库，可达 300 米长，再用垂直导轨分为小舱。当集装箱下舱时，这些集装箱装置起着定位作用，船在海上遇到恶劣天气时，它们又可以牢牢地固定住集装箱。集装箱船一般停靠在专用的货运码头，用码头上专门的大型吊车装卸，装卸效率比普通杂货船高 30—70 倍，因此为现代船运业所普遍采用。按照集装箱船的发展情况，可分为第一、二、三、四、五、六代集装箱船，它们的载箱量分别为 700—1000TEU、1800—2000TEU、3000TEU、4400TEU、4800TEU、8000TEU，目前载箱量为 2 万 TEU 的超级集装箱船也已经下水。

图 2-3　集装箱船

（四）滚装船（Roll on/Roll off Ship）

滚装船又称滚上滚下船，主要用来运送汽车。这种船本身无须装卸设备，一般在船侧或船的首尾有开口斜坡连接码头，装卸货物时，汽车直接开进或开出船舱。这种船的优点是不依赖码头上的装卸设备，装卸速度快，可加速船舶周转。

（五）载驳船（Barge Carrier）

载驳船又称子母船，是指在大船上搭载驳船，驳船内装载货物的船舶。载驳船的主要优点是不受港口水深限制，不需要占用码头泊位，装卸货物均在锚地进行，装卸效率高。目前较常用的载驳船主要有“拉希”型（Lighter Aboard Ship，缩写为 LASH）和“西比”型（Sea-bee）两种。

（六）油轮（Oil Tanker）

油轮主要装运液态石油类货物。它的特点是机舱都设在船尾，船壳衣身被分隔成数个贮油舱，有油管贯通各油舱。油舱大多采用纵向式结构，并没有纵向舱壁，在未装满货时也能保持船舶的平稳性。为取得较大的经济效益，二战以后油轮的载重吨位不断地增加，目前世界上最大的油轮载重吨位已达到 60 多万吨。

（七）液化天然气船（Liquefied Natural Gas Carrier）

液化天然气船简称 LNG，专门用来装运经过液化的天然气。液化天然气的主要成分是甲烷，为便于运输，通常采用在常压下极低温（−165℃）冷冻的方法使其液化。我国不仅是继韩、日等国后实现自主研发系列 LNG 船型的国家，而且我国设计的船型在安全、节能、环保方面具有明显的后发优势。

五、班轮海运费计算原理

班轮运费包括基本运费和附加费两部分，基本运费是对任何一种托运货物计收的运费，其定价基本按照成本定价原则，主要包括船舶折旧或租金、燃油、修理费、港口使费、管理费、职工工资。附加费是各种突发因素导致船公司成本增加而加收的费用。附加费可以按每一计费吨（或计费单位）计收，也可按照基本运费的一定比例计收。

（一）班轮整箱货运费计算（Box Rate）

1. 计算方法

（1）FAK 包箱费率（Freight for All Kinds），即货物不分等级，按箱型收取运费。一般船公司均采用 FAK 包箱费率收取海运费。

（2）FCS 包箱费率（Freight for Class）。即将原来二十个等级的货物只分成四至五等级，等级相同，费率相同；等级不同费率不同。

2. 计算公式

$F_t = F_b + \sum_{i=1}^{n} S_i$，其中基本运费计算公式：$F_b = f \times Q$（f：每箱运价；Q：箱数）。

附加费率有两种计算公式：

（1）附加费按照基本运费的百分比计收。如附加费率为 10%，附加费计算公式为：

$$\sum_{i=1}^{n} S_i = F_b \times (S_1 + S_2 + \cdots + S_n), \quad (S\text{：附加费率})$$

(2)附加费率按照每箱计收,如 150/250/270,附加费计算公式为:

$$\sum_{i=1}^{n} S_i = (S_1 + S_2 + \cdots + S_n) \times Q,\quad (S:\text{每箱附加费额},Q:\text{箱数})$$

(二)拼箱货/杂货海运费计算

拼箱货/杂货按照每运费吨(F. T)计收运费,运费吨分为重量吨(MT)和尺码吨(CBM)。

计算公式:

$$F_t = F_b + \sum_{i=1}^{n} S_i \ (F_b:\text{基本运费总额},\ \sum_{i=1}^{n} S_i:\text{附加费之和})$$

基本运费计算公式:

$$F_b = f \times Q(f:\text{每运费吨运价},Q:\text{总运费吨数})$$

附加费计算公式:

(1)附加费按照基本运费的百分比计收。如附加费率为 10%。

$$\sum_{i=1}^{n} S_i = F_b \times (S_1 + S_2 + \cdots + S_n),\quad (S:\text{附加费率})$$

(2)附加费按照每运费吨计收。如附加费为 7 美元/F. T。

$$\sum_{i=1}^{n} S_i = (S_1 + S_2 + \cdots + S_n) \times Q,\quad (S:\text{每运费吨附加费})$$

(三)从价运费的计算方法

1. 从价运费的计算公式

$$F_b = FOB \times Ad.\ Val \times Q(Ad.\ Val:\text{从价费率},Q:\text{总计费重量})$$

2. 从价运费计算中的报价换算

某些贸易合同可能是以 CFR 或 CIF 价格成交的,所以要将 CIF、CFR 价格换算成 FOB 价格,之后,再算出从价运费。公式推导:CFR=FOB+F=FOB+FOB×Ad. Val=FOB×(1+Ad. Val)(F 表示运费)。

(1)CFR 换算成 FOB。FOB=CFR/ (1+Ad. Val)①。

(2)CIF 换算成 FOB(没给出保险费率)。根据航运惯例:CFR=0.99CIF,

FOB=0.99CIF / (1+Ad. Val)②。

(3)CIF 换算成 FOB(给出保险费率)。FOB=CIF×(1-110%×保险费率) / (1+Ad. Val)③。

(四)班轮拼箱货/杂货运费的计费标准

1. "W(weight)":运费按毛重计收。重量单位用"吨 MT(metric ton)",实际单位与计费单位不符的,首先要对计量单位进行换算。

2. "M(measurement)":运费按体积计收。体积单位用"立方米 CBM(cubic meter)",实际业务中包装单位给出的是厘米,要换算成米,再计算体积。例如:30cm×30cm×40cm,换算成 0.3m×0.3m×0.4m。

3. "A. V/Ad. Val(additional value)":从价运费,运费按 FOB 价格百分比计收,即 FOB

价格×从价费率×货物总重量。按从价运费计收的，一般都属于价值高的货物。

4.“W/M”：运费按重量/体积取其大计收。计算时，先算出货物的重量（单位：MT），再算出体积（单位：CBM），进行比较，哪个数值大，按哪个计算运费。

5.“W/M/A. V”：表示该种货物应分别按照 FOB 价格的某一百分比、毛重、体积计算运费，船公司按照运费高者计算运费。

6.“W/M plus A. V”：表示该种货物除应分别按其毛重和体积计算运费，并选择其中运费较高者外，还要加收按货物 FOB 价格的某一百分比计算的运费。

7.“PCS”：运费按件数或个数计收，主要用于活动物或车辆。

8.“Open Rate”：运费按照临时议定运价计收，主要用于租船运输中的大宗货物。

9.“Mini Charges”：运费按照起码运费计收。件杂货或拼箱货不足一个运费吨的货物，按照一个运费吨计收运费。

海运以重量吨（MT）或尺码吨（CBM）计算运费，统称为运费吨（F. T）。

六、海运主要附加费

1. 燃油附加费（Bunker Adjustment Factor，BAF/Bunker Surcharge，BSC）：由于燃油价格上涨而征收的费用，当燃油价格回落时，该项附加费可能降低或取消。

2. 紧急燃油附加费（EBS、EBA）：在已经征收燃油附加费时，燃油价格又突然上涨，有的承运人在燃油附加费以外还可能征收紧急燃油附加费。澳大利亚—日本与非洲—南美洲航线使用较多。

3. 货币贬值附加费（Currency Adjustment Factor，CAF/Devaluation Surcharge，DSC/yen adjustment factor，YAS）：运费计价货币贬值导致承运人的实际收入减少而征收的费用。YAS 为日元贬值附加费。

4. 港口附加费（PSC）：港口装卸效率低或港口使费过高都会增加承运人成本而征收的运费。

5. 超长附加费（LSC）：单件货物过长，运输时需要特别操作，从而产生额外费用。一般单件货物长度超过 9 米的件杂货要征收超长费，而且每转船一次，加收一次。

6. 超重附加费（WSC）：单件货物重量超过标准，在运输中需要特别的捆绑、铺垫以及影响装卸效率而导致成本增加。一般单件货物重量超过 5 吨征收超重附加费。每转船一次，加收一次。如果单件货物既超长又超重时，则两者应分别计算附加费，然后按照收费高的一项收取附加费。

7. 港口拥挤附加费（Port Congestion Surcharge，PCS/THC）：船舶长时间等泊位会产生船期延误损失，为补偿船公司的损失而征收的费用。THC 为码头操作费，一般 PCS 和 THC 只能征收一种。

8. 转船附加费（Transshipment Surcharges，TSC）：运往一些非基本港或偏港的货物，必须通过转船才能运达，或目的港是非干线港口都有可能导致转船，转船会产生换装费、仓储费以及二程船运费。实务中，转船附加费和二程船运费只能收取一项。

9. 选港附加费（OSC）：有些货物，货方装船时还不能确定卸货港，要求在两个或以上港口待船舶开航后再做选定，这会造成积载困难或舱容浪费。在集装箱班轮运输中，船公司一般不接受选港。

10. 直航附加费(Destination Delivery Charge,DDC/IAS)：托运人要求直接运抵某一非基本港时，会增加港口费用支出，并延长船期。美国、加拿大航线征收此项费用的比较多。选择直航的前提是直航附加费要小于转船附加费。

11. 绕航附加费(DSC)：因突发情况，船舶绕道航行，延长了运输距离而征收的费用。

12. 旺季附加费(Peak Season Surcharges PSS/General Rate Increase GRI)：在每年运输旺季时，承运人根据运输市场供求关系状况而征收的费用。目前在集装箱班轮运输中使用该项附加费。

13. 苏伊士运河附加费(Suez Canal Surcharge,SCS)：埃及对过往苏伊士运河船舶征收的费用，目前是 USD 9/TEU。

14. 巴拿马运河附加费(Panamacanal Transit Fee PTF/Panama Canal Surcharge PCS)：巴拿马运河过境费，目前是 USD 82/TEU。

15. 反恐附加费(America Manifest System AMS/Entry Summary ENS)：又称舱单费，向运往或途经美国/欧盟港口征收的费用。目前是 USD 25/BILL。

项目三　集装箱班轮运输货运代理操作

扫一扫

项目导入

集装箱运输(Container Transport)是指将货物装入具有一定容积和坚固耐久性，可反复周转使用的大型装货容器(集装箱)内，再用车、船、飞机载运的一种运输方式。集装箱运输与传统的件杂货运输方式相比提高了运输效率，减轻了劳动强度，减少了货损货差，降低了运输费用，节省了运输包装，统一了运输标准，促进了国际物流的发展，在短短 30 年间就基本取代了杂货运输。

视频短片：集装箱运输业务介绍。

学习目标

◉熟悉集装箱整箱货、拼箱货进出口业务流程；

◉熟悉国际标准海运集装箱技术规范、箱型、标志及货物装箱的一般方法；

◉掌握集装箱整箱货、拼箱货进出口业务操作步骤和操作方法；

◉掌握海运进出口货运委托书、场站收据联单(D/R)、集装箱设备交接单、集装箱装箱单、出口报关单填制方法。

业务操作

任务一：集装箱整箱货出口货运代理操作

(一)整箱货出口业务流程与操作方法

1. 委托。货主填写货运委托书、报关委托书并交给货代业务员。

2. 递单。货代业务员将货运委托书交给货代操作员去订舱，将报关委托书交给货代报关员用来报关。

3. 订舱。目前实行网上订舱，具体有两种操作方式。一是货代在货代办公软件的订舱模块，填写订舱单并发给船代或船公司，订妥舱位时，船公司或船代会给货代一个订舱确认书。二是直接登录船公司网站，找到订舱模块，下单订舱，如果订妥舱位，订舱状态会显示“已配船”并加填船名航次。如图 3-1 所示。

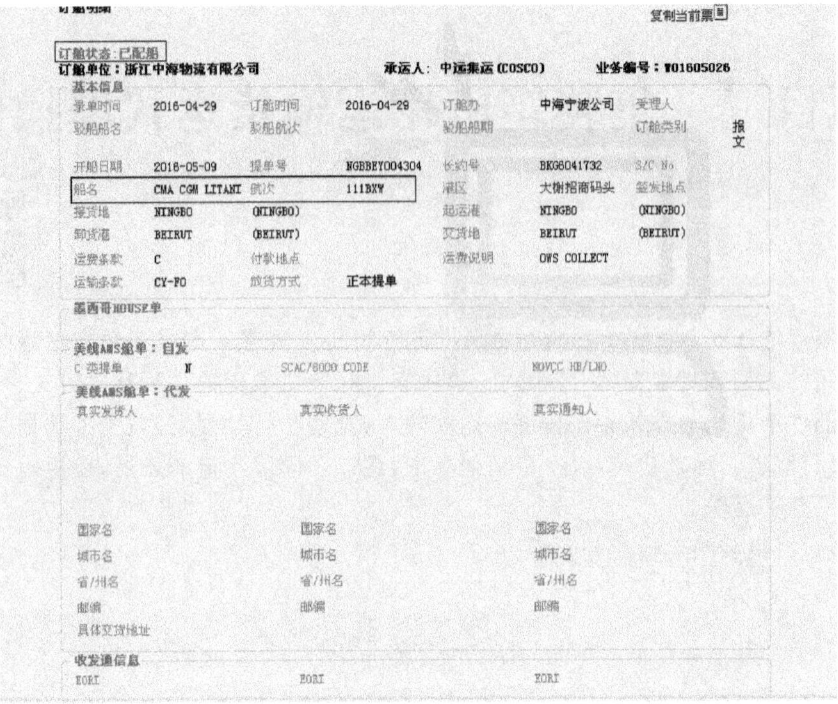

图 3-1　网上订舱系统

4. 领取通关单(报检)。凡属于国家法定检验商品,报关时需要向海关出示出境货物通关单,因此报关前先要向海关商检部门(海关与商检局合并)取得出境货物通关单。出口领取通关单分为两种情况。一是生产地和报关地相同,领取通关单需要的单证有:①合同;②发票;③装箱单;④报检单;⑤报检委托书;⑥包装性能检测结果单;⑦厂检单(如果有);⑧信用证(信用证结算)。二是生产地和报关地不相同,领取通关单需要的单证:换证凭单或换证凭条。生产地海关的检验检疫部门签发换证凭单或换证凭条,由货主带给货代,凭此单在口岸海关换取出境货物通关单。换证凭单是检验结果直接写在换证凭单上。换证凭条是只给个转单号和评定意见,具体检验结果由生产地海关检验检疫部门发给口岸海关检验检疫部门。

5. 传数据。货主将舱单数据(行业中称"舱单")发给货代,货代根据舱单数据制作预配舱单(行业称"预配")并发给口岸海关。

6. 集港。又称装柜,一般在装船日的前 1—3 天要完成货物集港。分为客户自拉自报和货代代拉代报两种。代拉代报:船公司或船代向货代签发提箱单(又称装柜通知书),货代雇用拖车公司(又称集卡车队)去空箱堆场提取空箱,在空箱堆场门卫处,司机和门卫在集装箱设备交接单(EIR)上签字,确认放柜。司机将空集装箱运到货主仓库装货。装箱完成后,货主的跟单员将填写好的集装箱装箱单(CLP)交给拖车司机。拖车司机将重箱运往码头堆场,拖车司机和码头堆场的门卫分别在集装箱设备交接单上签字,确认收柜。码头堆场门卫在集装箱装箱单上盖章后,将集装箱装箱单的①②③联留下,④⑤装箱人/运箱人联交给货代公司和拖车司机。码头根据集装箱装箱单数据做预录入,形成"运抵报告"并发给口岸海关。自拉自报集港的过程和步骤与上述基本相同，只不过是货主从货代那里取得提箱单后，自己选择拖车公司和报关行完成装柜和报关。

7.报关。口岸海关收到了货代的预配舱单和码头的运抵报告后，报关行才能进行报关。报关分为网上申报和现场交单两步。网上申报是在单一窗口系统进行申报，报关行报关员根据货主提供的手填报关单，或者根据货主提供的集装箱装箱单等资料先填写手填报关单后，在报关系统中预录入报关单。预录入的报关单经报关经理审核通过后，将预录入报关单通过单一窗口系统发送到所属的一级海关主机系统进行审核，审核分为三种情况：一是通过，二是指出错误，三是未通过。指出错误的，报关员修改报关单后，重新向海关发送。未通过的，报关单已经转入人工审核通道，打系统中提示的海关电话进行解释说明，必要时报关经理要准备相关资料去海关现场说明。实践中，绝大多数商品系统会很快审核通过，这时候要打印出审核通过的报关单，并配齐报关需要的其他单证，去现场海关现场交单。实行无纸化通关的海关（如宁波关区）不需要现场交单，在网上申报时就以随附单据的形式，将报关需要的单证扫描件一并发给海关。现场交单需要的单证有：①合同；②发票；③装箱单（必要单证）；④报关委托书（委托报关时用）；⑤信用证（信用证结算时用）；⑥商检证书（法定检验商品用）；⑦原产地证书（客户需要时）；⑧许可证（许可证管理商品用）；⑨出境货物通关单（法定检验商品用）；⑩出口报关单。如果该票货物不需要查验，海关直接在报关单上盖放行章，并签发放行通知书给报关行、签发准装指令给码头。如果该票货物需要查验，等查验合格后海关再盖放行章，并签发放行通知书和准装指令。目前绝大多数货物不需要查验。对需要缴纳关税的资源性商品，在网上申报时，海关就预扣税款，等海关放行后，将税款从货主账户中划到国库。

8.查验。海关人员去码头堆场现场查验货物，检查单、货是否相符，商品编码填写是否正确。查验一般在码头堆场专门隔离出的海关监管区进行。

9.发舱单。船代将装载舱单发给海关，装载完成后，理货公司向海关发送理货报告。

10.装船。船靠岸后，码头理货公司凭海关传过来的放行通知书装载货物。

11.确单。船代以电子邮件或传真的形式给货代单证员发送提单格式件（预出提单），货代单证员对提单初步审核后，传给货主单证员终审，货主单证员审核有异议的，提出修改意见给船代修改。审核通过后，货主单证员发提单确认件（提单 OK 件）给船代。船代根据确认件出正式提单。

12.取单。一般开船后第二天，货代可去船代那里领取提单。

13.寄单。货主支付各项费用后，货代单证员向货主交寄提单、证明联等单证。

（二）整箱货出口货代制作的主要单证

在整箱货出口业务操作中，按操作顺序，依次要制作海运出口代运委托书、订舱单、集装箱设备交接单、集装箱装箱单、舱单数据、预配舱单、出口报关单等。

业务资料：

信用证

MT S700	ISSUE OF A DOCUMENTARY CREDIT
FORM OF DOC CREDIT	*40A:IRREVOCABLE
DOC CREDIT NUMBER	*20:T－057651

DATE OF ISSUE	*31C:160616
EXPIRY	*31D:DATE 160731 PLACE AT THE NEGO BANK
APPLICANT	*50:ABC TRADING,P. O. BOX1236,60078 SIBU, MALAYSIA
BENEFICIARY	*59:JIAXING XIHUA IMPORT AND EXPORT-COMPANY LTD. NO. 107 ZHONGSHAN ROAD,JIAXING,CHINA
AMOUNT	*32B:CURRENCY USD AMOUNT 10 800.00
AVAILABLE WITH/BY	*41D: ANY BANK BY NEGOTIATION
DRAFTS AT…	*42C:SIGHT
DRAWEE	*42A:HOCK HUA BANK BERHAD,SIBU, MALAYSIA
PARTIAL SHIPMENT	43P:ALLOWED
TRANSSHIPMENT	43T:ALLOWED
LOADING IN CHARGE	44A:SHANGHAI,CHINA
FOR TRANSPORT TO …	44B:SIBU,MALAYSIA
LATEST DATE OF SHIP	44C:160718
DESCRIPT OF GOODS	45A:AGRICULTURAL IMPLEMENT 300 DOZEN S301B SHOVEL 200 DOZEN S302B SHOVEL AT USD 21.60 PER DOZEN CIF SIBU.
DOCUMENTS REQUIRED	46A * SIGNED COMMERCIAL INVOICE IN-THREE FOLD *PACKING LIST IN THREE FOLD * FULL SET OF CLEAN ON BOARD OCEAN BILLS OF LADING MADE OUT TO ORDEROF HOCK HUA BANK BERHAD AND ENDORSED IN BLANK MARKED FREIGHT PREPAIDAND NOTIFY APPLICANT *MARINE INSURANCE POLICY/CERTIFICATE ENDORSED IN BLANK FOR FULL CIF VALUE PLUS 15 PERCENT SHOWING CLAIMSIF ANY PAYABLE AT SHANGHAI IN THECURRENCY OF THE DRAFCOVERING ALLRISKS AND WAR RISK AS PER CIC * CERTIFICATE OF ORIGIN ISSUED BY THE CHAMBER OF COMMERCE OR AQSIQ

ADDITIONAL CONDITION　47A＊DOCUMENTS MUST BE NEGOTIATED IN CONFORMITY WITH THE CREDIT TERMS.
＊A FEE OF USD 50 OR EQUIVALENT IS TO BE DEDUCTED FROM EACH DRAWING FOR THE ACCOUNT OF BENEFICIARY IF DOCUMENT ARE PRESENTED WITH DISCREPANCY(IES)
＊COMBINED TRANSPORT B/L ACCEPTABLE
＊ONE FULL SET OF NON－NEGOTIABLE SHIPPING DOCUMENTS MUST BE FORWARDED TO THE APPLICANT IMMEDIATELY AFTER SHIPMENT A BENEFICIARY`CERTIFICATE TO THIS EFECT IS REQUIRED.

其他资料：

PACKAGE:500 DOZEN IN 500 GUNNY BAGS

INVOICE No:HYL－B008;S/C No:2016AG018;B/L No:CPS5501

INSURANCE POLICY NO: ZC32/20051865;保险费率:5‰

VESSEL&VOY.:DONGFENG/V.122W;PORT OF LOADING: SHANGHAI

SHIPPING MARK:ABC/SHOVE/SIBU/No.1—500

TOTAL G.W:120000.00KGS;N.W:118000.00KGS;MEASUREMENT:106CBM

货代:浙江外运公司嘉兴分公司 913304029567940859（SINOTRANS ZHEJIANG Co., JIAXING BRANCH)王宁

CARRIER:YML

地址(Address):16HEXING ROAD,JIAXING,CHINA,电话(Telephone):0573-86753769

预配阳明船3截5开,FCL,CY—CY,DATE OF SHIPMENT:16th JUL. 2016

Container No. YMLU1234500,Seal No. YM1230340

Container No. YMLU1234516,Seal No. YM1230341

Container No. YMLU1234521,Seal No. YM1230342

Container No. YMLU1234537,Seal No. YM1230343

Container No. YMLU1234542,Seal No. YM1230344

Container No. YMLU1234558,Seal No. YM1230345

Container No. YMLU1234569,Seal No. YM1230346

O/F(USD):300/500/550A.I.R

Other Charges(RMB):上海港附加费(SPS)450/750/750;报关费(CHA/CUS): 200/BILL;订舱费(BOOKING FEE): 200/BILL;拖车费(TRAILER FEE): 1350/1735/1735, 2160/2＊20

出口口岸:洋山港区(2248);海关预录入号:058701413;申报日期:2016.07.11

H.S.CODE:82011000.00;海关法定计量单位:千克/把;出口通关单号:331200209058778000

原产地证书编号:140473628;报关员:陈晓 13789763421,证号 22101837;船舶 UN 代

码：UN9320233

托运人：嘉兴西华进出口公司 913304028749940876(JIAXING XIHUA IMPORT AND EXPORT COMPANY LTD.)季志国

地址(Address)：No.107 ZHONGSHAN ROAD, JIAXING,CHINA　Tel：057387632168

仓库：嘉兴西华进出口公司仓库(No.107 ZHONGSHAN ROAD, JIAXING,CHINA)

装箱日期：2016.07.14,9：30 AM,Tel：0573－82756987，

空箱堆场：嘉兴七星集装箱码头(No.105 QIXIN ROAD, JIAXING,CHINA)

码头堆场：上港九区(No.231 WUSONG ROAD, SHANGHAI,CHINA)

集装箱设备交接单号：D－342；集卡车号：浙 F·10899；集装箱免费使用期限 7 天。

报关单代码查询地址：www.e-to-china.com.cn/tools_trade/customcode/

报关单国别及港口代码查询地址：http://www.douban.com/group/topic/11545652/

(注：第 1 位为航线代码，2、3、4 位为国家代码，后几位是该国港口代码)

1.货运委托书(Shipping Note,S/N)的填制

货运委托书是托运人与货代之间的契约，由托运人填写，它是制作订舱单(场站收据联单)、提单的依据。在货主与货代长期合作的时候，实践中往往以托运单、场站收据联单、货物明细表、简化的提单，甚至用只记载货运主要信息的传真件或电子函件代替委托书，一旦发生纠纷，托运人的利益得不到保障，因此，至少金额较大的货物要签订规范的货运委托书。

(1)货运委托书疑难栏目填写说明。

①委托书号 Entrusting Serial No。出口企业与货代商定的对口编号，给出委托书号，此栏要填委托书号，没有委托书号，此栏一般填写发票号。

②发货人名称地址 Shipper。结汇方式为电汇或托收的，填写外销合同卖方名称地址全称；结汇方式是信用证的，填写受益人名称地址全称。发货人地址省略的，不算单证不符。

③收货人名称地址 Consignee。结汇方式为电汇或托收的，填写外销合同买方名称地址全称；结汇方式是信用证的，根据 SWIFT 代码"46A"项下对提单抬头的要求填写。提单抬头的常用英文表达方式为："MADE OUT TO""CONSIGNED TO"。

④通知方名称地址 Notify Party。电汇或托收方式的，填外销合同的买方；信用证方式的，根据 SWIFT 代码"46A"对提单要求中"notify"所指填写。通知方地址不能省略。

⑤件数与包装 No. and Kind of Packages。填写货物最大外包装数量及包装单位。

⑥货物说明 Description Of Goods。只需填写货物统称，不需要填写详细名称及规格型号。

⑦重量 Weight in KG。只需填写货物毛重，单位必须换算成 KGS(千克)。

⑧转船和分批 Transsshipment&Partial Shipment。在信用证没有规定的情况下，允许转船，不允许分批。如果是集装箱货物，即使信用证明确规定不允许转船，船公司有权转船。

⑨提单份数 Copies of B/ L。根据 SWIFT 代码"46A"对提单要求填写。如果是"FULL SET OF BILLS OF LADING"全套提单，根据惯例可以通知船公司或船代出 2－3 份正本提单，不要求船公司出副本提单，但是船公司一般会自动出 2－3 份副本提单。副本提单不用交银行议付，只是托运人留底。"2/3 OF BILLS OF LADING"是指通知船公司或船代出 3 份正本提单，其中 2 份交银行议付，1 份托运人凭收货人指示处理。

⑩备注:Remark。此栏一般填三项内容:订舱信息、海运费、杂费。该笔业务的订舱信息为:预配阳明船,三截五开(周三截关,周五开船),7 月 16 日装船,装 7 个 20 英尺货柜,整箱运输,交货地点为堆场到堆场;海运费一般按美元收取,7×300=2100 美元;杂费一般指货代费用,以人民币收取,结关费和订舱费按照行业惯例以每一份提单为单位收取。该笔业务的拖车费为 3×2160+1350=7830 元,上海港附加费为 450×7=3150 元。货运委托书是托运人与货代之间的契约,运费及杂费一定要在货运委托书中明确约定,以免领取提单时引起纠纷。如某些货代业务员一开始向客户报非常低的价格,有时甚至低于航线的成本运价,吸引客户将货物委托过来,等到货物装船、出提单后,以船公司涨价、增加了某某附加费等理由,抬高价格,客户不得不支付更高的运费,否则拿不到提单,因此在货运委托书中提前约定海运费和杂费非常重要。

(2)海运货运委托书填写实例

海运出口货物代运委托书

<table>
<tr><td colspan="2">委托书号 Entrusting Serial No
HYL—B008</td><td colspan="2">提单号 B/L No.</td><td rowspan="4">合同号 Contract No.
2016*AG*018

委托日 Entrusting Date
JUL. 10,2016</td></tr>
<tr><td colspan="4">发货人名称地址 Shipper (Full Name and Address)
JIAXIN XIHUA IMPORT AND EXPORT COMPANY LTD.
NO. 107 *ZHONGSHAN ROAD*, *JIAXIN*, *CHINA*</td></tr>
<tr><td colspan="4">收货人名称地址 Consignee (Full Name and Address)
TO ORDER OF HOCK HUA BANK BERHAD</td></tr>
<tr><td colspan="4">通知方名称地址 Notify Party(Full Name and Address)
ABC TRADING, *P. O. BOX*1236,60078 *SIBU*, *MALAYSIA*</td></tr>
<tr><td>船名 Vessel Name
DONGFENG
/V. 122*W*</td><td colspan="2">装运港 Port of Loading
SHANGHAI</td><td colspan="2">目的港 Port of destination
SIBU</td></tr>
<tr><td>唛头 Mark Number</td><td>件数与包装
No. and Kind of Packages</td><td>货物说明
Description Of Goods</td><td>重量
Weight in KG</td><td>体积
Measurement in CBM</td></tr>
<tr><td>*ABC*
SHOVE
SIBU
No. 1—500</td><td>500
GUNNY
BAGS</td><td>*AGRICULTURAL*
IMPLEMENT</td><td>120000. 00*KGS*</td><td>106*CBM*</td></tr>
<tr><td>装船日期 Loading Date</td><td colspan="2">可否转船 If Transshipment Allowed</td><td colspan="2">可否分批 If Partial Shipment Allowed</td></tr>
<tr><td>*JUL.* 16,2016</td><td colspan="2">*ALLOWED*</td><td colspan="2">*ALLOWED*</td></tr>
<tr><td>效期 L/C Expiry Date
JUL. 31,2016</td><td colspan="4">提单份数 Copies of B/L　　正本 Original　　副本 Copy
THREE(3)</td></tr>
<tr><td colspan="5">运费及支付地点 (Freight Payable at):　*FREIGHT PREPAID*　*SHANGHAI*</td></tr>
<tr><td colspan="5">备注:Remark:
预配 YML 船, 3 / 5,7. 16, 7 * 20*GP*　*FCL*　*CY—CY*
O/F:(*USD*) 2100
Other Charges: (*RMB*)*报关费*(*CHA*):200/ *BILL*, *订舱费*(*BOOKING FEE*):200/ *BILL*, *拖车费*(*TRAILER FEE*): 7830, *上海港附加费*(*SPS*):3150</td></tr>
</table>

委托人(Entrusting Party)签字 Signed to the:*嘉兴西华进出口公司季志国*

地址(Address):No. 107 ZHONGSHAN ROAD, JIAXING, CHINA。电话(Telephone:0573－87632168)

代理人(Agent)签字 Signed to the:*浙江外运公司嘉兴分公司王宁*

地址(Address):16HEXIN ROAD,JIAXING,CHINA。电话(Telephone):0573－86753769

2. 订舱单(Booking Note,B/N)的填制

现在实行网上订舱,为了达到训练学生的目的,我们将系统中订舱单要填写的主要栏目设计成表格,供学生练习。订舱单用英文填写。

(1)与"货物代运委托书"相同的栏目,内容必须完全照抄委托书的内容,在此不再赘述。

②Carrier Booking No.(订舱单号)和 Bill Of Lading No.(提单号)。不填,订妥舱位后,由船公司加填。

③Contract Reference(合同号)。填一代与船代或船公司订舱合约编号。有长期订舱合约的,享受优惠运价;没有长期订舱合约的,按照公布的运价订舱。

④Customer Submission Date(订舱日期)。填填写订舱单的日期。

⑤Forwarding Agent(货代)。填货代公司名称。

⑥Carrier(承运人)。填船公司名称。

⑦Ocean Vessel/Voy No.(船名航次)。不填。订妥舱位后,船公司加填。

⑧Place of Receipt(收货地点)。海运的,重复装货港名称,如"SHANGHAI";多式联运的,填承运人与托运人货物交接地名称。

⑨Place of Delivery(交货地点)。海运重复卸货港名称,如"SIBU";多式联运的,填承运人与收货人货物交接地名称。

⑩Type of move(交货地点)。填集装箱交接地点的英文缩写,例如"CY TO CY"。

⑪Shipment type(交接方式)。填集装箱交接方式的英文缩写,例如"FCL "。

⑫NO OF PKGS(件数)。填最大外包装数。

⑬CONTAINER(集装箱箱型)。填集装箱 EDI 箱型代码。

⑭QTY(集装箱数量)。填集装箱数量。

⑮PLACE OF ISSUE(提单签发地点)。填装货港名称。

⑯DATE OF ISSUE(提单签发日期)。不填,订舱时提单尚不知道何时签发。

⑰FREIGHT PREPAID AT(运费支付地点)。根据贸易术语判定运费支付地点。

⑱OCEAN FREIGHT(运费支付方式)。根据贸易术语判定运费是预付还是到付。

(2)订舱单填制实例。

订舱单(Booking Note)

SHIPPER(发货人) *JIAXING XIHUA IMPORT AND EXPORT COMPANY LTD.* *NO. 107 ZHONGSHAN ROAD, JIAXIN, CHINA*		CARRIER BOOKING NO.	BILL OF LADING NO.		
CONSIGNEE(收货人) *TO ORDER OF HOCK HUA BANK BERHAD*		CONTRACT REFERENCE	CUSTOMER SUBMISSION DATE 11-*JULY*-2016		
NOTIFY PARTY(通知人) *ABC TRADING, P. O. BOX*1236, 60078 *SIBU, MALAYSIA*		FORWARDING AGENT *SINOTRANS ZHEJIANG Co., JIAXING BRANCH*			
CARRIER *YML*	OCEAN VESSEL(船名) VOY NO.(航次)	PLACE OF RECEIPT *SHANGHA I*	PORT OF LOADING(装货港) *SHANGHA I*		
PORT OF DISCHARGE (卸货港)*SIBU*	PLACE OF DELIVERY (交货地点)*SIBU*	TYPE OF MOVE *CY TO CY*	SHIPMENT TYPE *FCL*		
MARK & NUMBER ABC SHOVE SIBU No. 1-500	NO. OF PKGS 500GUNNY BAGS	DESCRIPTION AGRICULTURAL IMPLEMENT	WEIGHT 120000.00KGS	VOLUME 106CBM	
CONTAINER 22G1	QTY 7	PLACE OF ISSUE SHANGHAI	DATE OF ISSUE	FREIGHT PREPAID AT SHANGHAI	OCEAN FREIGHT PREPAID
TOTAL CONTAINER COUNT 7	TOTAL PACKAGE COUNT 500	TOTAL WEIGHT 120000.00	TOTAL VOLUME 106		

3.集装箱设备交接单(EIR)的填制

集装箱的发放和交接,实行集装箱设备交接单制度。订舱后,船代或船公司签发空箱提交单(又称放柜通知书、提箱单)给托运人或货代、签发设备交接单给集装箱堆场。托运人或者货代雇用的拖车司机凭此单去集装箱堆场换领集装箱设备交接单,在集装箱堆场门卫处,堆场和拖车司机(代表用箱人)在集装箱设备交接单上签字,双方各执一份。集装箱设备交接单出场和进场各三联,上面三联用于出场,右上角用英文"OUT"表示,在提取空箱装箱时用。下面三联用于进场,用"IN"表示,是在货物装箱后送到码头堆场时,进行重箱交接用。第一联船代留底联(白色),第二联码头堆场留底联(红色),第三联用箱人/运箱人联(黄色,货代留底)。一个集装箱号填一套集装箱设备交接单。

(1)集装箱设备交接单填制方法。

集装箱设备交接单由船代填制。

①用箱人/运箱人(CONTAINER USER/HAULIER)。填货代公司名称全称。

②提箱地点(PLACE OF DELIVERY)。填空箱堆场名称,没有指明空箱堆场的,填码

头堆场。

③发往地点(DELIVERED TO)。填货物存放仓库名称,一般指工厂仓库。

④返回/收箱地点(PLACE OF RETURN)。填码头堆场名称。

⑤船名/航次 (VESSEL/VOYAGE NO.)。填船名航次。

⑥集装箱号(CNTR NO.)。填一个集装箱号。

⑦尺寸/类型(SIZE/TYPE)。填集装箱箱型,如"20GP"。

⑧营运人(CNTR. OPTR)。填船公司名称的英文缩写。

⑨提单号(B/L NO.)。填该批货物的提单编号。

⑩铅封号 (SEAL NO.)。填该集装箱号对应的铅封号。

⑪免费期限(FREE TIME PERIOD)。出口的集装箱免费使用期限是指自提取空箱装箱到返还重箱到码头堆场的期限。不同船公司有不同的免费期规定,一般是 5—10 天,超过一天,每箱交超期使用费 100—150 元。进口的集装箱免费使用期限是指自提取重箱到返还空箱期限。

⑫运载工具牌号(TRUCK,WAGON BARGE NO.)。填运输该集装箱的集卡车号。

⑬出场目的/状态(PPS OF—OUT/STATUS)。"出场"三联填,"进场"三联不填。填写方法为"装箱/空箱"。

⑭进场目的/状态(PPS OF—IN/STATUS)。"进场"三联填,"出场"三联不填。填写方法为"装船/重箱"。

⑮出场日期(TIME—OUT)。填去空箱堆场提取空箱的时间。一般填写规则为年、月、日、时、分。

⑯出场检查记录(INSPECTION AT THE TIME OF INTERCHANGE)。由集装箱堆场工作人员与货代操作员或拖车司机共同对集装箱进行检查、确认,并在相应栏目前打"√"。集装箱在转运环节发生损坏,堆场工作人员要在损坏部位前打"√",以分清责任。

(2)集装箱设备交接单填制实例。

集装箱设备交接单

EQUIPMENT INTERCHANGE RECEIPT　　　　OUT 出场

No. D—342

用箱人/运箱人(CONTAINER USER/HAULIER)		提箱地点(PLACE OF DELIVERY)	
浙江外运公司嘉兴分公司		*嘉兴七星集装箱码头*	
发往地点(DELIVERED TO)		返回/收箱地点(PLACE OF RETURN)	
嘉兴西华进出口公司仓库		*上港九区*	
航名/航次(VESSEL/VOYAGE NO.)	集装箱号(CNTR NO.)	尺寸/类型(SIZE/TYPE)	营运人(CNTR. OPTR)
*DONGFENG / V.*122*W*	*YMLU*1234500	20*GP*	*YML*
提单号(B/L NO.)	铅封号(SEAL NO)	免费期限(FREE TIME PERIOD)	运载工具牌号(TRUCK, WAGON BARGE NO.)
*CPS*5501	*YM*1230340	7*天*	*浙F*—10899
出场目的/状态(PPS OF —OUT/STATUS)	进场目的/状态(PPS OF GATE —IN/STATUS)	出场日期(TIME—OUT)	
装箱/空箱		2016*年*7*月*14*日*8*点*	
出场检查记录(INSPECTION AT THE TIME OF INTERCHANGE)			
普通集装箱(GP CONTAINER)	冷藏集装箱(RF CONTAINER)	特种集装箱(SP CONTAINER)	发电机(GEN SET)
√正常(SOUND) 异常(DEFECTIVE)	正常(SOUND) 异常(DEFECTIVE)	正常(SOUND) 异常(DEFECTIVE)	正常(SOUND) 异常(DEFECTIVE)
损坏记录及代号(DAMAGE AND CODE) 破损凹损丢失污箱免标	BR 破损(BROKEN)　D 凹损(DDENT)　M 丢失(MISSING)　DR 污箱(DIRTY)　DL 免标(DGLABEL)		
左侧右侧前部集装箱内部顶部底部箱门 左侧(LEFT SIDE)　右侧(RIGHT SIDE)　前部(FRONT)　集装箱内部(CONTAINER INSIDE)　顶部(TOP)　底部(FLOOR BASE)　箱门(REAR) 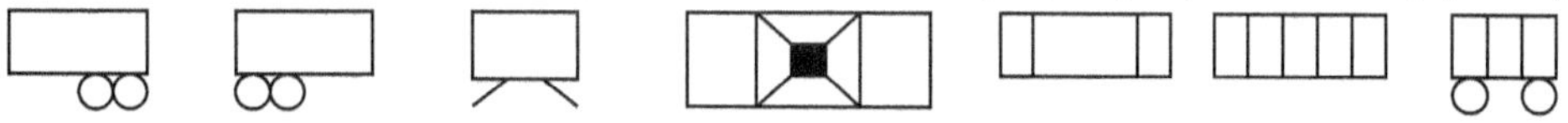			
用箱通知(NOTICE):		如有异状,请注明程度及尺寸(REMARK)	

4.集装箱装箱单(CLP)的填制

集装箱整箱货装箱单由货主的跟单员在装箱完成后填写,交给拖车司机,在重箱返场后,由拖车司机交给码头门卫处,门卫核对箱号、箱型、船名航次、装卸港后,打印进箱小票给集卡司机,确认收箱,并将④⑤发货人/装箱人联(黄色/绿色)由司机带给货代公司报关员,后者据以填写报关单。拼箱货的集装箱装箱单由货运站填制。集装箱装箱单一式五联:①码头联(白色），②船代联（粉红色），③承运人联（蓝色），④⑤发货人/装箱人联（黄色/绿色）。

（1）集装箱装箱单（CLP）填制注意事项

①集装箱装箱单格式各个港口略有不同，但其填制内容基本相同，即船名航次、装卸港、交货地、箱封号、箱型箱类、提单号、货名、件毛体、唛头、装箱地点和日期、装箱人、车号、报关员及联系方式等。具体填制方法和填制栏目按照本书给出的"填制实例"。

②一个集装箱号填一套集装箱装箱单。

③一个集装箱装两种以上货物时，货名填写顺序按装货顺序，即从前部到箱门。

④件毛体必须加总。

（2）集装箱装箱单（CLP）填制实例（样例见第51页）

5. 舱单数据

舱单数据是货主的跟单员在装完柜后填写的，发给货代。货代在货物装上船后，要将舱单数据发给船代或船公司，船公司或船代根据舱单数据制作舱单（Manifest，M/F）。

舱单数据

船名：*DONGFENG* 航次：*V*.122*W*　开航日期：2016—07—16

B/L NO.	中转港（提单）	目的港（提单）	箱子类型	箱号	封号	品名	总件数	包装	总重量	总尺码
*CPS*5501		*SIBU*	20*GP*	*YMLU*1234500 *YMLU*1234516 *YMLU*1234521 *YMLU*1234537 *YMLU*1234542 *YMLU*1234558 *YMLU*1234569	*YM*1230340 *YM*1230341 *YM*1230342 *YM*1230343 *YM*1230344 *YM*1230345 *YM*1230346	*AGRICULTU-RAL IMPLEMENT*	500	*GUNNY BAGS*	1200 00.00	106

TO：　　　　FM：*西华张三* 0573—82756987　FAX：

6. 预配舱单

货代根据货主提供的舱单数据制作预配舱单并发给海关后，报关行才能进行报关。实务中，预配舱单是在系统中填写的，为了训练学生，我们将系统中的预配舱单设计成表格，供学生练习用。需要填写的栏目我们用斜体字表示出来。

预配舱单

提单号：*CPS*5501　　　　　　　　　　　　　　日期：2016-07-14

舱单类型	提单号	船名	航次	UN代码	当前状态	电子口岸收到时间	海关回执时间	毛重	件数	体积	品名	唛头	箱号
预配舱单主要数据	*CPS*5501	*DONG FENG*	122W	*UN*1221406				120000	500				
预配舱单次要数据	*CPS*5501	*DONG FENG*	122W	*UN*1221406				120000	500	106	*AGRICULTURAL IMPLEMENT*	*ABC SHOVE SIBU No.*1-500	*YMLU*1234500 *YMLU*1234516 *YMLU*1234521 *YMLU*1234537 *YMLU*1234542 *YMLU*1234558 *YMLU*1234569

7.出口报关单的填制

报关单按照表现形式分为手填报关单和单一窗口系统报关单，按照使用性质分为一般贸易报关单和加工贸易报关单。一般先要填写一张手填报关单，根据手填报关单，在系统中预录入报关单。手填报关单各栏目的代码要查询后填上去，系统中的报关单各栏目代码是系统自动生成的。下面介绍一般贸易出口中手填报关单的填制方法。

(1)报关单填写规则。

表头部分填写规则：

① 录入编号(报关单预录入时，海关预录入系统给报关单的编号)。

规则：计算机自动生成，十八位数。

示例：220220110058701413。

②海关编号(海关预录入审核通过后，海关主机系统给报关单的编号)。

规则：关区代码＋年份＋进出口标志＋预录入编号，十八位数。出口标志为“0”，进口为“1”。外港海关2225、洋山港区2248、杭州海关2901、嘉兴海关2908、宁波海关3101、北仑海关3104。

示例：220220110058701413。

③出境关别。

规则：根据货物实际进出境的口岸海关，填报海关规定的《关区代码表》中相应口岸海关的名称及代码。

示例：洋山港区(2248)。

④出(进)口日期。

规则：出口不填，进口填运输工具进境日期。

⑤申报日期。

规则：海关主机审核通过报关单申报的日期。

示例：20160711。

⑥备案号。

规则：代码＋编号。一般贸易进出口不填，加工贸易填加工贸易手册（来料加工 B、进料加工 C、加工不做价设备 D、电子账册 E）编号，特定减免税填减免税证明编号（Z），进口实习联网管理的原产地证书项下商品填（Y）。

示例：空白。

⑦境内发（收）货人。

规则：填报在海关备案的对外签订并执行进出口贸易合同的中国境内法人、其他组织名称及编码及十八位统一社会信用代码。进出口货物合同的签订者和执行者非同一企业的，填报执行合同的企业。第 1 位表示登记管理部门代码，第 2 位表示机构类别代码，第 3—8 位表示登记管理机关行政区划码，第 9—17 位表示组织机构代码，第 1 位为校验码。没有统一社会信用代码的，填报其在海关的备案编码。

示例：嘉兴西华进出口有限公司（913304028749940876）。

⑧运输方式。

规则：填运输方式名称。常见的运输方式：水路运输 2、铁路运输 3、公路运输 4、航空运输 5、邮件运输 6、其他运输 9。

示例：水路运输。

⑨运输工具名称。

＊ 在口岸海关报关的报关单填法：

规则：海运填船舶英文名称＋航次。注意："V."不填；航空运输填航班号；邮件运输填邮政包裹单号。

示例：DONGFENG/122W。

＊ 转关运输货物报关单填法：

规则：@＋16 位转关申报单预录入号。

示例：@0929082225500356。

⑩提运单号。

规则：海运填提单号或运单号，铁路运单号、航空运单号、邮件包裹单号，公路不填。

示例：CPS5501。

⑪境外收（发）货人。

规则：境外收货人通常指签订并执行出口贸易合同中的买方或合同指定的收货人，境外发货人通常指签订并执行进口贸易合同中的卖方。填报境外收发货人的英文名称及编码。编码指 AEO 互认国家的 AEO 编码。

示例：ABC TRADING。

⑫监管方式。

规则：填监管方式名称及其代码，常见监管方式及其代码：一般贸易 0110，来料加工 0214，进料对口 0615，加工贸易设备 0420。

示例：一般贸易（0110）。

⑬征免性质。

规则：填征免性质名称及代码，常见征免性质及其代码：一般征税 101，加工设备 501，来料加工 502，进料加工 503。注意贸易方式与征免性质的对应关系。

示例：一般征税(101)。

⑭生产销售单位/消费使用单位。

规则：填实际货主名称，不能填代理出口商名称。

示例：嘉兴西华进出口有限公司(913304028749940876)。

⑮许可证号。

规则：代码＋"："＋许可证编号。本栏目只填写下列七种许可证。1 进口许可证、2 两用物项和技术进口许可证、3 两用物项和技术出口许可证、4 出口许可证、G 两用物项和技术出口许可证(定向)、x 出口许可证(加工贸易)、y 出口许可证(边境小额贸易)，填在许可证栏。不需要的，空白。许可证号组成规则：07－AB－101888，07 代表年份，AB 代表发证机关(AA 商务部发，AB、AC 特派办发，01、02 地方发)，后六位为序号。

示例：空白。

⑯贸易国(地区)。

规则：填外销合同外方所在国家名称。

示例：马来西亚。

⑰运抵国/启运国。

规则：填国名及代码，中国 142，日本 116，美国 502，韩国 133，新加坡 132，英国 303，德国 304，法国 305，中国香港 110，国别不详 701。国别代码也是该国的货币代码，欧元(EUR) 300。

示例：马来西亚(122)。

⑱指运港/装货港。

规则：填港口名称及世界城市代码。中途发生中转的，指运港不受影响，还是最终目的港，装货港变成进入我国港口前的国外最后一个港口。不知道港口代码的，填写所在国家代码。

示例：泗务(1406)。

⑲离境口岸/入境口岸。

规则：离境口岸填报装运出境货物的跨境运输工具离境的第一个境内口岸的中文名称及代码。

示例：洋山港(2248)。

⑳成交方式。

规则：填贸易术语名称或代码。CIF1、CFR2、FOB3。

示例：CIF。

㉑运费。

总的原则：由国内企业支付运费填，国外支付运费空白。

规则：* 运费标记："1"表示运费率，"2"表示运费单价，"3"表示运费总价。

* 三种填法：

运费率：运费率数值/运费率标记。

运费单价：货币代码/运费单价数值/运费单价标记。

运费总价：货币代码/运费总价数值/运费总价标记。（集装箱整箱货采用运费总价填法）

示例：运费率 5%，填 5/1。

运费单价 24 美元，填 502/24/2。

运费总价 2100 美元，填 502/2100/3。

㉒保费。

规则：* 保费标记："1"表示保费率 "3"表示保费总价。

* 两种填法：

保费率：保费率数值/保费率标记。

保费总价：货币代码/保费总价数值/保费总价标记。

示例：保费率 1‰，填 0.1/1。

保费总价 60 美元，填 502/60/3。

㉓杂费。

规则：报关中的杂费主要指成交价格以外的，但是应该计入完税价格或应该从完税价格中扣除的费用，如手续费、折扣、佣金等，此栏一般空白。

* 杂费标记："1"表示杂费率 "3"表示杂费总价。

* 两种填法：

杂费率：杂费率数值/杂费标记。

杂费总价：货币代码/杂费总价数值/杂费总价标记。

示例：1%，填 1/1；USD1200，填 502/1200/3（应该计入的杂费）。

1%，填 1/1；USD1200，填 502/－1200/3（应该扣除的杂费）。

㉔合同或协议号。

规则：合同编号的字母和数字都要填写。S/C NO.，P/O NO.。

示例：2016AG018。

㉕件数。

规则：填最大外包装数量。裸装货、散装货填"1"。

示例：500。

㉖包装种类。

规则：填报进出口货物的所有包装材料，包括运输包装和其他包装，按海关规定的《包装种类代码表》选择填报相应的包装种类名称及代码。运输包装指提运单所列货物件数单位对应的包装，其他包装包括货物的各类包装，以及植物性铺垫材料等。

示例：麻袋。

㉗重量。

规则：填货物重量，以千克为单位，不足 1 千克的填"1"。

示例：115000。

㉘随附单据及编号。

规则：监管证件代码＋"："＋监管证件编号。根据海关规定的《监管证件代码表》和《随附单据代码表》选择填报除本规范第十六条规定的许可证件以外的其他进出口许可证件或监管证件、随附单据代码及编号。本栏目分为随附单证代码和随附单证编号两栏，其中代码栏按海关规定的《监管证件代码表》和《随附单据代码表》选择填报相应证件代码；随附单证编号栏填报证件编号。常用监管证件代码：A 入境货物通关单、B 出境货物通关单、Y 原产地证书、7 自动进口许可证、O 自动进口许可证（新旧机电产品）、v 自动进口许可证（加工贸易）、P 固体废物进口许可证。一笔业务涉及多个监管证件的，本栏目只填写一个监管证件信息，其它监管证件代码及编号填写在标记唛码及备注栏目。其中原产地证书的填写较为复杂，提供原产地证书主要是为了享受优惠关税。出口货物原产地证书填写规则：代码＋编号，例如："Y140473628"。进口货物原产地证书填写分为两种情况，一是进口产自香港、澳门的货物，由于海关实行联网监管，在"备案号"栏已经填写了原产地证书的代码和编号，"随附单据"栏填写："Y：＜优惠贸易协定代码＞"，例如，"Y：＜03＞"（香港），"Y：＜04＞"（澳门）。二是进口产自与我国有优惠贸易协定的其他国家的货物，原产地证书实行非联网监管，"随附单据"栏填写规则："Y：＜优惠贸易协定代码：该商品在报关单中的项号＞"，例如，从印度（亚太贸易协定成员国）进口某种商品，分列报关单第 1 到 3 项、第 5 项，应填报："Y：＜01：1—3，5＞"。优惠贸易协定代码：01 亚太贸易协定、02 中国—东盟自贸协定、03 香港、04 澳门、05 非洲特惠待遇、06 台湾农产品、07 中巴、08 中智、09 也门等国。一般贸易出口报关单一般填两项：随附单证 1（监管证件代码）、随附单据 2（指合同发票装箱单等报关随附单据）。

示例：随附单据 1：Y140473628；随附单据 2：合同、发票、装箱单、报关委托书。

㉙标记唛码及备注。

规则：一般填唛头、集装箱标箱数及号码。

示例：集装箱标箱数及号码：7 YMLU1234560，YMLU1234561……

ABC

SHOVE

SIBU

NO. 1—500

表体部分填写规则：

项号	商品编号	商品名称及规格	数量及单位	单价/总价/币值	原产国	最终目的国	境内货源地	征免
1	82011000.00	铁锹 S301B	70800 千克 3600 把 300 打	21.6000 6480.00 美元	中国 (CHN)	马来西亚 (MYS)	嘉兴 33049	照章征税
2	82011000.00	铁锹 S302B	47200 千克 2400 把 200 打	21.6000 4320.00 美元	中国 (CHN)	马来西亚 (MYS)	嘉兴 33049	照章征税

数量及单位栏必须分三行填写，第一行填海关第一法定计量单位，即“66000 千克”；第二行填海关第二法定计量单位：“3600 把”，没有海关第二法定计量单位的，第二行空白；第三行填成交计量单位：“300 打”，成交计量单位与海关法定计量单位相同的，第三行空白。

分单填报：不同运输工具、不同航次、不同提运单号、不同贸易方式、不同备案号、不同征免性质、不同原产地管理均应分单填报。

分项填报：商品编号不同、商品名称不同、规格型号不同、计量单位不同、原产国/最终国不同、币制不同、征免方式不同均应分项填报。

(2)出口报关单填制。

中华人民共和国海关出口货物报关单

预录入编号：2248200500587014133　　　　海关编号：2248200500587014133

境内发货人 嘉兴西华进出口有限公司 (913304028749940876)	出境关别 洋山港区(2248)	出口日期	申报日期 20160711	备案号
境外收货人 ABC TRADING	运输方式 水路运输	运输工具名称及航次号 DONGFENG /122W	提运单号 CPS5501	
生产销售单位 嘉兴西华进出口有限公司 (913304028749940876)	监管方式 一般贸易	征免性质 一般征税	许可证号	
合同协议号 2016AG018	贸易国(地区) 马来西亚(122)	运抵国(地区) 马来西亚(122)	指运港 泗务(1406)	离境口岸 洋山港

包装种类	件数	毛重(千克)	净重(千克)	成交方式	运费	保费	杂费
麻袋	500	120000	115000	CIF	502/2100/3	0.5/1	

随附单证及编号

随附单据1:Y140473628,B331200209058778000;随附单据2:合同、发票、装箱单、报关委托书

标记唛码及备注

ABC　　集装箱标箱数及号码:7;YMLU1234500,YMLU1234500,YMLU1234537,YMLU1234542,YMLU1234558,YMLU1234516,YMLU1234521.

SHOVE

SIBU

NO.1—500

项号	商品编号	商品名称及规格型号	数量及单位	单价/总价/币制	原产国(地区)	最终目的国(地区)	境内货源地	征免
1	82011000.00	铁锹 S301B	70800千克 3600把 300打	21.6000 6480.00 美元	中国 (CHN)	马来西亚 (MYS)	嘉兴33049	照章征税
2	82011000.00	铁锹 S302B	47200千克 2400把 200打	21.6000 4320.00 美元	中国 (CHN)	马来西亚 (MYS)	嘉兴33049	照章征税

特殊关系确认：　价格影响确认：　支付特许权使用费确认：　公式定价确认：

暂定价格确认：　自报自缴：

报关人员　报关人员证号22101837　电话：　兹声明对以上内容承担如实申报、依法纳税之法律责任 申报单位　浙江外运公司嘉兴分公司　申报单位(签章)	海关批注及签章

任务二:集装箱拼箱货出口货运代理操作

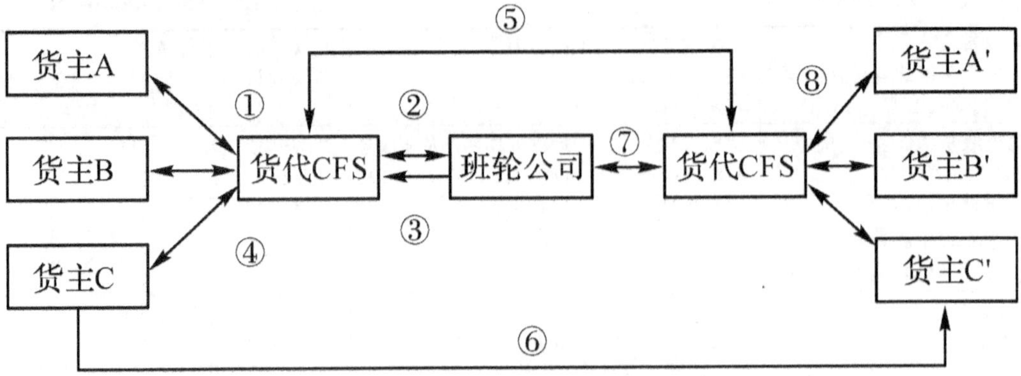

图 3-2　拼箱货货运代理业务流程图

(一)拼箱业务流程

1. *A*、*B*、*C* 等不同货主将不足一个集装箱的货物(*LCL*)交从事拼箱业务的货代指定的货运站(*CFS*)。货代向海关发送预配舱单,货运站收到货后,想海关发送运抵报告。

2. 货代将拼箱货拼装成整箱货(*FCL*)后,以自己的名义向班轮公司办理订舱,向海关报关。对查验暂扣的货物,货代向海关发送落货申请并递交纸面单证,其余拼箱货正常出口。

3. 整箱货装船后,班轮公司向货代签发班轮公司提单(*B/L*)。

4. 货代在货物装船后向 *A*、*B*、*C* 等货主签发货代提单(*HOUSE B/L*)。

5. 货代将货物信息、船舶离港及预计到达时间等信息告知其在卸货港的代理人,并寄送 *B/L* 正本、*HOUSE B/L* 复印件,以便代理人向班轮公司提货和向收货人交付货物。

6. *A*、*B*、*C* 等货主将 *HOUSE B/L* 正本寄给各自的收货人 *A′*、*B′*、*C′*。

7. 货代在卸货港的代理人凭 *B/L* 将货物从码头堆场(*CY*)运往自己的货运站(*CFS*)。

8. *A′*、*B′*、*C′*等货主凭 *HOUSE B/L* 去货运站(*CFS*)提取拼箱货。

(二)拼箱出口货代操作程序与方法

1. 委托。拼箱委托的关键是货主与货代之间一定要签订拼箱货物代运委托书,并且在委托书中要约定运费和杂费,避免事后产生纠纷。对货代而言,拼箱的利润大于整箱,对托运人来说,拼箱的风险大于整箱,对国外收货人来说,拼箱的费用大于整箱。我国目前的拼箱货运市场比较混乱,如一些货代将客户的整箱货人为地拆分成拼箱,某些货代业务员一开始向客户报非常低的价格,有时甚至低于航线的成本运价,吸引客户将货物委托过来,等到货物到国外后,国外代理向收货人收取高额杂费,会导致托运人失去合作多年的客户。货主选择拼箱货代时,不要仅看海运费是否最低,一般拼箱货运费差价并不大,每运费吨最多差 5—10 美元,更要关注杂费情况,特别是问清楚目的港有无杂费?费用多少?对拼箱货代来说,应该尽量将这些费用提前确认好,或者用保留原始发票、让客户自己同费用收取单位确认等方法,避免事后产生纠纷。

2.接单。货代公司接收货主提供的拼箱货运委托书、报关委托书、报检委托书、发票、装箱单、合同副本等单证,并复印留底,将该票货的货运数据输入电脑的订舱系统。

3.拼箱。货代公司根据目的港、货物属性、重量和尺码,确定货物拼成整箱的箱型和箱数。

4.订舱。货代公司将整箱货以自己的名义向船公司或船代订舱(船公司或船代只接受整箱货),舱位订妥后,船公司或船代将进仓单(又称送货通知单)发送给货代公司。

From 王　*To*

宁波上京船务代理公司送货通知单

至航线配载:王

船名航次:*LONG BEACH　V. FL614W* 中文:长滩,目的港:*HAMBURG*

件数:15　重量:700.00　尺码:10.00　提单号:*SC13HMTA0583*

*发货时间:2014-11-20　*单据到我司最晚时间:2014-11-22

*最晚到货时间:2014-11-22　*预计开航时间:2014-11-26

送货地点:宁波北仑区霞浦物流园区云台山路56号,周一到周五17点前,电话:0574-86750912,联系人 王平,周六、周日及工作日的17点后,联系人:李朝辉,13067542567

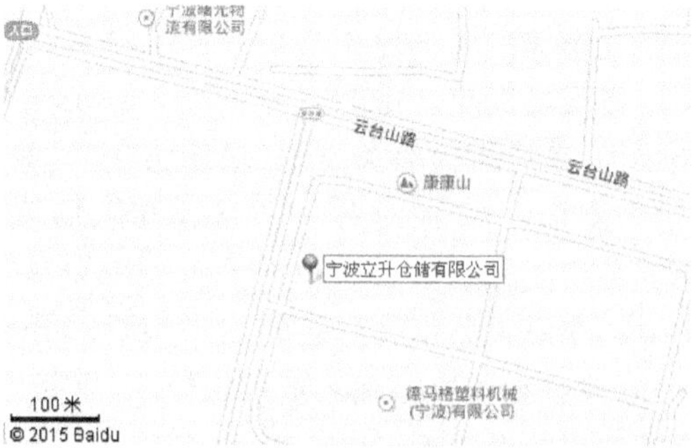

立升仓库示意图

注意:①欧洲货物使用的木质包装应在出境前进行除害处理,并加施 *IPCC* 确定的专用标识! 否则后果自负?

②如要退仓,请于月日通知我司,否则由此产生的一切责任和费用由贵司自负。

③如因海关验货或报关单据的问题产生掏箱费、亏舱费,由托运人承担。

④单件重量大于3吨或单件尺寸大于4米或者单件货物价值超过10万元人民币的货物,需要提前向我司申报,否则产生的后果自负。

⑤如货物为液体需在委托书上注明,并提前和航线配载确认。

⑥如委托书与实际货物不符,请发货工厂如实填写以下内容,要求必须与实际货物唛头相符,否则产生的一切责任及相关费用,由托运人承担。

⑦如需交关税的货物,必须提前确认并标注在委托单上,否则由此产生的责任与费用由贵司承担。

如单票货物价值在5万美金以上(含5万美金),请在配载前通知我司,否则后果自负。去西非国家和地区的货物必须要在开船后5日内办理好"*CTN*"(货物追踪)手续。

如委托书与实际货物不符,请发货工厂如实填写以下内容:

货物件数:外包装类型:

货物重量：(*KGS*)货物尺码：(M^3)

实货的唛头标记：(必填)

友情提示1：尊敬的客户，为了使您的货物更加安全的出运，收货人顺利便捷地提货，建议使用国际通用唛头形式：收货人/品名/目的港/件数，例如：*VICTORY/VINYL GLOVE /HONG KONG /NO.* 1—40*CTNS*。

友情提示2：为了避免不必要的麻烦，请通知送货司机在我司库方指导下卸货。

5.入库。货代公司将送货通知发给货主，货主要在送货通知书上规定的最迟到货时间之前，将货物送到货代指定的货运站(*CFS*)仓库。仓库要重新测量尺码和过磅，如果尺码和重量和货主提供单据记载不一致的，货代要通知货主进行确认，货主有异议的，可以复尺。

6.装箱。货代公司将目的港相同、货物属性相似的货物在货运站拼成整箱。一般货运站都有空箱，没有空箱的，要凭船公司或船代的放柜通知书去空箱堆场提取空箱。

7.报关。分为网上申报和现场交单两个环节。由于一个集装箱内装了多个货主的货，所以每个货主的货都要单独申报。如果装柜的货运站仓库不是海关监管仓库，必须先将集装箱运到海关监管仓库，由监管仓库向海关发送运抵报告后，货代报关员才能进行网上申报。在海关监管仓库装柜的，报关单备注栏填“装柜”；在非海关监管仓库装柜的，报关单备注栏填“自拼”。同一批拼箱货物应由同一报关员集齐该批拼箱货所有报关单后，一次向海关现场交单。无纸通关不需要现场交单。拼箱货物现场交单时，还需要向海关递交“拼箱清单”，无纸通关情况下是先放行，事后再向海关发送“拼箱清单”。拼箱货物查验后发现部分货物申报不符，将这部分货物监管入库，同时更改“拼箱清单”、场站收据联单，并到海关现场交单窗口办理相关更改手续，凭“海关查验(拼箱)不予出境通知单”、其余货物放行单，向港口办理其余货物的装船手续。在海关监管仓库装箱的拼箱货部分申请退关的，报关员办理相应报关单的删除手续，向海关监管场所办理运抵报告修改，重新填报“拼箱清单”。在非海关监管仓库装箱的拼箱货发生部分退关的，视同全部货物退关，需删除该批拼箱货全部报关单并办理重箱出卡口手续。

出口货物拼箱清单

申报单位	宁波×××船务代理有限公司		报关员	王红	
船名	LONG BEACH		航次	V.122W	
装箱点	宁波港四期码头				
箱号	CBHU3245787				
序号	报关单号	提运单号	重量	体积	备注
1	310423498765435679	CBH345672	500kg	8CBM	
2					
3					
4					
5					
6					
7					
8					
9					
10					
11					
12					
13					
14					
15					
16					
17					
18					
19					
20					
合计：					
报关员签章处					

填制说明：拼箱货物实行集中交单，同一集装箱所涉及的出口报关单必须全部填制本清单，并在清单右下角“报关员签章处”加盖报关章。

第（ ）页/共（ ）页

8.集港。与整箱货相同。

9.装船。与整箱货相同。

10.确单。与整箱货相同。

11.取单。与整箱货不同的是，货代在取得正本提单（B/L）后，要寄给货代在目的港的代理，后者用来去目的港码头堆场提货。

12.寄单。货主向货代支付货代费用、代垫费用（主要是港杂费等），货代签发货代提单（HOUSE B/L）给货主，货主将货代提单寄给国外收货人，后者用来去货运站提货。

任务三:集装箱整箱货进口货运代理操作

(一)整箱货进口货代操作步骤与方法

1. 接受收货人委托。接受收货人提供的用来报关、报检及提货的下列单证:①货物代运委托书;②报关委托书;③合同;④发票;⑤装箱单;⑥提单(以上为基本单证);⑦报检委托书;⑧原产地证;⑨进口许可证;⑩减免税证明(以上为特殊单证)。

2. 查船期。根据提单上显示的承运人、提单号、集装箱号信息查询船舶预计到港时间,从而确定换单时间。查询的具体步骤如下:①根据提单确定承运人;②查询承运人官网并登录;③输入提单号查询本票货物运输状态(也可输入集装箱号查询);④在预计到港时间附近时,登录目的港官网,查询货物具体卸货码头。

例如,从巴西进口蓝湿牛皮,MSC 瑞士地中海船公司承运,提单号 MSCUZB694579。

第一步:确定船公司。

根据提单抬头显示的"MSC"判断是瑞士地中海船公司。

第二步:查询 MSC 官网并登录。

在百度中搜索到 MSC 官网并登录(如图 3-3),点击"Tracking"(航线)模块(如图 3-4),进入搜索界面(如图 3-5)。

图 3-3 百度界面

图 3-4 Tracking 模块

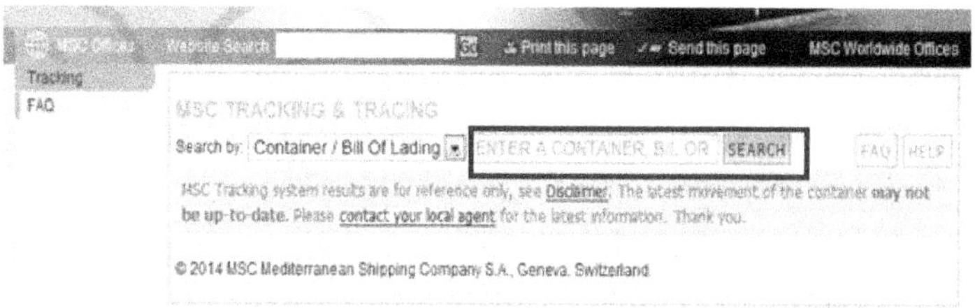

图 3-5　搜索页面

第三步：输入提单号查询本票货物运输状态。

在“SEARCH”栏输入提单号或集装箱号，出现货物运输信息界面（图 3-6）。从该图左上角方框内，我们得到如下信息：3 个集装箱，2013 年 10 月 14 日巴西桑托斯港装船，卸货港为中国宁波港，最终目的地中国乍浦，船名为 FEDERAL。该图右下角方框内信息显示：计划在 2013 年 12 月 11 日到达宁波港，2013 年 12 月 20 日离开宁波港，当天到达乍浦港，23 日离开乍浦港。

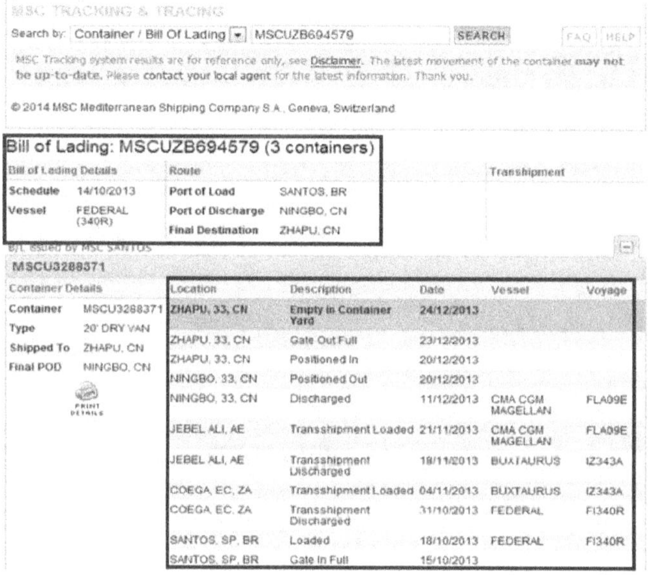

图 3-6 货物运输信息

第四步：临近到达日时，登录卸货港网站，查询该票货卸货情况。

该票货计划 12 月 11 日到达，在 12 月 9 日就要开始登录宁波港网站，查询是否到货，卸在哪个码头。登录宁波港区网站，在圈出的各个码头查询（图 3-7-1/2）。待我们各个查询之后，发现 MSCUZB694579 的货在宁波四期码头（图 3-8），以后再去乍浦港区网站查询（图 3-9），掌握货物何时到达乍浦港。

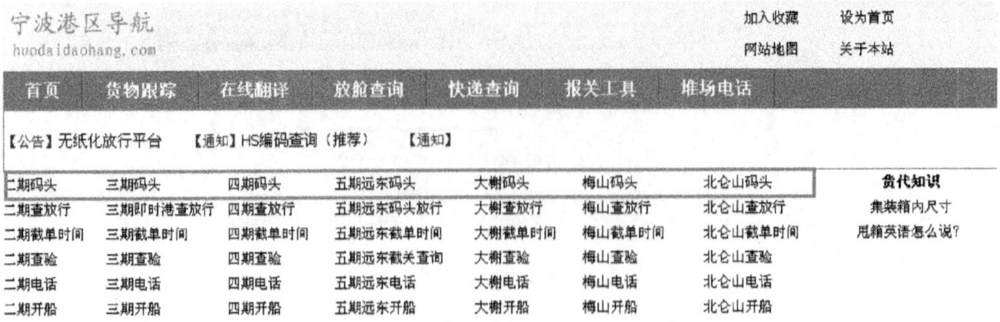

图 3-7-1　宁波港网站码头模块

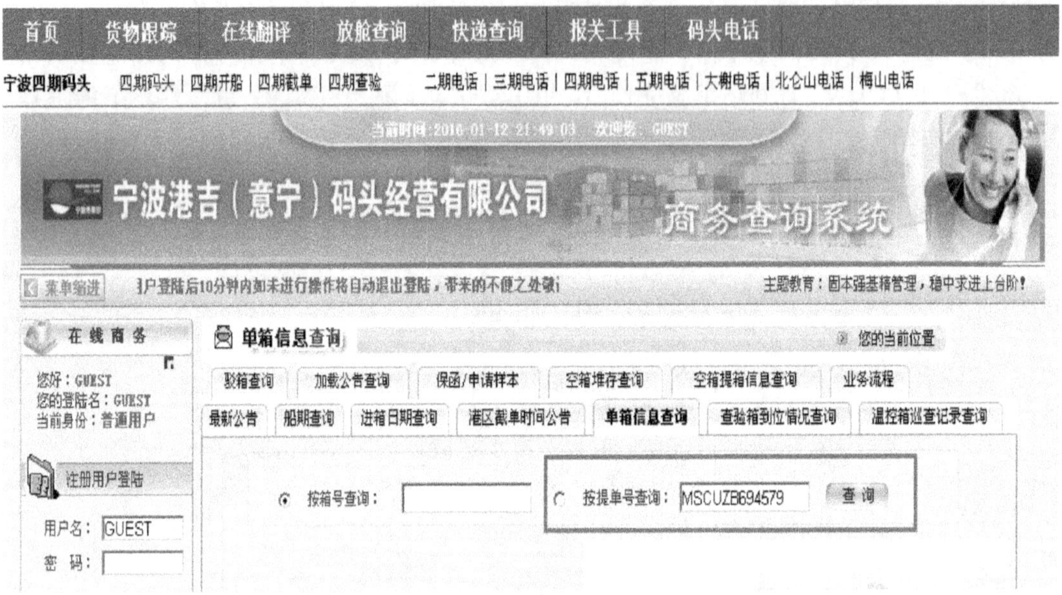

图 3-7-2　宁波港网站提单号查询

图 3-8　查询结果

图 3-9　乍浦港区网站

3. 发舱单。货物抵港卸货后，船代要将舱单发送到海关。

4. 换提货单。货代凭从收货人那里得到的正本提单或电放函件，去船公司或船代那里换取提货单和设备交接单。提货单(Delivery Order, D/O)又称“小提单”，是整箱货进口报检、报关、提货的核心单证，实际业务中，由船代填写。信用证结算时，货代拿到提单，应检查提单背书是否正确，所谓背书就是在提单的背面盖上背书人的章子。提单背书一般有三种形式，如果提单收货人栏显示“To Order of ×××银行”，则由该银行背书；如果提单收货人栏显示“To Order of Shipper 或 To Order”，则由托运人背书；如果提单收货人栏显示的是收货人，则由收货人背书。TT 结算时，电放形式有三种：电放提单、电放信函、电放号。电放时，还需收货人出具保函。

5. 换通关单(报检)。凡属于国家法定检验商品，在报关前先要去海关检验检疫部门取得入境货物通关单。进口货物在哪里报关，就由哪里海关的检验检验部门签发入境货物通关单。领取通关单需要的单证有：①合同；②发票；③装箱单；④提单复印件；⑤报检单；⑥报检委托书；⑦无木质包装声明。

6. 报关。报关分为网上申报和现场交单。网上申报成功后还要向现场海关递交的纸质报关单据有：①代理报关委托书；②进口报关单；③合同；④发票；⑤装箱单；⑥入境货物通关单；⑦提单复印件(或运单)；⑧信用证(信用证结算)；⑨商检证书(法检商品)；⑩原产地证书(需要时)；⑪进口许可证(许可证管理商品)。

7. 查验。凭海关的“查验通知”去码头堆场的海关监管区配合海关现场查验。查验完成后，海关现场出具查验报告(或查验结果通知单)。

8. 缴税。在海关“缴税”窗口领取“进口关税专用缴款书”和“增值税专用缴款书”，去指定银行缴款，银行在缴款书上盖章，返回海关缴税窗口交缴款书。海关在提货单上盖放行章。网上缴税：网上申报时预缴税款，查验放行后，将收货人账户上冻结的税款划到国库。

9. 办理三检。在“5. 报检”时，如果口岸检验检疫部门开出“场地商检”单的话，这时需要去口岸商检局“三检”大厅办理商品检验、动植物检验、卫生检疫手续，并缴纳商检费后，商检局在提货单上盖三检放行章。如果在上述第五步报检时，不需要“场地商检”，则就不需要办理三检，在第五步报检、取得通关单时，商检局直接在提货单上盖放行章。

10. 缴纳港杂费。三检手续办理完毕后，去港口缴费大厅缴纳港杂费。

11. 收费提货。货代向收货人收取货代相关费用后，将货物从码头堆场提出，发给收货人。提箱时，码头堆场填写设备交接单，码头堆场和货代双方签字。

12. 退还集装箱。货物卸在收货人处后，空箱返回码头堆场，货代从码头堆场取回集装箱设备交接单，然后去船公司或船代那里取回押箱费。返箱时，码头堆场填写设备交接单，码头堆场和货代双方签字。

(二)整箱货进口提货单填制实例

中国上海外轮代理有限公司

CHINA OCEAN SHIPPING AGENCY ,SHANGHAI

进口集装箱货物提货单

DELIVERY ORDER

NO:0783404

船呼号:9*HOT*9　　　　船档号:762750

港区场站　　　　换单日期:20161110

收货人名称:*东特(浙江)有限公司徐* 65757096	收货人开户银行与账号:			
船名:*GREEN ACE 兴亚雅加达*	航次:0033*N*	起运港:*JAKARTA,JAVA*	目的港:*SHANGHAI*	船舶预计到港时间:预靠:2011－12－10
提单号:*POBUJKT*11100094	交付条款:*CY－CY*	卸货地点:*预靠外五期*	进库场日期:	第一程运输:

标记与集装箱号	货　名	集装箱数或件数	重量(KGS)	体积(m^3)
CUSTOMER PO NO:*FSL*－111027*TTZ*1 *STXU*2026362/*STXPP*050007	*SHIPPER'S LOAD,COUNT & SEAL* 1 * 20*GP SAID TO CONTAIN*:10 *BOXES OF DRAWN COPPER WIRE* (*H*) *N.W*:15,000.00 *KGS*	10 *BOXES* 1 * 20 *GP*	15383.00	

<table>
<tr><td rowspan="2">船代公司重要提示:
(1)本提单中有关船、货内容按照提单相关显示填制;
(2)请当场核查本提单内容错误之处,否则本公司不承担由此产生的责任与损失;(Error And Omission Excepted)
(3)本提单仅为向承运人或承运人委托的雇佣人或替承运人保管货物订立合同的人提货的凭证,不得买卖转让;(Non－negotiatable)
(4)在本提单下,承运人代理人及雇佣人的任何行为,均应被视为代表承运人的行为,均应享受承运人享有的免责、责任限制和其他任何抗辩的理由;(Himalaya Clause)
(5)货物不按时换单造成的损失,责任自负;
(6)本提单中的中文译文仅供参考;
中国上海外轮代理有限公司
(盖章有限)
年　月　日</td><td>收货人章</td><td>海关章</td></tr>
<tr><td>检验检疫章</td><td>理货章</td></tr>
<tr><td>注意事项:
1.本提单需盖有船代放货章和海关放行章后方有效。凡属法定检验、检疫的进口商品,必须向检验检疫机构申报。
2.提货人到码头公司办理提货手续时,应出示单位证明或经办人身份证明。提货人若非本提货单记名收货人时,还应当出示提货单记名收货人开具的证明,以表示其为有权提货的人。
3.货物超过港存期,码头公司可以按《上海港口货物疏运管理条例》的有关规定处理。在规定期间无人提取的货物,按《海关法》和国家有关规定处理。</td><td></td><td></td></tr>
</table>

任务四:集装箱装箱方法

集装箱装货量计算方法主要有三种:

1.用装箱软件预算。如 CUBE MASTER、LOAD EXPERT 等软件,缺点是计算较复杂,计算结果和实际装货量差距较大,实际业务中,中小货代公司很少使用。

2.精确法。有些外贸企业为严格控制成本,要求非常精确装柜。实践中可根据集装箱内径尺寸(见表 3-1)进行计算。20 尺[①]集装箱主要装重货,只考虑重量是否满足要求,体积一定是满足要求的,所以用货物的总重量除以一个 20 尺集装箱正常装载重量,就可以确定需要几个集装箱。40 尺以上集装箱,重量一定是满足要求的,通过货物的体积确定需要装几个集装箱。下面以 40 尺平柜为例,计算需要的集装箱数量。

业务:1000 箱货物,每箱外包装尺寸为 85 厘米×72 厘米×103 厘米,计算需要的 40 尺平柜的数量。

40 尺平柜其内径长宽高尺寸为 12.032×2.352×2.38 米,一般来说货物可以倒置,可先决定装柜时的高度,再来改变宽与长的组合,因为装柜时高对容积的影响最大。

(1)据集装箱尺寸确定包装哪一边为高。

85 厘米为高时,2.38/0.85=2.80 即可装 2 层,装载空隙为 0.80 米

72 厘米为高时,2.38/0.72=3.30 即可装 3 层,装载空隙为 0.30 米

103 厘米为高时,2.38/1.03=2.31 即可装 2 层,装载空隙为 0.31 米

装载空隙越大,浪费的空间越大,所以选取装载空隙最小 72 厘米作高。

(2)根据集装箱尺寸确定包装哪一边为长。

85 厘米为长时,12.032/0.85=14.16 即可装 14 排,装载空隙为 0.16 米

103 厘米为长时,12.032/1.03=11.68 即可装 11 排,装载空隙为 0.68 米

我们选取装载空隙较小的 85 厘米为长

(3)剩下的外包装的 103 厘米做宽了。

103 厘米为宽时,2.352/1.03=2.28 即可装 2 行,装载空隙为 0.28 米

所以每个 40 尺平柜总共装 3 层(高)×14 排(长)×2 行(宽)=84(箱)货物,1000/84=11.905,根据经验,超过 0.5 就要多提一个货柜,所以需要 12 个 40 尺平柜。如果货物不能倒置,意味着高已经固定,只需要(2)、(3)步骤,即可确定每个集装箱的装箱数量。

3.一般预估法。一般预估法是大多数货代企业实践中使用的装箱方法。

上述业务,用一般预估法计算每个集装箱装箱数量。0.85×0.72×1.03 米=0.63CBM,54/0.63=85.71≈86 箱,1000/86=11.63,需要 12 个 40 尺平柜。我们看到,一般预估法与精确装柜法计算结果基本一致,但是要简单得多,所以实践中,一般都采用一般预估法确定需要的集装箱数量。

---

① 本书中“尺”均指英尺,别处不再另作说明。

理论支撑

一、国际海运集装箱主要箱型

表 3-1　国际海运集装箱主要箱型数据

ISO 箱型代码 84/95	正常装货重量	正常装货容积	外部尺寸(长×宽×高)	内部尺寸(长×宽×高)
20GP/22G1	17.5MT	26CBM	20′×8′×8′6″	5.898×2.352×2.385M
40GP/42G1	22MT	54CBM	40′×8′×8′6″	12.032×2.352×2.38M
40HC/45G1	22MT	66CBM	40′×8′×9′6″	12.032×2.352×2.69M
45HC/L5G1	22MT	76CBM	45′×8′×9′6″	13.580×2.352×2.69M

注:(1)由于装货技术、货种不同,特殊情况下装货,比正常装货容积有±2CBM误差。(2)货物体积越小、形状越规则、品种越少,装货量越多,反之,装货量越少。

(3)各个船公司和港口一般都规定一个集装箱最大限重不超过22MT,否则要征收超重附加费。

(4)GP,general propose,普柜。HC/HQ,hight cube 高柜。

二、国际海运集装箱标志(ISO6346—1995 标准)

图 3-10　集装箱图示

1."TGHU097621"——集装箱编号

"TGH":箱主代码;"U":海运常用集装箱('J'表示可拆卸集装箱,'Z'表示集装箱的拖车或底盘车),"097621":顺序号,用六位数字表示,不足六位,则以零补之。

2."6"——核对号

用于计算机核对集装箱编号记录是否正确。核对号通过下列方法计算:

首先将箱主代码四位字母通过下述表格转换成对应的数字。

表 3-2　集装箱箱主代码字母与数字对应关系

字母	A	B	C	D	E	F	G	H	I	J	K	L	M
数字	10	12	13	14	15	16	17	18	19	20	21	23	24
字母	N	O	P	Q	R	S	T	U	V	W	X	Y	Z
数字	25	26	27	28	29	30	31	32	34	35	36	37	38

可以看出去掉了 11 及其倍数，因为后面将把 11 作为模数。用下列公式计算：

$S=\sum_{i=0}^{9}Ci\times 2^{i}$ 例如，求 TGHU097621 核对号。TGHU097621 对应的数字：31—17—18—32—0—9—7—6—2—1

求和：$S=31\times 2^{0}+17\times 2^{1}+18\times 2^{2}+32\times 2^{3}+0\times 2^{4}+9\times 2^{5}+7\times 2^{6}+6\times 2^{7}+2\times 2^{8}+1\times 2^{9}=2921$

除以 11 取余数：2921÷11=265，余数为：6

所以核对号为：6

3."22G1"—— 集装箱箱型代码

第一位数字表示集装箱的长。"2""4""L"分别表示 20、40、45 尺长集装箱。

第二位数字表示集装箱的高。不同的数字表示不同的集装箱高，见下表：

表 3-3　集装箱箱高代码表

代码字符	0	2	4	5	6	8	9
箱高(Ft/ mm)	8′ 2438	8′6″ 2591	9′ 2743	9′6″ 2895	>9′6″ 2895	4′3″ 1295	≤ 4′ 1219

第三位数字表示集装箱的类型。

① G (General)：通用集装箱。

又称干货集装箱(Dry Container)，是利用最多的标准集装箱。用于装载除液体货、需要调节温度货物及特种货物以外的一般干杂货。包括日用百货、食品、机械、仪器、医药及各种贵重物品等。

② V (Ventilated)：通风式通用集装箱。通风集装箱一般在侧壁或端壁上设有通风孔，适于装载不需要冷冻而需要通风、防止汗湿的货物，如水果、蔬菜等。

③B(Bulk)：干散货集装箱。主要运输粮食、矿砂等中小数量干散货。

④S (Sample)：以货物种类命名的集装箱(如 S1 代表汽车集装箱、S0 代表动物集装箱)；主要运输小汽车、活体动物。

⑤R (Reefer)：冷藏集装箱。主要运输海鲜、肉类等冷冻冷藏食品。其温度可以在－28 至＋26 之间调节。

⑥P (Platform)：框架集装箱。台架式集装箱是没有箱顶和侧壁，甚至有的连端壁也去掉而只有底板和四个角柱的集装箱。主要运输大型设备、长大件、大型轻泡货等。

⑦T (Tank)：罐式集装箱。主要运输成品油、天然气、酒精、化工产品等。

⑧ U(Up)：敞顶集装箱。这是一种没有刚性箱顶或箱顶可以完全揭开的集装箱，主要运输玻璃、钢板、石板、木板等板材。

⑨H(Hanger)：挂衣集装箱。主要运输皮衣等高档服装。

⑩A(Air)：空陆水联运集装箱。

第四位数字表示集装箱的构造。通用集装箱第四位数字表示意义：

"0"：一端或两端有箱门，集装箱上方没有透气罩。

“1”:一端或两端有箱门,集装箱上方有透气罩。

“2”:一端或两端有箱门,并且在一侧或两侧亦设“全开式”箱门。

“3”:一端或两端有箱门,并且在一侧或两侧亦设“局部”箱门。

4、5、6、7、8、9 为备用号。

4.载重量和容积

MAX. WT:集装箱最大总重量,KGS 公斤,LBS 磅。

TARE. WT:集装箱空箱重量。

PAYLOAD:集装箱最大载货重量。

CU. CAP.:集装箱最大载货容积,CU. M. 表示立方米,CU. FT. 表示立方英尺。

三、世界主要班轮公司代码及集装箱箱主代码

表 3-4　世界主要集装箱班轮公司代码表

编号	船公司名称	英文缩写	箱主代码	编号	船公司名称	英文缩写	箱主代码
1	丹麦马士基	MAERSK	MSKU/ MAEU	11	香港东方海外	OOCL	OOLU
2	瑞士地中海	MSC	MSCU	12	美国总统	APL	APLU
3	台湾长荣	EMC	EMCU	13	台湾阳明	YML	YMLU
4	法国达飞	CMA	ECMU	14	日本邮船	NYK	NYKU
5	德国赫伯罗特	HPG	HLXU	15	日本川崎	K—LINE	KKFU
6	中国远洋	COSCO	CBHU/COSU	16	以星海运	ZIM	ZIMU
7	中海集运	CSCL	CCLU	17	新加坡太平船务	PIL	PILU
8	汉堡南美	HSL	HSDU	18	台湾万海	WHL	WHLU
9	韩进海运	HANJIN	HJSU	19	山东海丰	SITC	SITU
10	商船三井	MOL	MOYU	20	宁波远洋	NBSCO	NBSU

表 3-5　世界主要租箱公司代码表

编号	公司名称	箱主代码	编号	公司名称	箱主代码	编号	公司名称	箱主代码
1	TEX	TEGU/TGHU	4	GESEACO	GESU	7	XINES	XINU
2	CAPITAL(凯行)	CLHU	5	TRITON	TTNU	8	CRONOS	CRXU
3	CAI	CAXU	6	GOLD	GLDU	9	AMFCION	AMFU

四、交货记录联单

在集装箱班轮运输进口业务中,普遍采用“交货记录”联单以代替杂货运输中试用的“提货单”。“交货记录”标准格式一共六联:①到货通知书(白色);②提货单(白色);③费用账单(蓝色);④费用账单(红色);⑤交货记录(白色);⑥交货记录(白色)。其中,②提货单(白色)是核心联,海关、商检、港口要盖放行章。交货记录联单的流程程序:

(1)船代在收到进口货物单证资料后,在国外进口船舶联检后(支线船抵港后)72 小时内,向收货人发出“到货通知书”。

(2)收货人的货代在收到“到货通知书”后,凭正本提单和到货通知书向船代换取“交货记录”联单,船代在“提货单”上加盖专用章,连同“费用账单”(两联)、“交货记录”(两联)共五联交给收货人。

(3)如果是法检商品,货代持“提货单”“费用账单”“交货记录”去口岸商检局报检,非法检商品不需要报检。报检后,商检局认为不需要“三检”的,直接在“提货单”盖放行章;需要“三检”的,要等海关放行、商检局办理好“三检”手续后,在“提货单”上盖放行章。

(4)货代持“提货单”“费用账单”“交货记录”随进口货物有关资料,向海关申报。海关验放后在“提货单”的规定栏内加盖放行章。

(5)货代凭盖章放行的“提货单”“费用账单”“交货记录”向码头堆场办理申请提货手续,码头堆场审核海关、商检的放行章后,在“提货单”“费用账单”“交货记录”上加盖放行章,将“提货单”“费用账单”联留下作为放货、结算费用依据,“交货记录”联退给货代去提货。

(6)货代将“交货记录”交给码头堆场仓库,提取货物。

(7)码头堆场凭收回的“交货记录”核算费用,填制“费用账单”。将“费用账单”的第一联(蓝色)留在码头堆场的单证部,“费用账单”的第二联(红色)作为向收货人收取费用的凭证。

(8)码头堆场将“提货单”“费用账单”第二联(红色)、“交货记录”第一联归档,“交货记录”第二联退给船代。

五、整箱货与拼箱货交接方式及责任划分

(一)整箱货(FCL)

1.整箱货交接方式

交接方式:FCL—FCL

2.整箱货交接地点

①CY/CY,②DOOR/CY,③DOOR/DOOR,④CY/DOOR。①是整箱货最常用的交接地点。

3.当事人责任划分

(1)货代:只要代理过程中无过失,对货损货差不承担责任。

(2)托运人:负责装箱、计数、铅封。在箱体和铅封完好情况下对货损货差负责。

(3)承运人:在箱体和铅封完好状况对货损货差不承担责任。

(4)收货人:负责拆箱、卸货。当箱体或铅封遭破坏发生货损货差,可向承运人索赔;当箱体和铅封完好时发生货损货差,可向托运人索赔。

(二)拼箱货(LCL)

1.拼箱货交接方式

交接方式:LCL—LCL

2.拼箱货交接地点

①CFS/CFS,②CFS/DOOR,③DOOR/DOOR,④DOOR/CFS。其中①是拼箱货最常用的交接地点。

3. 当事人责任划分

(1)货代:拼箱货代负责装箱、计数、铅封,其国外代理人负责拆箱、卸货。在箱体和铅封完好状况下,对货损货差负责。

(2)托运人:保证货物交给货代时完好。

(3)承运人:在箱体和铅封完好状况下不承担货损货差的责任。

(4)收货人:按提单提货。发生货损货差时,可根据具体情况,向拼箱货代及其国外代理人、托运人索赔。

六、电放

1. 定义

电放是承运人通过电子报文或者电子信息形式把提单信息发送至目的港船公司,收货人可凭提单电放件或电放信或电放号,加保函进行换单提货的行为。

2. 电放产生的原因

随着航运技术的不断进步与发展,特别是集装箱运输的普及,装卸港口工作效率大幅度提高,从而货物先于其单据到达卸货港的情形极为常见。这种情形在近洋运输中表现得更为突出,如中国向东亚、东南亚各国家或地区的出口货物时,由于航程较短而银行审单和处理单据的速度相对较慢,故经常出现货到而提单滞后的情况。

3. 电放操作方式

托运人向船公司出具书面电放申请和保函,船公司根据托运人的要求,出电放提单,所谓电放提单,其实就是在副本提单上标注“Surrendered”或“Telex Release”字样。如果托运人在提出电放申请的时候,船公司已经签发了正本提单,托运人要将正本提单交回,船公司才能签发电放提单。更简单的电放形式是不需要提单,托运人提出书面申请和出具保函,船公司直接向托运人出电放函或给出一个电放号(相当于银行取款密码)。托运人将电放提单或电放函或电放号发给收货人,一般托运人在已经收妥货款或者收款有保障时,才将上述电放方式发给收货人,否则会造成钱货两空。船公司在向托运人签发电放函件的同时,会通过电讯方式,通知其在目的港的船代,接受收货人的电放提货。收货人凭收到的电放函件(要盖收货人章)或号加保函,向目的港船代提货。在托运人已经收妥货款的情况下再做电放,托运往往通知船公司将电放方式直接发给国外的收货人。做电放时,托运人要向船公司支付电放费,一般在15美元左右。

电放保函举例:

致×××海运公司:

我司委托贵司于FEB. 18,2006出运至MANILA,PHILIPPINES的货物,提单号为:×××××××现请求将提单电放,电放给ROYAL EXPORTERS CORPORATION请予以同意,由此引起的责任和后果由我司承担。

特此保函!

×××托运人

×年×月×日

七、统一社会信用代码

统一社会信用代码的长度为18位，其中包括：1位登记管理部门代码+1位机构类别代码+6位登记管理机关行政区划码+9位主体标识码(组织机构代码)+1位校验码。

(一)登记管理部门代码

登记管理部门	批准或核准成立的机构名称	代码
国家机构编制部门	各类机关、事业单位、群众团体	1
国家外交部门	外国驻华新闻机构	2
国家教育部门	外国人在华办学	3
国家公安部门	公安分局、派出所、车管所、拘留所、看守所	4
国家民政部门	社会团体法人、基金会、民办非企业单位	5
国家司法部门	律师事务所、公证处、监狱、仲裁委员会、司法鉴定机构等	6
国家交通运输部门	船级社、水上运输机构、港口	7
国家文化部门	外国驻华文化交流中心	8
工商行政管理部门	企业法人、企业非法人、企业分支机构和代表机构、农民专业合作社	9
国家旅游局	外国旅游局驻国内各地办事处	A
国家宗教事务管理部门	宗教活动场所	B
中华全国总工会	各级基层工会、行业工会	C
中国人民解放军总后勤部	军队事业单位	D
省级人民政府	公路收费站	E
市州(设区)级人民政府	街道办事处	F
县区级人民政府	村民委员会、居民委员会	G
其他		Y

(二)机构类别代码

登记管理部门	机构类别	代码
国家机构编制部门	机关	1
	事业单位	2
	中央编办直接管理机构编制的群众团体	3
	其他	9

续　表

登记管理部门	机构类别	代码
国家民政部门	社会团体	1
	民办非企业单位	2
	基金会	3
	其他	9
工商行政管理部门	企业	1
	个体工商户	2
	农民专业合作社	3
	其他	9
国家外交部门	—	1
国家教育部门	—	1
国家公安部门	—	1
国家司法部门	—	1
国家交通运输部门	—	1
国家文化部门	—	1
国家旅游局	—	1
国家宗教事务管理部门	—	1
中华全国总工会	—	1
中国人民解放军总后勤部	—	1
省级人民政府	—	1
市州(设区)级人民政府	—	1
县区级人民政府	—	1
其他	—	1

注:“—”代表该登记管理部门批准成立的所有机构

(三)登记管理机关行政区划码(GB/T2260—2007)

省直辖市特别行政区名称	数字码	字母码
北京	110000	BJ
天津	120000	TJ
河北	130000	HE
山西	140000	SX

续　表

省直辖市特别行政区名称	数字码	字母码
内蒙古自治区	150000	NM
辽宁	210000	LN
吉林	220000	JL
黑龙江	230000	HL
上海	310000	SH
江苏	320000	JS
浙江	330000	ZJ
安徽	340000	AH
福建	350000	FJ
江西	360000	JX
山东	370000	SD
河南	410000	HA
湖北	420000	HB
湖南	430000	HN
广东	440000	GD
广西	450000	GX
海南	460000	HI
重庆	500000	CQ
四川	510000	SC
贵州	520000	GZ
云南	530000	YN
西藏	550000	XZ
陕西	610000	SH
甘肃	620000	GS
青海	630000	QH
宁夏	640000	NX
新疆	650000	XJ
台湾	710000	TW
香港	810000	HK
澳门	820000	MO

续 表

名称	数字码	字母码	名称	数字码	字母码
杭州市	330100	HGH	萧山区	330109	XIS
市辖区	330101		余杭区	330110	YHG
上城区	330102	SCQ	桐庐县	330122	TLU
下城区	330103	XCG	淳安县	330127	CAZ
江干区	330104	JGQ	建德市	330182	JDS
拱墅区	330105	GSQ	富阳区	330183	FYZ
西湖区	330106	XHU	临安市	330185	LNA
滨江区	330108	BJQ			
宁波市	330200	NGB	鄞州区	330212	YIZ
市辖区	330201		象山县	330225	XSZ
海曙区	330203	HNB	宁海县	330226	NHI
江东区	330204	JDO	余姚市	330281	YYO
江北区	330205	JBE	慈溪市	330282	CXI
北仑区	330206	BLN	奉化市	330283	FHU
镇海区	330211	ZHF			
温州市	330300	WNZ	平阳县	330326	PYG
市辖区	330301		苍南县	330327	CNZ
鹿城区	330302	LUW	文成县	330328	WCZ
龙湾区	330303	LWW	泰顺县	330329	TSZ
瓯海区	330304	OHQ	瑞安市	330381	RAS
洞头县	330322	DTO	乐清市	330382	YQZ
永嘉县	330324	YJX			
嘉兴市	330400	JIX	海盐县	330424	HYN
市辖区	330401		海宁市	330481	HNG
南湖区	330402	NHQ	平湖市	330482	PHU
秀洲区	330411	XZH	桐乡市	330483	TXZ
嘉善县	330421	JSK			
湖州市	330500	HZH	德清县	330521	DQX
市辖区	330501		长兴县	330522	CXG
吴兴区	330502	WXU	安吉县	330523	AJI

续　表

名称	数字码	字母码	名称	数字码	字母码
南浔区	330503	NXQ			
绍兴市	330600	SXG	新昌县	330624	XCX
市辖区	330601		诸暨市	330681	ZHJ
越城区	330602	YSX	上虞市	330682	SYZ
绍兴县	330621	SXZ	嵊州市	330683	SGZ
金华市	330700	JHA	磐安县	330727	PAX
市辖区	330701		兰溪市	330781	LXZ
婺城区	330702	WCF	义乌市	330782	YWS
金东区	330703	JDQ	东阳市	330783	DGY
武义县	330723	WYX	永康市	330784	YKG
浦江县	330726	PJG			
衢州市	330800	QUZ	常山县	330822	CSN
市辖区	330801		开化县	330823	KHU
柯城区	330802	KEC	龙游县	330824	LGY
衢江区	330803	QJI	江山市	330881	JIS
舟山市	330900	ZOS	普陀区	330903	PTQ
市辖区	330901		岱山县	330921	DSH
定海区	330902	DHQ	嵊泗县	330922	SSZ
台州市	331000	TZZ	三门县	331022	SMN
市辖区	331001		天台县	331023	TTA
椒江区	331002	JJT	仙居县	331024	XJU
黄岩区	331003	HYT	温岭市	331081	WLS
路桥区	331004	LQT	临海市	331082	LHI
玉环县	331021	YHN			
丽水市	331100	LSS	松阳县	331124	SGY
市辖区	331101		云和县	331125	YNH
莲都区	331102	LID	庆元县	331126	QYX
青田县	331121	QTN	景宁畲族自治县	331127	LGN
缙云县	331122	JYP	龙泉市	331181	LGQ
遂昌县	331123	SCZ			

项目四　杂货班轮运输货运代理操作

项目导入

杂货班轮运输是最早的国际海运货运方式。进入20世纪90年代后，集装箱运输以其装卸效率高、货物安全、运输快捷、能实现门到门运输的优势逐步取代了传统的件货运输。目前杂货运输主要用于一些近洋航线运输，或大型设备、长大件等特种货物运输。

视频短片：杂货运输介绍。

学习目标

◉熟悉杂货班轮运输进出口货运代理操作流程、操作步骤，船舶进出境主要单证及其作用；

◉能制作、审核杂货班轮运输出口主要货运单证；

◉能看懂货物积载图。

业务操作

任务一：杂货班轮运输进出口货运代理操作流程与方法

1. 委托。货主填写“货物代运委托书”(shipping note，S/N)，委托货代运输货物。

2. 订舱。货代在货代办公软件的订舱模块，填写订舱单并发给船代或船公司，订妥舱位时，船公司或船代会给货代一个订舱确认书；或者直接登录船公司网站，找到订舱模块，下单订舱，如果订妥舱位，订舱状态会显示“已配船”并加填船名航次。

3. 集港。货物在装船的前一天，货代通知托运人将货物运往港口码头堆场指定的区域，等待装船。

4. 报关。货代公司或报关行向海关办理报关、验放手续。如果是法定检验商品，在报关之前先要报验，取得出口货物通关单。如果海关认为该货物需要查验，在查验完成后，海关签发放行通知书，货物准予装船出口；如果不需要查验，申报后，海关直接签发放行通知书。

5. 配载。船代编制装货清单(L/L)分送船公司、港口理货公司、装卸公司。大副根据装货清单编制货物积载图(stowage plan)交船代分送港口理货公司、装卸公司等按计划装船。

6. 装船。船靠岸后，根据海关签发的放行通知书，码头理货公司负责装船。

7. 换单。一般是开船后的第二天，货代去船代那里领取正本提单。

8. 交单。货代向托运人收取海运费、港杂费、代理费后，交付正本提单、证明联等单证。

9. 起航。船代编制出口载货清单(M/F 舱单)送船长签字后向海关办理船舶出口手续，并将出口载货清单交船随带。

10. 寄单。船代将卸货港船舶进港需要的货运单证寄给船公司在卸货港的代理。

11. 安排接船。船公司在卸货港的代理根据装货港船代寄来的货运单证，编制进口载货清单及有关船舶进口报关和卸货所需的单证，约定装卸公司、理货公司，安排卸货泊位，做好接船及卸货准备工作。

12. 船舶报关。船舶抵港后，船公司在卸货港办理船舶进口手续，船舶靠泊卸货。

13. 换提货单。卸货港船代向收货人的货代寄到货通知书，通知接货。货代付清应付的费用后，持正本提单去卸货港船代那里换取船代签发的提货单(D/O)。

14. 如果是国家法定检验商品，报关之前，先要去商检局报检，取得入境货物通关单，换取通关单需要的单证：①合同；②发票；③装箱单；④提单副本；⑤报检申报单；⑥报检委托书。

15. 报关。货代持提货单、副本提单、通关单及其他报关单证报关、支付关税、验放。海关在提货单上盖放行章。如果是法定检验商品的，在报关之前先要向检验检疫局报验，取得进口货物通关单。

16. 提货。货代去卸货港码头堆场提货。

17. 付费发货。货代向收货人收取代垫费用、代理费，将货物发给收货人。

任务二：杂货班轮运输进出口货运代理操作主要单证填制实例

业务资料：

COMMODITY：99 95PCT MIN OF ZINC INGOT，N. W：360 725MT，G. W：361 465MT，370 BUNDLES。

AT USD 1235 / MT，USD444，600，MANUFACTURER：BAIYIN NONFERROUS METALS COMPANY，FOB SHANGHAI CHINA，COUNTRY OF ORIGIN：CHINA。

+FULL SET OF CLEAN ON BOARD OCEAN BILLS OF LADING MADE OUT TO THE ORDER OF INDUSTRIAL BANK OF KOREA MARKED FREIGHT COLLECT AND NOTIFY APPLICANT。

TEL333 5846，FAX335 5846，LC NO. T－987681。

BUYER：KOREA NONFERROUS METALS TRADING，567 － 49 YEONNAM DONG MAPO KU SEOUL KOREA。

SELLER：GANSU PROVINCE METAL & MINERALS IMPORT & EXPORT CORP.，188 DINGXI ROAD LANZHOU CHINA。

FORWARDER：SINOTRANSZHEJIANGCO.，JIAXINBRANCH 王宁。

B/L NO：COS5501；VESSEL：HAIOU /122N；FROM SHANGHAI TO PUSAN；PARTIAL SHIPMENTS：NOT ALLOWED，TRANSSHIPMENT：ALLOWED；CARRIER：COSCO；MATE：王伟；DATE OF SHIPMENT：20111031；EXPIRY：20111115；理货长：张平。

存货地点：上海市浦东新区衡安路 1000 号怡丰仓库中国浙江外运公司。

中 国 浙 江 外 运 公 司

SINOTRANS ZHEJIANG CO.,

托运单

BOOKING NOTE　　　　S/O No. COS5501

船名　　　　航次　　　　目的港

S/S HAIOU　　Voy. 122N　　For PUSAN ,KOREA

托运人

Shipper: GANSU PROVINCE METAL & MINERALS IMPORT & EXPORT CORP., 188 DINGXI ROAD

LANZHOU CHINA

收货人

Consignee: TO THE ORDER OF INDUSTRIAL BANK OF KOREA

通知

Notify: KOREA NONFERROUS METALS TRADING, 567－49 YEONNAM DONG MAPO KU SEOUL KOREA, TEL333 5846, FAX335 584

标记及号码 Marks&Nos	件数 Quantity	货名 Description &Goods	毛重量(公斤) Gross Weight In Kilos	尺码(立方米) Measurement Cu. M.
N/M	370 BUNDLES	99.95PCT MIN OF ZINC INGOT	361465KGS	
共计件数(大写)Total number of packages in writing	SAY THREE HUNDRED SEVENTY BUNDLES ONLY			

委托号		可否转船	ALLOWED
装船期	2011－10－31	可否分批	NOT ALLOWED
结汇期	2011－11－15	存货地点	上海市浦东新区衡安路1000号怡丰仓库
总尺码			

中 国 浙 江 外 运 公 司
SINOTRANS ZHEJIANG CO.，
装货单
SHIPPING ORDER

S/O No. COS5501

托运人
Shipper：GANSU PROVINCE METAL & MINERALS IMPORT & EXPORT CORP.，188 DINGXI ROAD
LANZHOU CHINA

收货人
Consignee：TO THE ORDER OF INDUSTRIAL BANK OF KOREA

通知
Notify：KOREA NONFERROUS METALS TRADING，567－49 YEONNAM DONG MAPO KU SEOUL KOREA，TEL333 5846，FAX335 584

船名 S/S HAIOU　　航次 Voy. 122N　　目的港 For PUSAN，KOREA

完好状况之货物装船后希签署收货单据。
Received on board the under mentioned goods apparent in good order and Condition and sign the accompanying receipt for the same.

标记及号码 Marks & Nos.	件数 Quantity	货名 Description of Goods	毛重量(公斤) Gross Weight In Kilos	尺码(立方米) Measurement Cu. M.
N/M	370 BUNDLES	99.95PCT MIN OF ZINC INGOT	361465KGS	

共计件数(大写)
Total Number of Packages in writing：SAY THREE HUNDRED SEVENTY BUNDLES ONLY

日期 Date 2011-10-31　　时间 Time 8：00—14：10

装入何舱
Stowed ______

实 收
Received 370 BUNDLES

理货员签名经办员
Tallied By ______　　Approved By 张 平

中 国 浙 江 外 运 公 司

SINOTRANS ZHEJIANG CO.,

收货单

MATE'S RECEIPT

S/O No. COS5501

托运人

Shipper: GANSU PROVINCE METAL & MINERALS IMPORT & EXPORT CORP., 188 DINGXI ROAD

LANZHOU CHINA

收货人

Consignee: TO THE ORDER OF INDUSTRIAL BANK OF KOREA

通知

Notify: KOREA NONFERROUS METALS TRADING, 567—49 YEONNAM DONG MAPO KU SEOUL KOREA, TEL333 5846, FAX335 584

船名 S/S HAIOU　　航次 Voy. 122N　　目的港 For PUSAN, KOREA

完好状况之货物装船后希签署收货单据。

Received on board the under mentioned goods apparent in good order and Condition and sign the accompanying receipt for the same.

标记及号码 Marks & Nos.	件数 Quantity	货名 Description of Goods	毛重量(公斤) Gross Weight In Kilos	尺码(立方米) Measurement Cu. M.
N/M	370 BUNDLES	99.95PCT MIN OF ZINC INGOT	361465KGS	

共计件数(大写)

Total Number of Packages in writing: SAY THREE HUNDRED SEVENTY BUNDLES ONLY

日 期 Date 2011-10-31　　时 间 Time 8:00—14:10

装入何舱

Stowed ______

实收

Received 370 BUNDLES

理货员签名 Tallied By ______　　大副 Chief Officer 王 伟

理论支撑

一、杂货装货港编制使用单证

1. 托运单(Booking Note,B/N)及其留底(Counterfoil)(白色):又称订舱单(国内有时用"委托申请书"代替),是指由托运人根据买卖合同和/或信用证的有关内容向承运人或他的代理人办理货物运输的书面凭证。经船公司或船代对该单的确认,即表示已接受这一托运,承运人与托运人之间货物运输合同即告成立。船代签发托单后,留下留底联(Counterfoil),将托运单(Booking Note:B/N)交货代转交托运人。

2. 装货单(Shipping Order,S/O)(浅红色):亦称下货纸,货代填制交船代审核并签章后,交给货代,货代据以办理通关、装船手续的凭证,所以装货单又称为"关单"。当每一票货物全部装上船后,现场理货员即核对理货计数单的数字,在装货单上签注实装数量、装船位置、装船日期,再由理货长审查并签名,证明该票货物如数装船无误,然后随同收货单一起交船上大副,大副审核属实后在收货单上签字,留下装货单,将收货单退给理货长转交托运人(或货代)。

3. 收货单(Mate Receicp,M/R)(黄色):是指某一票货物装上船后,由船上大副(chief mate)签署给托运人的作为证明船方已收到该票货物并已装上船的凭证。所以,收货单又称为"大副收据"或"大副收单"。托运人取得了经大副签署的收货单后,即可凭此向船公司或其代理人换取装船提单。大副在签署收货单时,会认真检查装船货物的外表状况、货物标志、货物数量等情况。如果货物外表不良,标志不清,货物有水渍、油渍或污渍等情况,数量短缺,货物损坏时,大副就会将这些情况记载在收货单上。这种在收货单上记载有关货物外表状况不良或有缺陷的情况称为"批注"(remake),习惯上称为"大副批注"。有大副批注的收货单称为"不清洁收货单"(foul receipt);无大副批注的收货单则为"清洁收货单"(clean receipt)。货代取得收货单后,即可凭此要求船公司签发提单。托运单、装货单、收货单实践中统称为"装货联单"。

4. 装货清单(Loading List,L/L):是根据装货联单中托运单留底联,将全部待运货物按目的港和货物性质归类,依航次靠港顺序排列编制的装货单的汇总单。

5. 载货清单(Manifest,M/F):亦称"舱单"。是在货物装船完毕后,根据大副收据或提单编制的一份按卸货港顺序逐票列明全船实际载运货物的汇总清单。载货清单是国际海运中十分重要的一个单证,货损货差引起的诉讼主要以载货清单记载的数据为准。

6. 货物积载图(Stowage Plan):出口货物在货物装船前,必须就货物装船顺序、货物在船上的装载位置等情况做出一个详细的计划,并由大副绘制成一张图表,以指导有关方面安排泊位,货物出舱、下驳、搬运等工作。

7. 危险货物清单(Dangerous Cargo List):是专门列出船舶所载运全部危险货物的明细单。其记载的内容除装货清单、载货清单所记载的内容外,特别增加了危险货物的性能和装船位置两项。

二、杂货卸货港编制使用单证

1. 过驳清单(Boat Note):是采用驳船作业时,作为证明货物交接和表明所交货物实际情况的单证。过驳清单是根据卸货时的理货单证编制的,其内容包括驳船名、货名、标志、号码、包装、件数、卸货港、卸货日期、舱口号等,并由收货人、卸货公司、驳船经营人等收取货物的一方与船方共同签字确认。

2. 货物溢短单(Overlanded&Shorlanded Cargo List):是指一票货物所卸下的数字与载货清单上所记载的数字不符,发生溢卸或短卸的证明单据。货物溢短单由理货员编制,并且必须经船方和有关环节(收货人、仓库)共同签字确认。

3. 货物残损单(Broken & Damaged Cargo List):是指卸货完毕后,理货员根据卸货过程中发现的货物破损、水湿、水渍、渗漏、霉烂、生锈弯曲变形等情况记录编制的,证明货物残损情况的单据。货物残损单必须经船方签认。

4. 提货单(Delivery Order,D/O):亦称小提单,是收货人或货代凭以向现场(码头仓库或船边)提取货物的凭证。其内容包括船名、货名、件数、数量、包装式样、标志、提单号、收货人名称等。

三、货物积载图(Stowage Plan)

用以表示航次货物配置装载计划的船舶侧面图叫作积载图。杂货海运积载图一般由船上的大副负责编制,在大宗杂货运输时,货方需总体把握航次运输任务和合理地向港内调集货物。另外,为了在卸货港快速、安全、低费地卸货,有时候,收货人需要知道货物在船舱中的位置。积载图还是发生货运事故时查证事故原因和分清事故责任的原始证据。实际工作中,大副使用国际上统一规定的方法将所装的货物在图中表示出来。具体方法如图 4-2 所示。

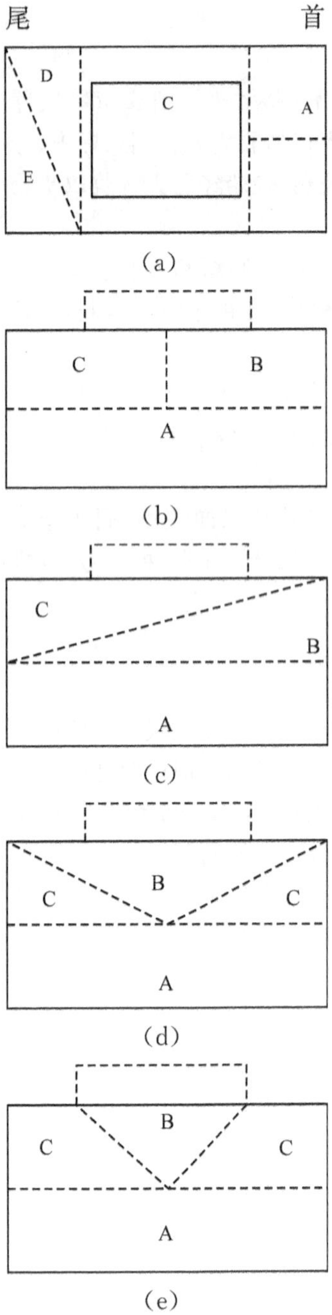

二层舱标示法(a)
- A 货在二层舱前部左舷
- B 货在二层舱前部右舷
- C 货在二层舱的中部
- D 货在二层舱后部上层
- E 货在二层舱后部下层

底层舱标示法

(b)
- A 货在底舱的下层
- B 货在底舱上层的前半舱
- C 货在底舱上层的后半舱

(c)
- A 货在底舱的下层
- B 货在底舱上层的左舷
- C 货在底舱上层的右舷

(d)
- A 货在底舱下层
- B 货在底舱上层的中部
- C 货在底舱上层的两舷

(e)
- A 货在底舱下层
- B 货在底舱上层舱口位置
- C 货在底舱上层舱口四周

图 4-2　积载图的表示方式

项目五　国际多式联运货运代理操作

项目导入

国际多式联运是一种利用集装箱进行联运的新的运输组织方式，它通过采用海、陆、空等两种以上的运输手段，完成国际连贯货物运输，从而改变了过去海、铁、公、空等单一运输方式互不连贯的传统做法。国际多式联运能集中发挥各种运输方式的优势，使国际货物运输既快又安全，同时它简化了手续，减少了中间环节，加快了货运速度，降低了运输成本，提高了货运质量，为实现“门到门”运输创造了有利条件。

学习目标

◉掌握国际多式联运货运代理操作流程、操作步骤和操作方法；

◉熟悉国际多式联运经营人责任制、亚欧大陆桥运输、北美内陆地点多式联运(IPI)。

业务操作

任务一：国际多式联运货运代理操作流程与方法

业务：2014 年 9 月 2 日，嘉兴中宏货代公司的揽货员刘婷接到客户嘉兴丰迪进出口有限公司的电话，要托运一批真皮皮带，从义乌运往美国 Chicago(芝加哥)一个 20 英尺集装箱，要求走国际多式联运，让刘婷报价，并说明其美国客户要求货物于 10 月 8 日运到芝加哥，预计完货时间是 9 月 10 日。

(一)发货人托运，货代报价

刘婷向国际多式联运经营人——上海铁洋多式联运有限公司(SHANGHAI TIEYANG MULTIMODAL TRANSPORTATION CO.，LTD)的业务员咨询本票托运任务的运输流程，并要求报价。铁洋的业务员认为本票业务因时间比较充裕，走海陆联运比较合适，从义乌走公路或铁路到达宁波港，转海运到美国西海岸的 Los Angeles(洛杉矶)，然后走美国微路桥到达 Chicago(芝加哥)，如图 5-1 所示：

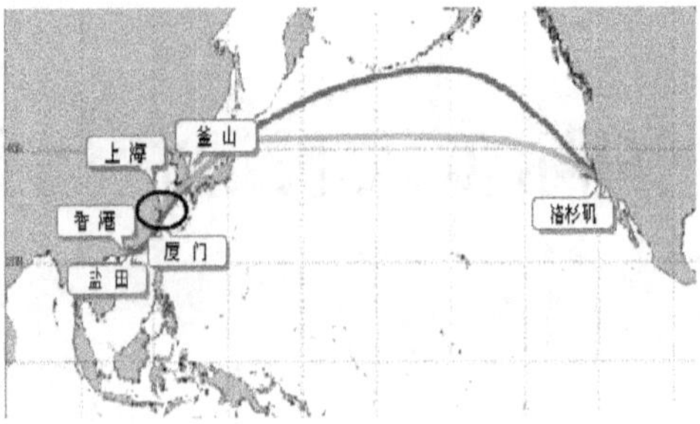

图 5-1

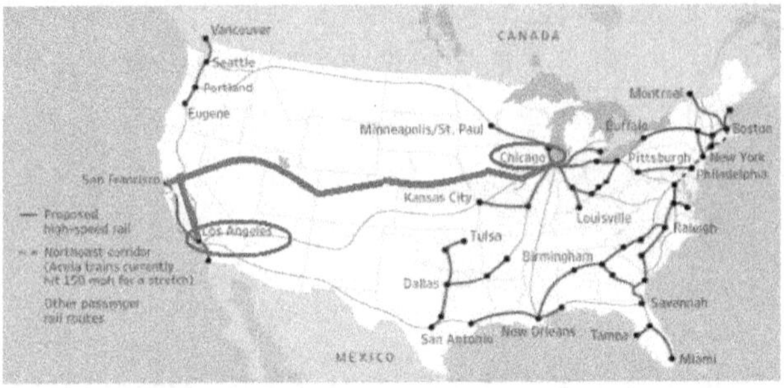

图 5-2

铁洋公司针对上述海陆联运从义乌至芝加哥的报价是 19000 元。刘婷就客户的委托事项及货代公司的代理项目收费标准，向客户报价 24000 元。

(二)签订多式联运合同

经过双方协商，最后这批货的运输任务以 23000 元的价格成交。9 月 3 日嘉兴中宏货代公司与发货人嘉兴丰迪进出口有限公司签订货运代理合同。之后，刘婷填写托运单，并把其送至多式联运经营人处编号，多式联运经营人编号后留下货物托运联，将其他联交回。同时，中宏货代公司以发货人的名义与上海铁洋多式联运有限公司签订多式联运合同。

国际货物多式联运合同

甲方(委托方)：嘉兴丰迪进出口有限公司

Party A (Consignor)：JiaxingFengdi Imp. & Exp. Co., LTD

电话 TEL：0086－0573－81191730

传真 FAX：0086－0573－88398219

地址 ADD：中国浙江嘉兴中山东路 261 号

No. 261, Zhongshan Dong Road, Jiaxing, Zhejiang, P. R. China

乙方(受托方)：上海铁洋多式联运有限公司

Party A (Consignor)：SHANGHAI TIEYANG MULTIMODAL TRANSPORTATION CO., LTD

电话 TEL：0086－021－81191730

传真 FAX：0086－021－88398219

地址 ADD：上海市南京西路 338 号

续　表

No. 338, Nanjing Xi Road, Shanghai, P. R. China

依据《中华人民共和国合同法》《海商法》及其相关法律法规的规定，为明确双方的权利和义务，双方本着平等、自愿、协商一致的原则，就甲方委托乙方进行国际货物多式联运事宜，特订立本框架合同，以便共同遵守。

一、货物运输标的

本合同为甲方委托乙方开展国际货物多式联运服务的合同。货物情况如下：

项目名称：多式联运物流服务。

货物名称：真皮皮带。

货物总件数、总重量、总方数：一个20英尺集装箱，暂为500个纸箱、7.35公吨、20立方米，以实际出货数据为最终结算依据。

二、货物运输要求

甲方委托乙方开展国际货物多式联运服务，具体提货地点、目的地、运输方式信息如下：

提货地点/启运港：按甲方或者甲方的供货方指定的仓库、货栈、堆场等地点。

目的地 Place of Discharging：美国芝加哥

运输方式 Transport Mode：多式联运（公路及海运/公路及铁路/公路及航空）

三、甲方的权利与义务

3.1 甲方负责通知美国的收货人在货物运输的指定目的港、目的地派车接收并验收货物。

3.2 甲方负责联系供货方对出口货物进行包装及刷唛，若需要，可对大型设备提供三视图、标明吊点和安全标识。

3.3 甲方应督促供货方如实提供货物名称、种类、包装、件数、重量、尺码等货物状况，并提供货物运输及进出口所需要的全部文件、单证等。

3.4 甲方或者甲方指定供货方负责货物包装，货物包装应适合多式联运运输或者货物的特殊属性，包装外面应注明搬运、储存、防护等标识。甲方如果对货物的储存、防护或者出口运输有特殊要求，应明确告知。

3.5 甲方负责按照“费用确认单”的约定与乙方进行结算。

四、乙方的权利与义务

4.1 乙方的责任期限为自提货开始至交货为止，负责全程运输。乙方应对运输方案及路线进行规划，并对沿途情况做先行预判，并作为甲方代理人，对多式联运各区段物流运输负责。

4.2 乙方在收到甲方的货物运输委托通知后应按照甲方提出的时间、地点等要求安排提货运输事宜；并将提货凭证（FCR）及时提交甲方指定方；乙方必须严格按甲方要求或者事先约定安排货物运输，并对货物的安全负责，保证货物不受损害。

4.3 乙方应按约定将甲方委托的货物承运到指定地点。根据甲方要求，乙方提供承运人/经营人的多式联运提单。

4.4 乙方负责对接受之货物进行检查，包括货物外观（裸装）包装、唛头、运输吊点标示等货物情况以及必要运输和包装单证，如有不适货、不适运情况，乙方应马上与甲方协商并有权拒收货物。

4.5 乙方需对承运货物进行必要的、适货、适运的加固；办理出口清关等手续。

4.6 乙方应对报价内的服务项及运输方案做充分考量并负责，中标报价中的全部费用，由乙方先行垫付，超出报价范围内的费用，乙方需与甲方沟通确认后再进行垫付或根据沟通协定进行相应操作。

续 表

4.7 如货物在承运期间发生任何损害，乙方应向甲方提供有关货损证明并全力配合甲方与保险公司及相关损害责任方进行索赔，包括乙方责任的赔偿，甲方为最终受益人。

4.8 乙方负责货物运输全过程的跟踪和监控，并对相关情况做及时反馈，海运、铁路区段每周反馈，提货、交付、陆运区段每天反馈。

4.9 乙方负责对货物运输全程的各可免计费项进行有效申请，如免堆、免用箱、免超重费，免滞期、免附加费等，并书面反馈甲方。

4.10 乙方对下列原因所造成的货物灭失和损坏免责：(免责举证由乙方负责)

(1)货物的自然特性和固有缺陷；

(2)海关、商检、承运人行使检查权所引起的货物合理损耗；

(3)不可抗力；包括自然灾害，例如但不限于雷电、台风、地震、洪水等，不可预见的意外事故，例如火灾、爆炸、战争或者武装冲突；乙方因延误或者擅自修改运输方案，运输线路、期限外发生的不可抗力损失仍由乙方负责。

(4)因甲方或其供货方的过失造成的货物灭失或者损坏；

(5)罢工、停工或者乙方雇用的工人劳动受到限制；

(6)非乙方或者乙方受雇人、代理过失造成的检疫限制或者司法扣押；

五、运输合同价款及支付方式

5.1 合同价款包括运费及相关服务发生的一切费用。运输合同总价的具体构成及单项费用详见报价文件及最终确认。

5.2 乙方以“费用确认单”(详见附件)的形式向甲方提起费用确认，经甲方确认，双方在“费用确认单”上签字并盖章后，乙方应立即按照双方签署的“费用确认单”上的金额开具发票。发票金额包括但不限于运输费用、报关费用、仓储费用、滞港费用、各项税费、手续费等。本“费用确认单”一式两份，甲方持一份，乙方持一份。自双方确认之日起生效。

5.3 甲方应在收到发票后30天之内将合同价款付至乙方账户。

5.4 乙方账户信息：

户名：上海铁洋多式联运有限公司

开户行：中国农业银行静安寺支行

账 号：6228481931096692319

开户行地址：上海市静安区乌鲁木齐北路207号

六、协议变更与解除

发生下列情形之一的，可变更或解除协议，变更或解除协议应采取书面形式：

6.1 双方协商一致的情况下可以变更或者解除合同；

6.2 一方解散、被宣布破产或其他原因丧失协议履行能力的；

6.3 因不可抗力无法实现合同目的的，

6.4 运输延迟，经催促后在合理期限内仍未将货物运达目的地，甲方有权变更甚至解除合同；

6.5 在货物未交付之前，甲方可以根据需要要求乙方中止运输、返还货物、变更目的地或者将货物交给其他收货人。甲方在上述变更时应在合理期限内行使变更事宜，并履行通知乙方的义务，相关变更对已发生费用影响按已发生的运输行为计，新增费用协商后由甲方承担，返程运输不加收费用。

6.6 一方出现违法行为，另一方有权变更或者解除合同。

续　表

七、违约责任

物流期间发生违约责任，被违约/损失方享有要求违约方继续履约、采取补救措施、赔偿损失以及解除合同权利。

7.1 货物的灭失或者损坏发生于多式联运的某一区段，乙方的责任和赔偿限额，应该适用该区段的法律规定。如果不能确定损坏发生区段的，应当适用调整海运区段的法律规定，不论是根据国际公约还是根据国内法。

7.2 由于甲方的原因（如未及时付清运费及其他费用而被乙方留置货物或滞留单据或提供单据迟延而造成货物运输延迟）所产生的损失由甲方自行承担。

7.3 乙方在运输甲方货物的过程中应尽心尽责，对于乙方擅自修改运输方案、违背约定、无视甲方要求以及过错而导致甲方遭受损失和发生的费用承担责任。

八、不可抗力声明

8.1 由于不可抗力导致不能完全或部分履行协议义务的，受不可抗力影响的一方或双方不承担违约责任。但应在不可抗力发生后 3 日内及时通知对方，并向对方提供有效证明文件，双方协商终止协议或继续履行协议。本条所称的不可抗力指不能预见、不能避免并不能克服的客观情况包括如地震、洪水、战争、台风等自然灾害，并包括货物本身的自然属性及合理的损耗。

九、争议解决方式

本协议适用中华人民共和国法律，所有条款由中华人民共和国法律解释。本协议在履行过程中，如双方发生争议，首先通过友好协商解决，协商不成时本合同项下发生的任何纠纷或者争议，应提交甲方所在地法院审理。

十、合同的修改

10.1 因市场的变化和合同双方协作要求，任何一方均可向对方提出修改、变更、补充本合同的请求

10.2 合同的修改、变更、补充应以书面协议方式进行，经双方签字盖章后生效。

十一、合同的完整性和分割性

11.1 本合同和本合同附件构成本合同各方之间就本协议主要事项达成的完整的合同和谅解，并取代之前一切与此有关的口头、书面或其他形式的建议、声明、保证、协议或者承诺。

11.2 如果任何时候本合同中的任何一个条款和该条款的一部分无效、失效、不合法，或在任何方面不可执行或无法履行，本合同其余部分的有效性、合法性、可执行性或履行，在任何情况下不应由此受到影响或损害。

十二、合同的生效

本协议一式二份，甲乙双方各持一份。自双方盖章之日起生效。

甲方：嘉兴丰迪进出口有限公司乙方：上海铁洋多式联运有限公司

法定代表人：法定代表人：常山

委托代理人：嘉兴中宏货代公司

林腾

签约日期 Date：2014 年 9 月 3 日　　　签约日期 Date：2014 年 9 月 3 日

附件:费用确认单

费用确认单					
TO:	嘉兴中宏货代公司		打印时间:2014 年 9 月 3 日		
ATTN:	TEL: 0086－0573－81191222		FAX: 0086－0573－88398189		
FROM:	TEL: 0086－021－81191521		FAX: 0086－021－88398100		
MT B/L NO:	TY2014091102		箱型:1X20GP		
发货日期:	2014 年 9 月 11 日		发货地:义乌		
目的地:	美国芝加哥				
费用名称		币别	不含税金额	税金	金额
ALL IN 价	19000	RMB			19000
报价备注:该报价含报关费用、THC、内陆拖车费等自货物接收开始后运输过程中发生的所有费用,不另外收费。					
★TOTAL	19000	RMB			
尊敬的客户:					
请尽快给予确认以上费用并盖章回传,以便顺利发放提单,汇款后请将水单传真至我司					
FAX: 0573－88398100,并注明多式联运提单号及相应金额。					
作为货物订舱人,贵司应承担委托方及发货人的所有责任,包括付款责任。					
我司对以上费用予以确认,将于×年×月×日前将运费付清,并汇至以下账户:					
户名:	上海铁洋多式联运有限公司		汇入地点:		
账号:	6228481931096692319				
汇入行名称:	中国农业银行静安寺支行				
(盖章处)签字:					

(三)铁洋公司订舱及安排货物运送

铁洋公司在合同订立之后,立即制订货物的运输计划,本票业务的具体运输方案为用集装箱卡车将集装箱从义乌拖至宁波港,转海运至洛杉矶(LOS ANGELES),再通过美国的微路桥运至芝加哥(CHICAGO)。并根据货物的预计完货时间,预订好集装箱卡车,订好海运舱位,向美国的本公司代理提出微路桥的托运要求。

(四)集装箱发放、装货,出口报关

9 月 9 日,嘉兴丰迪进出口有限公司单证员小张来电告知中宏货代公司的刘婷货物已备齐,可以安排装箱,并提供了报关资料。刘婷联系上海铁洋,让其安排集装箱卡车拖空集装箱到义乌工厂装货,并将报关资料转交给上海铁洋公司,由其办理出口报关手续。9 月 10 日早上 10:20,集装箱装箱完毕,送入义乌海关监管场所,上海铁洋义乌分公司办理出口报关手续。

（五）办理保险

办理保险的目的是分散风险，上海铁洋多式联运公司以自己承担的赔偿责任限额为基础，将根据运输合同应由自己承担的责任，向保险有限公司投保“货物责任险”和集装箱保险。

（六）上海铁洋义乌分公司签发多式联运提单，组织完成货物的全程运输

在货物报关的同时，嘉兴中宏货代公司向上海铁洋打款，并将打款回执传真给上海铁洋。在确认收到运输费用款项及货物报关完毕后，9 月 10 日下午，上海铁洋签发以嘉兴丰迪进出口有限公司为托运人的多式联运提单，快递给嘉兴中宏货代公司。中宏货代公司转交出口商。

<table>
<tr><td colspan="2" rowspan="2">Shipper
JIAXING FENGDI IMP. AND EXP. CORP
No. 261, Zhongshan Dong Road, Jiaxing, Zhejiang, P. R. China</td><td>Bill of Lading No.</td><td colspan="2">TY2014091102</td></tr>
<tr><td colspan="3" rowspan="2">上海铁洋多式联运有限公司
SHANGHAI TIEYANG MULTIMODAL TRANSPORTATION CO., LTD

多式联运提单
BILL OF LADING FOR MULTIMODAL TRANSPORT</td></tr>
<tr><td colspan="2">Consignee (if To Order so Indicate)

To order</td></tr>
<tr><td colspan="2">Notify Party (No claim shall attach for failure to notify)
IWANNIGARMENTS CO., LTD.
1584 S 56th Street, Chicago, America</td><td colspan="3">F/Agent Name & Ref.
DYNAMIC CONTAINER LINE AMERICA CO., LTD
101 E. 58th Street, Suite 105 Chicago, America

TEL: 001— 312.595.0913
FAX: 001— 312.595.0913</td></tr>
<tr><td>Place of receipt
YIWU, CHINA</td><td>Pre—carriage by</td><td>Port of loading
NINGBO, CHINA</td><td colspan="2">Ocean Vessel Voy. No.
DC. CORAL V.208</td></tr>
<tr><td>Port of transshipment</td><td>Port of Discharge
LOS ANGELES, AMERICA</td><td>Place of Delivery
CHICAGO, AMERICA</td><td colspan="2">No. of original Bill of Lading
THREE</td></tr>
<tr><td>Marks & Numbers
Container & Seal Nos</td><td>No. of Pkgs or Shipping Units</td><td>Description of Goods &Pkgs</td><td>Gross Weight</td><td>Measurement</td></tr>
<tr><td colspan="5">SHIPPER'S LOAD, COUNT AND SEAL
SAID TO CONTAIN</td></tr>
<tr><td>IWANNI
E0318
CHICAGO
NO. 1—500
CN.: DCU21203418
SN.: 143206</td><td>1 * 20GP
FCL
DOOR/CY</td><td>LEATHER BELT
500CTN S</td><td>7350.00KGS</td><td>20.00CBM</td></tr>
<tr><td>Total No. of container or o— therpkgs or units in words:</td><td colspan="4">SAY ONE CONTAINER (1 * 20GP) ONLY</td></tr>
</table>

续 表

<table>
<tr><td>Freight and Charges
Revenue Tons Rate
Per</td><td>PREPAID</td><td>COLLECT</td><td rowspan="3">Excess Value Declaration Refer to Clause 6(4)(B)+(C)
Received by the Carrier the Goods as specified above in apparent good order and condition unless otherwise stated to be transported to such place as agreed authorizedor permitted terms and conditions appearing on the front and revered of this Bill ofLading to which the Merchandise agrees by accepting this Bill of Lading, any localprivileges and customs not withstanding. The particulars given above stated by the shipper and the weight, measure, quantity, condition, contents and value of the goodsare unknown to the Carrier. In witness where of one (1) original Bill of Lading hasbeen signed if not otherwise stated above the same being accomplished the other (s), if any, to be void. If required by the Carrier one original B/L must be surrenderedendorsed in exchange for the Goods or delivery order.</td></tr>
<tr><td>FREIGHT
PREPAID</td><td></td><td></td></tr>
<tr><td colspan="3">JURISDICTION AND LAW CLAUSE
The contract evidenced by or contained in the Bill of Lading is governed by the law of China and any claim or dispute arising hereunder or in connection herewith shall be determined by the Courts in China and no other Courts. Tems Continued on back hereof</td></tr>
<tr><td colspan="3">Received for Shipment
Dated: 10 SEP., 2014
王(章)
By:
SHANGHAI TY</td><td>Place and date of issue YIWU, CHIANA 10 SEP., 2014
Signed by SHANGHAI TIEYANG MULTIMODAL TRANSPORTATION CO., LTD YIWU BRANCH
other Courts. Terms Continued on back hereof
As Carrier: 王五(章)</td></tr>
</table>

报关完毕后,上海铁洋义乌分公司组织将集装箱运往宁波港,开始货物的运输过程。在货物的运输过程中,铁洋公司的操作人员要做好从义乌至美国芝加哥路途中各区段的运输衔接、协调工作,完成所涉运输单据、文件及有关信息的传递工作,协助做好货物在美国转陆运的保税运输手续。同时,按国际多式联运合同的约定,将货运情况及时反馈给托运人,做好服务。

(七)货物交付

10 月 3 日,本票业务下的集装箱抵达美国芝加哥的海关堆场,上海铁洋公司在当地的代理通知收货人提货。收货人支付全部费用后,凭多式联运提单正本换提货单,提货人报关后凭提货单到指定堆场提取货物,发现集装箱外表完好无损、铅封完整准确,于是掏出货物,将集装箱运回指定的堆场,至此多式联运合同终止。

理论支撑

一、国际多式联运

（一）国际多式联运的定义

目前，《联合国国际多式联运公约》关于国际货物多式联运的定义最具权威性和影响力。根据该公约，国际货物多式联运（以下简称国际多式联运）是指："按照多式联运合同，以至少两种不同的运输方式，由多式联运经营人将货物从一国境内接管货物的地点运至另一国境内指定交付货物的地点。"

（二）国际多式联运的构成要件

依据联合国多式联运公约的规定及国际上的实际做法，构成国际多式联运必须同时具备以下要件：

1. 有一个多式联运合同。

2. 由一个 MTO（多式联运经营人）对多式联运全程负责。该多式联运经营人是订立合同的当事人，也是多式联运单证的签发人。他是"本人"，而非托运人或实际承运人的代理人。

3. 至少使用两种不同运输方式连续进行运输。1973 年国际商会《联合运输单证统一规则》将不同的运输方式定义为"是指使用两种或两种以上的运输方式，如海运、内河、航空、铁路或公路等运输货物"。

4. 属于不同国家之间的货物运输。

至于签发多式联运单证、全程统一费率、一次托运、一次付费等条件只不过是构成国际多式联运的充分条件，并非必要条件，不具备这些条件，国际多式联运仍然成立。

（三）国际多式联运经营人（multi－modal transport operator，MTO）

1980 年《联合国国际多式联运公约》第 1(2) 条规定："多式联运经营人是指本人或通过其代表订立多式联运合同的任何人，他是事主，而不是发货人的代理人或代表或参加多式联运的承运人的代理人或代表，并且负有履行合同的责任。"由此可见，国际多式联运经营人，是指本人或者委托他人以本人名义与托运人订立一项多式联运合同并以承运人身份承担完成此项合同的责任人。

目前国内的多式联运经营人相对较少，分为不承担实际运输的服务型多式联运经营人如上海铁洋多式联运有限公司。

（四）国际多式联运经营人的赔偿责任

多式联运经营人遭遇索赔，应首先明白赔偿责任以及责任期间和应赔偿的责任限额。

1. 责任期间。根据《联合国国际多式联运公约》的规定，国际多式联运经营人的责任期间为从接受货物时起至交付货物时止承运人掌管货物的全部时间。

2. 责任基础。《联合国国际多式联运公约》规定："多式联运经营人对于发生在其掌管期间内货物的灭失、损坏或延误交货的损失应负赔偿责任。除非多式联运经营人能证明其本人、受雇人、其代理人或其他人为避免事故的发生和其后果已采取了一切符合要求的措施。”(完全过失责任制)

3.赔偿责任限额。目前各国际货物运输公约所规定的责任限额，除了在数值上不尽相同外，在计量的币值上也有很大的不同。表1显示各国际公约所规定的责任限额及在无对应SDR(特别提款权)时，按下述标准所做的折算构成SDR值。

表5-1 有关国际公约或法律赔偿责任限额及折算成SDR数值一览表

公约或法律名称	货币单位	每件	每千克(毛重)
《海牙规则》	英镑	100	
《维斯比规则1979》	金法郎/SDR	1000/666.67	30/2
《汉堡规则》	SDR	835/12500	2.5/37.5
《海商法》	金法郎	666.67	2
《华沙公约》	SDR/金法郎		250
《蒙特利尔议定书》	SDR/金法郎		17/250
《民航法》	SDR		17
《国际多式联运公约》	SDR/金法郎/SDR/金法郎	920/13750	2.75/41.25/8.33/124
《国际铁路货物联运公约》	金法郎/SDR		50/16.66
《国际公路货运公约》	金法郎/SDR		25/8.33

备注：除《关于铁路货物运输的国际公约》和《国际公路货运公约》外，所称的金法郎均指含金量90%的65.5毫克金法郎。1SDR相当于1.54USD(2016年5月7日牌价)

4.赔偿责任制度。

A.分割责任制(dispersion of liability)。

分割责任制是指MTO和各区段的实际承运人仅对自己完成区段的货物运输负责，各区段的责任原则按该区段适用的法律予以确定。该形式下，MTO并不承担全程运输责任，与多式联运的基本特征矛盾，很少被采用。

B.网状责任制(the network system of liability)。

网状责任制是指MTO对全程运输负责，赔偿责任和责任限额适用货损发生区段运输方式的有关法律规定。如货损区段不能确定(俗称为“隐藏损害”)，则按海运或双方约定的某一标准赔偿。目前，大多数国家的MTO采用该责任制。

C.统一责任制(uniform liability system)。

统一责任制是指MTO赔偿时不分区段和运输方式差异，对全程运输统一按一个约定的责任进行赔偿。由于不同运输方式在不同区段的赔偿责任不同，这意味着MTO承担赔偿责任后，面临着不能向造成货物损害的区段承运人全额追偿的危险，从而无法预见其最终承担的责任，风险很大。因此，目前尚没有MTO愿意采用这种责任形式。

D. 经修正的统一责任制(the modified uniform·liability system)。

经修正的统一责任制是指 MTO 对全程运输负责，并且原则上全程运输采用单一的归责原则和责任限额，但保留适用于某种运输方式较为特殊的责任限额的规定。这种修正通常针对多式联运的海运阶段(赔偿低)，且有利于 MTO。该方式在最大程度上保留统一责任制的优点，又降低了 MTO 的风险，使多式联运中的运输风险在承托双方间得到较为合理的分配。《联合国国际多式联运公约》采用了此种责任制，并对多式联运是否包含海运规定了两种统一的责任限制。

目前中国的国际多式联运公司大部分是国际货代公司，主要有上海铁洋多式联运有限公司、锦程物流公司、中铁国际多式联运有限公司、青岛中远物流国际多式联运有限公司、义乌市天盟实业投资有限公司等。

二、亚欧大陆桥运输

(一)西伯利亚大陆桥(Siberian land bridge,SLB)

西伯利亚大陆桥，或称亚欧第一大陆桥，全长 1.3 万公里，东起俄罗斯东方港，过境欧洲和中亚等国家到达西亚、西欧各港口。远东运往欧洲的货物经西伯利亚大陆桥运输比海运缩短路程 8000 公里，时间节省 20 天左右。

(二)新亚欧大陆桥

从中国东海岸的连云港和日照港等沿海港口到欧洲西海岸荷兰的鹿特丹称作第二亚欧大陆桥，或者叫新亚欧大陆桥。由于该条线路要跨越多个国家，各国铁路在轨距、车厢、运输制度及工作效率方面差别很大，导致该线路运输成本很高，效率较低，目前很少使用。

图 5-3　亚欧大陆桥示意图

三、北美陆桥运输

(一)北美小陆桥运输(miniland bridge,MLB)

所谓小陆桥运输就是比大陆桥的海—陆—海形式缩短最后一段海上运输，成为海—陆或陆—海形式。目前，北美小陆桥运送的主要是远东经美国西海岸(W/C)，尤其是美国太平洋岸西海岸港口到美国东海岸各港口的集装箱货物。该小陆桥路线避免了绕道巴拿马运河，可以享受铁路集装箱专用列车优惠运价，从而降低了成本，缩短了路程。以中国—美东航线为例，从上海港至纽约港全程水运(经巴拿马运河)航线距离约 12300 英里，运输时间为 28—35 天。而采用小陆桥运输，运输距离约 8400 英里，运输时间 21 天左右，可节省 10 天左右时间，但费用比海运要高出 30%左右。

(二)北美微型陆桥运输(microland bridge，不可简写为 MLB)

所谓微型陆桥就是没有通过整条陆桥，而只利用了部分陆桥区段，是比小陆桥更短的海陆运输方式，又称为半陆桥(semi land bridge)。它通常指远东地区港口的货物先海运到美国西海岸港口，再采用铁路或公路转运至 IPI (Interior Point Intermodal)，即内陆点。IPI 运输条款下的内陆公共点(Inland Common Points)主要包括 Chicago(芝加哥)、Atlanta(亚特兰大)、Dallas(达拉斯)、Detroit(底特律)、Denver(丹佛)、St Louis(圣路易斯)、Milwaukee(密尔瓦基/密尔沃基)、Washington(华盛顿)、Providence(普罗维登斯)、Richmond(里其蒙)、Kansas(堪萨斯城)、Charlotte(查洛特)、Cincinnati(辛辛那提)、Salt Lake City(盐湖城)、San Diego(圣地亚哥/圣迭戈)、Sacramento(萨克拉门多)、Memphis(孟菲斯)。

四、国际多式联运单据(MTD)

多式联运单据是由承运人或其代理人签发，其作用与海运提单相似，既是货物收据也是运输契约的证明，在单据做成指示抬头或不记名抬头时，可作为物权凭证，经背书可以转让。1991 年贸发会议/国际商会《多式运输单据规则》规定，多式联运单证是指证明多式联运合同的单证，该单证可以在适用法律的允许下，以电子数据交换信息取代，而且可以(a)以可转让方式签发，或者(b)表明记名收货人，以不可转让方式签发。

可转让的多式联运单证：通常称为国际联运提单(multimodal transport B/L)，类似于海运提单，具有多式联运合同的证明、货物收据与物权凭证。

不可转让的多式联运单证：通常称为多式联运运单，不具有物权功能，仅具有多式联运合同的证明和货物收据两大功能。

表 5-2　可转让的多式联运单证和不可转让的多式联运单据的比较

比较项目	可转让的多式联运单证	不可转让的多式联运单证
物权凭证	是	不是
货物收据	是	是
合同证明	是	是
收货人记载	记名、指示、不记名	记名
是否全套正本单据交付托运人	是	不是
是否凭正本单据提货	凭全套正本提单提货	不需要(仅需要核对身份)
是否需要托运人签字	不需要	需要(实际业务中有例外)

表 5-3　多式联运提单与海运提单的比较

比较项目	多式联运提单	海运提单
负责区段	收货地—交货地	装运港—目的港
是否已装运	备运提单或收货待运提单，不要求必须标明货已装船或具体的装运船只名称	须证明货已装船或已装上指定船只
签发人	联合运输经营人	海运承运人
运输方式组合要求	至少有两种不同的运输方式（如海陆、海空、陆空、陆海等），不要求第一程必须是海运	必须是海运
船名、装货港、卸货港的记载	“预期”（INTENDED）或类似意义的修饰词，银行可予接受，只要起运地和交货地符合信用证规定。	必须明确

表 5-4　多式联运提单与直达提单、转船提单、联运提单的比较

主要内容	直达提单	转运提单	联运提单	多式联运提单
英文名称	Direct B/L	Transshipment B/L	Through B/L	CTB/L，MTB/L，ITB/L
运输方式	海	海/海	海/海，海/陆等	海/陆，陆/海等
责任期间	船一船	船—船	船—船	收货—交货
提单类型	已装船提单	已装船提单	已装船提单	收货待运提单
签发人	海上承运人	海上承运人	海上承运人	多式联运经营人
签发时间	装船后	装船后	装船后	收货后
签发地点	装港	装港	装港	收货地
银行处理依据	UCP60020 条	UCP 600 号 20 条	UCP 600 号 20 条	UCP 600 号 19 条

项目六　国际航空货运代理操作

扫一扫

项目导入

航空运输具有迅速、安全、准确、通关效率高等优势，提高了商品在国际市场上的竞争能力。航空运输适合于急需货物、鲜活易腐货物、贵重物品、活体动物、骨灰灵柩、旅客行李、外交信袋、报纸杂志、宣传册、样品及与其他运输方式竞争性货物。航空货运代理在我国属于新兴行业，有较大的发展前景。

视频短片：国际航空货运介绍。

学习目标

◉熟悉国际航空货物出口、进口运输代理流程；

◉能操作国际航空货物出口、进口运输代理业务；

◉掌握航空运单的填制方法和航空运费的计算方法。

业务操作

任务一：国际航空货物出口运输代理业务操作程序与方法

1. 市场营销。货代业务员运用市场营销的方法和技巧向货主揽货。

2. 签订委托协议。经过货代公司业务员的努力，货主决定将该票货物的出口运输业务委托给该货代公司代为办理。货主与货代之间要签订货物委托运输协议，即国际货物托运书(SLI)，国际货物托运书要由货主填写。

3. 预配舱。将各个货主国际货物托运书上预报的数据汇总后，计算出各条航线上要运输货物总的件数、重量、体积。根据货主对运输时间和运输价格的要求，结合各航空公司运价表、时刻表和不同机型对板箱的要求，为各个货主选择最佳的航空公司和航班。一般直达、规模大的航空公司运价较贵；中转、中小航空公司运价较低。同时货代为每一票货配一个运单号。实务中，航空公司会将航空运单交给与其有运价协议的货代，由货代为货主配运单号。

4. 预订舱。根据预配舱方案，向航空公司发送预订舱单(表 6-1)。之所以有预订舱环节，是因为货主国际货物托运书显示的货名、件毛体只是预计数据，实际收到单证和货物时，可能与预计数据有差别，要在正式配舱时做调整。

表 6-1　预订舱单

运单号	目的站	件数/重量	体积	品名	一程航班/日期	二程航班/日期

电话：×××联系人：×××传真：×××

5.接收单证。货主将委托货代报关、报检、订舱的相关单据交给货代，货代审核单证，检查是否单书(SLI)一致、单单一致。主要单证有：报检报关委托书、报检单、报关单(手填)、发票、装箱单、合同副本(以上为基本单证)，许可证、索赔/返修协议、到付保函(以上为特殊单证)。

6.接收货物。货代将货物从货主手中接到货代的海关监管仓库或者航空公司位于机场的海关监管仓库。接收货物时，货代或航空公司要对货物进行过磅和丈量，根据发票和装箱单清点货物，核对单、货的品名、数量、合同号、唛头等是否一致。如果货主是内地的，货代要代货主提取货物并入库。如内地货主已经在当地办理了报关手续，则货主要向货代提供关封。接收货物时，货代要检查货物包装是否符合航空运输的要求：

(1)包装是否坚固。(2)内装物是否填满，相互之间不摩擦。(3)不散发异味。(4)不因温度、气压变化挥发或变质。(5)不得玷污飞机或其他货物。(6)不得采用草袋、草绳、粗麻袋等容易产生粉末的包装物。(7)包装不能有突出的棱角，更不能有钩、刺、钉。(8)检查外包装上是否已经张贴有标记。(9)液体类货物，容器内至少要留有 5%到 10%的空隙，陶瓷或玻璃内盛装的液体，每瓶不得超过 500 毫升，瓶子要装在木箱内，木箱内部要垫有柔软和吸湿性好的材料，外包装上要贴“易碎物品”标签。(10)精密仪器仪表，每一个要单独包装，相互之间要有柔软的垫衬，或用弹簧悬挂在包装物内。外包装上要贴“易碎物品”或“不可倒置”标签。(11)木质包装必须光滑和熏蒸。(12)等级货物不得同其他货物混装。(13)外包装有轻微破损、不影响运输的，要在航空运单的“Handling information”栏注明破损情况。

7.填写航空运单。根据《华沙公约》的规定，航空运单要由航空公司填写，但是在我国国际空运实务中，都是由货代代为填写的。航空公司或货代依据国际货物托运书填写航空运单。航班运输货物，只填航空公司运单(MAWB)；集中托运货物，航空公司或货代填航空公司运单(MAWB)，货代填货代运单(HAWB)。

8.贴标记与标签。标记：记载托运人和收货人的名称、地址、联系方式及运输中注意事项。由托运人张贴。标签：分为识别标签、特种货物标签、操作标签。一般由货代张贴。

(1)识别标签：标明货物的货运单号、件数、重量、始发站、目的站、中转站的一种运输标志。分为挂签和贴签两种。使用要求：①在使用标签之前，清除所有与运输无关的标记与标签；②体积较大的货物需要对贴两张标签；③袋装、捆装、不规则包装除使用两个挂签外，还应在包装上写清货运单号码和目的站。

(2)特种货物标签：说明特种货物性质的各类识别标志。分为活动物标签、危险品标签和鲜活易腐标签。

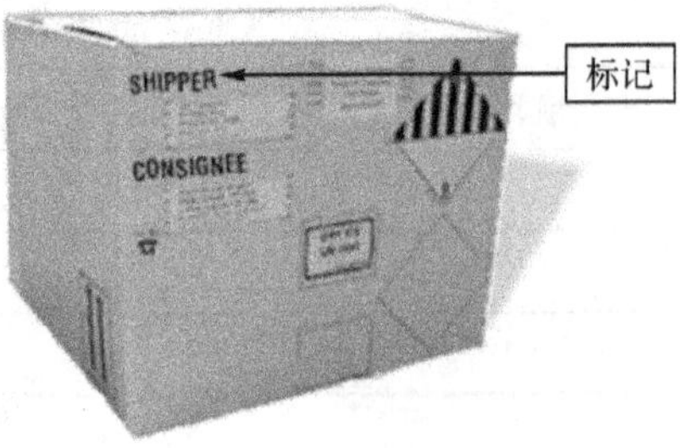

图 6-1　国际航空货运标记

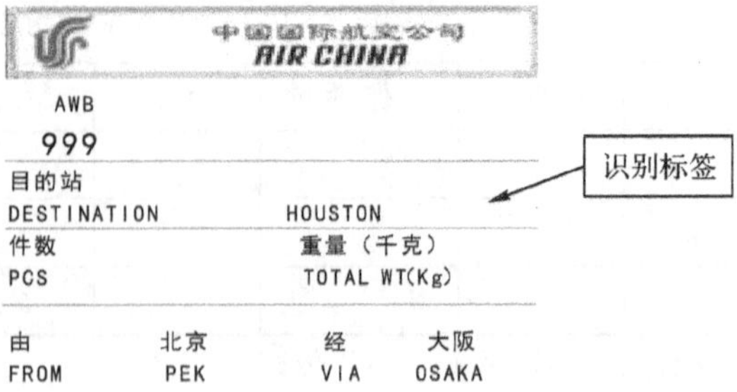

图 8-2　国际航空货运识别标签

(3)操作标签:说明货物储运注意事项的各类标志。

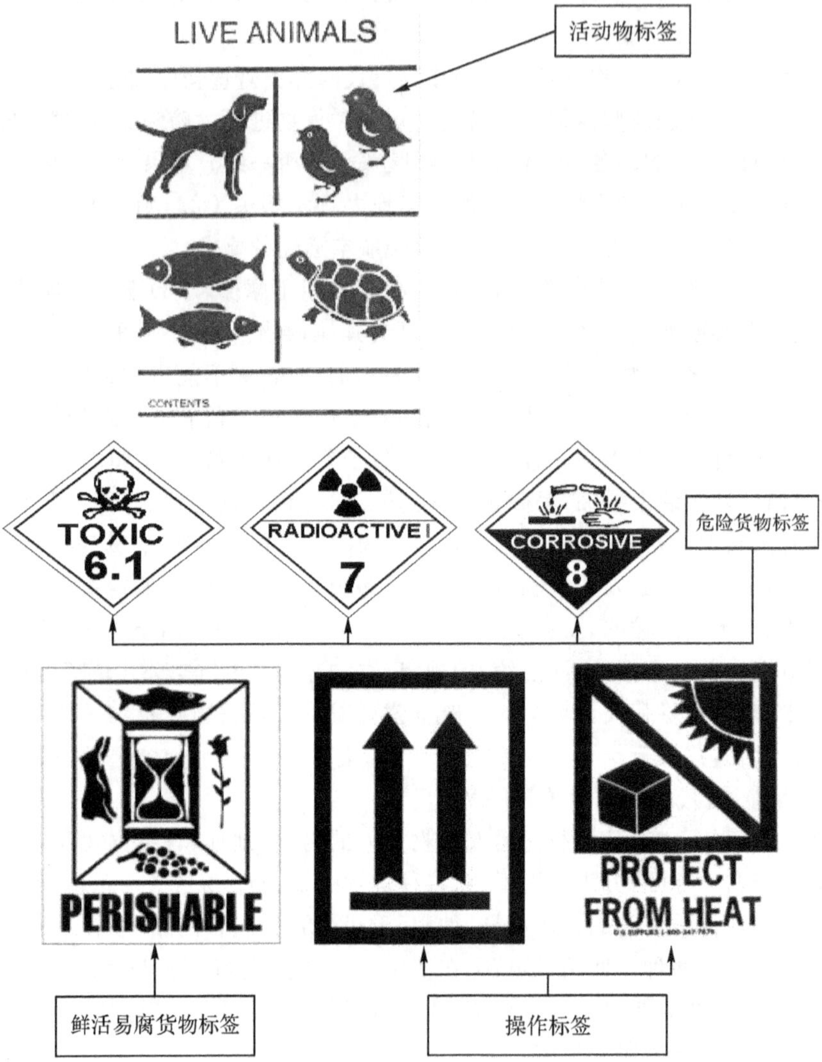

图 6-3　特种货物标签和操作标签

9. 配舱。配舱时，货物已经进入货代或航空公司的海关监管仓库，这时候，只需要拿着预配舱单对照实物进行核对，当出现单货不符的情况时，要对预配舱单进行调整，重新配载。

10. 订舱。货代填写订舱单(Cargo Booking Advance，CBA)，发给航空公司吨控部，对前面预订舱单的货物信息再次确认。因为预订舱的时候，货物并没有入库，订舱时，货物已经入库。预计和实际或许有差异，必须有一个再次确认的环节。预配舱和预订舱并不是必需的环节，当某些航线舱位经常空余时，货代不需要预订舱，往往会直接订舱。一般来说，大宗货物、紧急物资、鲜活易腐物品、危险品、贵重物品等，要预订直达航班；普通货物可以预订中转航班，运价会较低。订好舱位后，航空公司会向货代签发舱位确认书和集装器领取凭证，货代填制国际货物交接清单(出港用)。

表 6-2 订舱单

订舱单						
运单号	目的站	件数/重量	体积	品名	一程航班/日期	二程航班/日期

电话：××× 联系人：××× 传真：×××

表 6-3 舱位确认书

CARGO MANIFEST

FLIGHT No. /DATE: MU781/OCT 23　　MAWB No. :781—6759 7890

HAWB No.	NAME OF SHIPPER	NAME OF CONSIGNEE	PKG	G. W	DCRP	DEST
HMA— 8760 0436	*JIAXING HONGYE TRADE CO. ,LTD No. 512 ZHONGSHAN ROAD JIAXING CHINA TEL:057383876598 FAX:057382769043*	*BCA CO. ,LTD BLG # 564 JIM NEW YORK USA TEL:001－212－89765439 FAX:001－212－87690876*	*7CTNS*	*39KGS*	*INSTRUMENT*	*IAD*
TOTAL:						

11. 报检。法定检验商品在报关之前先要报检，申领出口货物通关单，其程序、方法、需要单证与海运出口报检相同，在此不再赘述。

12. 报关。与海运出口报关程序、方法相同，只是用航空运单代替了海运中的装货单、收货单、场站收据正本。海关放行后，在航空运单正本和纸质报关单上盖放行章。

13. 编制出仓单。装箱以前，货代公司操作员先要编制出仓单(表 6-4)，交给货代仓库，作为货物出库、编制国际货物交接清单的依据。

表 6-4 出仓单

运单号	件数	重量	目的港	板箱号
781—2314 5432	5	25	IAD	P1P87906
781—6789 0943	10	10	LAX	P6P19876
781—0978 5643	15	150	BUS	P1P89870
781—9087 6709	40	450	JFK	P6P09831
DATE:2014.10.31	FLIGHT:MU789			

14.提箱与装箱。货代将体积在 2 立方米以下的货物作为小货交航空公司的机场货运站装板装箱，将体积大于 2 立方米的货物，或集中托运货物自己装板装箱。根据航空公司的规定，谁装板装箱，谁对货损货差负责。货代负责装板装箱的，货代凭航空公司签发的集装器领取凭证去航空公司箱管部门申领板箱。提板、箱时，应领取相应的塑料薄膜和网套。航空运输和海运不同，海运中只要是国际海运标准集装箱，它适合任何集装箱船，航空运输中不同的机型配套有不同的板箱型号。

15.签单。航空运单在盖好海关放行章后还需到航空公司签单。签单主要是审核运价使用是否正确以及货物的性质是否适合空运，例如危险品等是否已办了相应的证明和手续。航空公司的地面代理规定，只有签单确认后才允许将单、货交给航空公司。

16.交接发运。在预订舱位的航班起飞时间 24 小时以前，货代要将“单、货”移交给航空公司或机场货运站。交单就是要将随飞机带走和航空公司留底的单据交给航空公司，向航空公司移交的主要单证有国际货物交接清单（出港）、航空运单正本 2（Original2，粉色，交收货人）、商业发票、装箱单（以上为基本单证），商检证、产地证、许可证、航空分运单（以上为特殊单证）。交货之前必须粘贴或拴挂货物标签，清点和核对货物。航空公司审单验货后，在国际货物交接清单（出港）上签字，并加盖收货时间标记，双方各留一份清单，将货物存入航空公司货运站仓库，单据交航空公司吨控部门（表 6-5 出港国际货物交接清单）。

表 6-5 国际货物交接清单(出港)

运单号	品名	件数	重量	始发站	目的站
合计票数：		总件数：	总重量：		
交货人：		第一承运人			
第二承运人：		第三承运人			
备注：					

货代公司名称：

17.费用结算。主要涉及托运人同航空公司、货代同托运人、货代同航空公司、货代同国外货代四方面的费用结算。

(1)托运人同航空公司费用结算。托运人向航空公司支付运费及机场杂费。

(2)货代同托运人费用结算。货代向托运人收取订舱费、报关费、报检费、地面操作费等服务费及代垫费用。

(3)货代同航空公司费用结算。在由货代代垫航空运费的情况下，向航空公司支付航空运费。协议货代由于为所代理的航空公司揽载，要向航空公司收取代理佣金。

(4)货代同国外货代费用结算。该费用主要是在到付运费的情况下发生。航空公司一般不接受到付运费，如果托运人要到付运费，都是由其货代先垫付运费，然后委托收货人所在地货代向收货人收取运费，并返还给托运人货代，为此托运人货代要向收货人货代支付劳务费及产生的相关费用。不同国家的货代之间存在长期的互为代理协议，一般采用月结和互相抵账的结算方式。

18.信息服务。货代在发运货物后，要将航班号、运单号、出运日期等发运信息发送给托运人。货物在运输途中，要向托运人提供货物运输过程的准确信息，以便托运人向收货人通报货物到货信息。与此同时，将应退给托运人留底的报关单、航空运单等单证寄送发货人。对于集中托运货物，还应将货物发运信息发送给国外收货人的货代，以便其及时查询、接货、分拨。

任务二：国际航空货物进口运输代理业务流程及操作方法

(一)代理预报

在货物从始发站发往目的站之前，由托运人货代将航空运单、航班信息、货物信息、收货人信息等内容通过传真或电子邮件发给收货人货代，以便收货人及时办理货物进口手续。由于航空运输的速度很快，如果像海运那样，等运输工具起航后再传递单证，收货人来不及办理接货手续。所以，至少在飞机起航前，托运人货代就要将上述信息传递给收货人货代，以便后者及时办理接货手续。除了航空特种货物之外，一般国际航空运输货物一批运到国内之后，国内航空都要中转、分批运到收货人所在地，预报到达时间和实际到达时间会有差异。

(二)接单接货

航空货物入境时，与货物相关的单据(运单、发票、装箱单等)也随机到达，运输工具及货物处于海关监管之下。航空公司的地面代理——机场货运站将货物卸到其海关监管仓库，依据航空运单制作国际货物交接清单(进港，见表 7-6)，同时根据航空运单上的通知人栏的联系人、地址、联系方式寄送取单提货通知。收货人的货代去航空公司办理单、货交接手续。航空公司向货代移交的单证有国际货物交接清单(进港)、航空运单、发票、装箱单(以上为基本单证)，航空分运单、产地证、商检证书、索赔/返修协议(以上为特殊单证)。货代与航空公司在航空公司货运站进行进港货物交接并核对航空货运单、国际货物交接清单(进港)与实际货物是否相符。如发现有破损，短缺等情况应和航空公司共同对货物进行检查，做好事故记录并经双方签字认可，作为收货人向航空公司索赔的依据。交接前货物的丢失、短缺、毁坏、潮湿等由航空公司负责；交接后的丢失、短缺、破损、毁坏、潮湿及交付错误由货代负责。双方在国际货物交接清单（进港）上签字后，货物由航空货运站（一级海关监管仓库）通过航空公司认可的第三方运输公司的海关监管车辆运送到货代仓库（二级海关监管仓库）。

表 6-6 国际货物交接清单（进港）

日期：2014-12-13

序号	航空运单号	件数	重量	航班/日期	提货日期	备注
1	999—9870 6589	96	2525kg	CA9003/12. DEC	2014. 12. 13	
	PMC78098CA	52	1370			
	AKE90345CA	23	585			
	AKE90234CA	21	570			

交货人：张三；接货人：李四

（三）理货与仓储

货代自航空公司货运站接货后，即短途驳运进自己的海关监管仓库，对国际货物交接清单上所列明的货物，以每份航空运单为单位进行分类、入库登记、堆存，并发送给海关。

（四）理单与到货通知

所谓理单就是货代准备报检报关单证，如果单证不全，应立即与收货人联系，催其交齐单证，使之符合报检报关条件。同时，货物到达目的地后，货代应尽快发出到货通知。到货通知书格式及填制内容如表 6-7 所示。

表 6-7 到货通知书

收货人及联系方式： MAWB No.：

HAWB No.：

货代及联系方式： DATE：

货名	合同号	应到件数及重量	实到件数及重量	是否为特种货物

（五）报检

法定检验商品在报关之前先要报检，申领进口货物通关单，其程序、方法、需要单证与海运进口报检差别在于用航空运单正本代替了提货单，在此不再赘述。

（六）报关

与海运进口报关程序、方法相同，只是用航空运单代替了海运中的提货单，收货人要在航空运单上盖章。海关放行后，在航空运单正本和纸质报关单上盖放行章。

（七）收费与发货

货代向收货人收取货物进口过程中所发生的一切费用之后，将货物发给货主。

任务三：集中托运的程序与操作方法

由于航空公司运价实行的是随着托运货物重量的增加而逐级递减，托运人在不是非常紧急的情况下，往往愿意将空运货物交给从事集中托运的货代公司，与其他托运人的货物凑成一个整批，向航空公司订舱，以享受较低的运价。

（一）集中托运业务流程

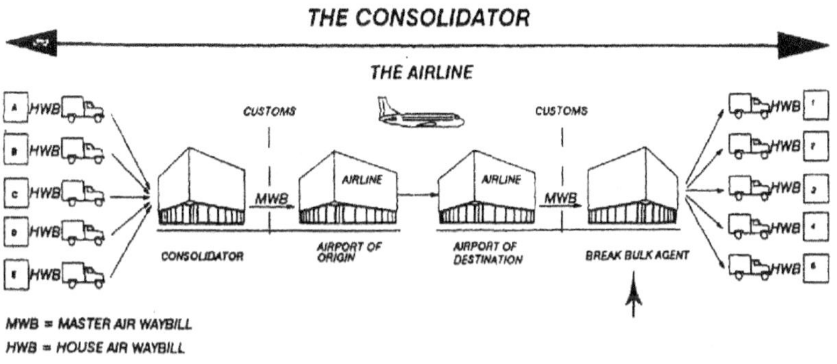

图 6-4 航空集中托运业务流程

（二）集中托运操作方法

1. 各个托运人将自己小批量的空运货物交给货代（又称“集中托运人”），办理集中托运。

2. 货代将不同托运人、同一目的地的货物凑成一个整板或整箱后，以自己的名义向航空公司办理订舱。航空公司向货代签发航空运单。注意，这时候航空运单上托运人栏填的是货代公司名称，收货人栏填的是货代在目的站的货运代理名称（又称“分拨代理人”）。航空运单“Nature And Quantity 栏”不列明具体货物品名，只需要注明“Consolidation As Per Attached Manifest”（集中托运货物的相关信息附在随带的舱单中）。

3. 货代向各个托运人签发航空分运单，航空分运单上托运人栏填实际托运人名称，收货人栏填实际收货人名称。

4. 货代为每一件货物制作、张贴识别标签，识别标签上一定要注明航空运单号和航空分运单号。

5. 货代将航空运单、航空分运单、随附单证和货物一起交给始发站机场货运站。货运站制作集中托运货物舱单，并将单、货装上飞机。

6. 货物到达目的地站机场后，货代的国外代理作为总运单的收货人，负责将货物从机场货运站（一级海关监管仓库）运到货代公司货运站（二级海关监管仓库），为每一份分运单准备报关单据并代为报检报关。始发站货代和它在国外的代理签有协议，互相为对方的货物办理进口接货、报关、交货业务，产生的费用相互抵账，一月结算一次。

7. 货代的国外代理向各个收货人发到货通知。

8. 各个收货人凭到货通知和身份证明到代理的仓库提货，结清各项费用后，代理将货物交给收货人。

(三)集中托运的特点

1. 不是急需货物。

2. 运费比航班运输便宜。

3. 集中托运不但航空公司签发航空运单，货代自己要签发航空分运单。即只有集中托运才有航空分运单。

4. 活动物、贵重物品、尸体骨灰、外交信袋和危险品等特种货物不办理集中托运。

5. 集中托运的托运人是货代公司，收货人是货代公司在国外的代理。

(四)制作集中托运舱单、集中托运识别标签

表 6-8 集中托运舱单

CONSOLIDATION MANIFEST

AIRLINE:*JAPAN AIRLINES* MAWB:131—1234 5673

POINT OF LOADING: *FRANKFURE*FLIGHT:*JL*675123

POINT OF UNLOADING:*TOKYO*DATE:20,*JAN*

HAWB NO. ACCORDING	DEST	NUMBER OF PACKAGES	NATURE OF GOODS	GROSS(KG) WEIGHT	TOTAL CC
77646117	*TYO*	7	*CLOTH*	160.5	*EUR* 1460.74
77646118	*TYO*	4	*AIR CRAFT PARTS*	10.0	*EUR*122.95
77647005	*TYO*	4	*MUSICAL INTRU*	235.0	*EUR*1838.60
77647123	*TYO*	1	*SPARE PARTS FOR CUTTING MACH*	88	*EUR*173.60
77647124	*TYO*	30	*PLASTIC SHEETS*	360.0	*EUR*5953.30
77647125	*TYO*	1	*ADVEMAT*	45.0	*PREPAID*
77647126	*TYO*	4	*HELICO PARTS*	11.7	*EUR* 252.40
77647127	*OSA*	6	*SHOES*	139.0	*EUR*1173.69
77647128	*TYO*	49	*PARTS FOR SHEETS*	692.0	*EUR*5746.66
		106		1741.2	*EUR*16721.94

表 6-9　集中托运识别标签

MASTER AIR WAYBILL NO. 131——1234 5674	
DESTINATION　TYO	
TOTAL NO. OF PIECES106	WEIGHT THIS PIECE　11.7
TOTAL WEIGHT THIS CONSIGNMENT　1240.2	
TRANSFER STATION(S)	
OTHER HANDLING INFORMATION	
HAWB NO.　77847126	
JAPAN AIRLINES	

任务四:国际航空货运运费计算

(一)飞行时间计算

业务 1:某票货从北京空运至华盛顿,1 月 28 日乘国航班机从北京起程,北京时间是:9:44。到达华盛顿时,当地时间为 1 月 28 日 15:33,计算货物空运时间。

解:(1)查找始发站和目的站的标准时差。

PEK:8(东八区);WAS:5(西五区)。

(2)将起飞和到达的当地时间换算成格林尼治标准时间。

PEKGMT:9:44－8=1:44;

WASGMT:15:33+5=20:33;

(3)到达时间减去起飞时间,即是飞行时间。

20:33—1:44=18:49,即飞行时间是 18 小时 49 分钟。

(二)普通货物运价计算(GCR)

业务 2:routing: Beijing,CHINA(BJS)to TOKYO,JAPAN(TYO);

Commodity:sample;

Gross weight:25.2kgs;

Dimensions:82×48×32cm;

计算该货物的航空运费填写运单。公布运价如下:

BEIJING Y. RENMINBI	CN CNY		BJS KGS
TOKYO	JP	M	230.00
		N	37.51
		45	28.13

解：volume ：82×48×32cm＝125952 cm^3

航空运费计算是按照体积、重量取其大。首先判断是重货还是轻泡货，判断的原则按照6000 cm^3相当于 1 千克。

volume weight：125952cm3 ÷ 6000 cm^3/ kg＝20.99kgs＝21.00kgs

gross weight：25.2kgs

该批货物体积重量是 21.00 千克，实际重量是 25.2 千克，实际重量大于体积重量，所以要按照实际重量作为计费重量。IATA 规定计费重量的最小单位是 0.5 千克，不足 0.5 千克要按照 0.5 千克计算；超过 0.5 千克，要按照 1 千克计算。

chargeable weight：25.5kgs

"N"档表示 45 千克以下重量的运价。25.5 千克货物对应的运价是 CNY 37.51。

applicable rate：37.51；

weight charge：25.5 ×37.51＝CNY956.51。

填制航空运单运费栏。

No. of Pieces RCP	Gross weight	Kg lb	Rate class		Chargeable weight	rate	total	Nature and Quantity (dimensions or volume)
			N	Commodity Item NO.				
1	***25.2***	***K***			***25.5***	***37.51***	***956.51***	***SAMPLE DIMS：82×48×32cm***

业务 3：routing：Beijing，CHINA(BJS) to NEW YORK，USA (NYK)；

Commodity：PARTS；

Gross weight：38.6kgs；

Dimensions：101×58×32cm。

计算该货物的航空运费、填写运单。公布运价如下：

BEIJING Y. RENMINBI	CN CNY		BJS KGS
NEW YORK	US	M	320
		N	50.22
		45	41.53
		300	37.52

解：(1)按实际重量计算。

volume ：101×58×32cm＝187456cm^3

volume weight：187456cm3 ÷ 6000cm^3/ kg＝31.24kgs＝31.5kgs

gross weight：38.6kgs

chargeable weight：39.0kgs

applicable rate：50.22

weight charge：39.0×50.22=CNY1958.58

(2)采用分界点重量计算。

chargeable weight：45.0kgs

applicable rate：41.53

weight charge：41.53×45.0=CNY1868.85

通过上述计算我们看到，按照实际重量 39 千克托运支付的运费反而要高于按照 45 千克托运支付的运费，这显然不合理。这时候，航空公司规定，可以填报 45 千克。所以(1)与(2)比较，取运费较低者，即 Weight charge：CNY1868.85 来填报航空运单。由本题可知，当我们的托运重量接近临界点重量时，要分别计算实际毛重和临界点重量所对应的运费，取总运费较低者托运。填制航空运单运费栏：

No. of Pieces RCP	Gross weight	Kg lb	Rate class		Chargeable weight	rate	total	Nature and Quantity (Dimensions Or Volume)
			Q	Commodity Item NO.				
		K			***45.00***	***41.53***		***PARTS DIMS：101×58×32 cm***
1	***38.6***						***1868.85***	

业务 4：routing：SHANGHAI，CHINA(SHA) to PARIS，FRANCE (PAR)；

Commodity：TOY；

Gross weight：5.6kgs；

Dimensions：40×28×22cm。

计算该货物的航空运费、填写运单。公布运价如下：

SHANGHAI Y. RENMINBI	CN CNY		SHA KGS
PARIS	FR	M	320
		N	50.22
		45	41.53

解：volume：$40\times28\times22cm=24640cm^3$

volume weight：$24640cm^3\div6000cm^3/kg=4.11kgs=4.5kgs$

gross weight：5.6kgs

chargeable weight：6.0kgs

applicable rate：50.22

weight charge：6.0×50.22=CNY301.32

mini charge：CNY320.00

由于总运费 CNY301.32 小于起码运费 CNY 320，航空公司要按照起码运费收取运费。所以航空运费为 CNY320.00。

填制航空运单运费栏：

No. of Pieces RCP	Gross weight	Kg lb	Rate class		Chargeable weight	rate	total	Nature and Quantity (dimensions or volume)
			M	Commodity Item NO.				
		K						
1	***5.6***				***6.00***	***320.00***	***320.00***	***TOY*** ***DIMS:40×28×22cm***

（三）指定货物运价计算（SCR）

计算方法：(1)先记住常用的指定商品及其代码。(2)根据航空运价表，确定该商品是否为指定商品。(3)如果货物的计费重量超过指定商品运价的最低重量，则优先使用指定商品运价。(4)如果货物的计费重量没有达到指定商品运价的最低重量，则先要按普通货物运价计算运费，再按指定商品运价计算运费，两者取其低。

业务 5：routing: Beijing, CHINA(BJS) to OSAKA, JAPAN(OSA);

Commodity: FRESH APPLES;

Gross weight: EACH 65.2kgs, TOTAL 5 PIECES;

Dimensions: 102×44×25cm×5。

计算该货物的航空运费填运单。公布运价如下：

BEIJING Y. RENMINBI	CN CNY		BJS KGS
OSAKA	JP	M	320
		N	37.51
		45	28.13
	0008	300	18.80
	0300	500	20.61
	1093	100	18.43
	2195	500	18.80

解：确定新鲜水果是指定商品，代码是 0008。

Volume：$102\times44\times25\text{cm}\times5=561000\text{cm}^3$

volume weight：$561000\text{cm}3 \div 6000\text{cm}^3/\text{kg}=93.5\text{kgs}$

gross weight：$65.2\times5=326.0$kgs

超过了指定商品的最低重量，可以直接按指定商品运价计算。

chargeable weight：326.0kgs

applicable rate：18.80

weight charge：$326.0\times18.80=$CNY6128.80

填制航空运单运费栏：

No. of Pieces RCP	Gross weight	Kg lb	Rate class		Chargeable weight	Rate	Total	Nature and Quantity (dimensions or volume)
				Commodity Item NO.				
		K	***C***		***326.00***	***18.80***		***FRESH APPLES***
5	***326.00***			0008			***6128.80***	***DIMS:102×44×25cm***

业务 6:将上题的数量改为 3 箱,计算运费。

解:确定新鲜水果是指定商品,代码是 0008

volume ：102×44×25cm×3=336600cm^3

volume weight：336600cm^3 ÷ 6000cm^3/ kg=56.10kgs

gross weight:65.2×3=195.6kgs=196kgs

货物重量小于指定商品的最低重量,先按普通货物托运并计算运费,再按特种货物水果的起码重量托运,即 300 公斤托运并计算运费,取其小。

(1)按普通货物托运计算的运费:applicable rate:GCR/Q45 / 28.13CNY / kg。

weight charge：196×28.13=CNY5513.48

(2)按特种货物水果的起码重量托运计算运费:chargeable weight:300.0kgs

applicable rate：SCR0008 / Q300 / 18.80 CNY / KG

weight charge:300.0kgs×18.80=CNY5640.00

对比(1)与(2),取运费较低者,即按照普通货物托运便宜。Weight charge：CNY 5513.48。

填制航空运单运费栏：

No. of Pieces RCP	Gross weight	Kg lb	Rate class		Chargeable weight	Rate	Total	Nature and Quantity (dimensions or volume)
				Commodity Item NO.				
		K	***Q***		***196.00***	***28.13***		***FRESH APPLES***
3	***195.60***						***5513.48***	***DIMS:102×44×25cm***

(四)等级货物运价计算(CCR)

1.活动物运费计算

业务 7:Routing:Shanghai,CHINA(SHA) to Rome,Italy(ROM);

Commodity:Parrots;

Gross weight：3.00kgs;

Dimensions:40×30×30cm×1。

公布运价如下：

Date/type	note	item	min. weight	local curr
SHANGHAI		CN		SHA
Y. RENMINBI		CNY	KG	
ROME		IT	M	125.00
			N	16.43
			45	12.08
			100	11.08
			300	9.17
			500	7.96

解：volume ：40×30×30cm=36000cm^3

volume weight：36000cm^3÷6000cm^3/ kg=6.00kgs

gross weight：3.00kgs

chargeable weight：6.00kgs，

applicable rate：S150% of the Normal GCR，参考本章理论支撑"活动物运价表"可知，在 IATA2 区和 3 区之间，活动物运价按照普通货物"N"档运价的 150%计算，即 16.43×150%=24.645。

weight charge：24.645×6=CNY147.87，但是根据"活动物运价表"可知，活动物最低运费为普通货物最低运费的 200%。

Mini Charge：200%M=125.00×200%=CNY250.00，所以必须按照活动物的最低运费托运。

填写航空运单运费栏：

No. of Pieces RCP	Gross weight	Kg lb	Rate class	Commodity Item NO.	Chargeable weight	Rate	Total	Nature and Quantity (Dimensions Or Volume)
1	***3***	***K***	***S***	***M200***	***6.00***	***250.00***	***250.00***	***PARROTS*** ***DIMs：40×30×30cm***

2. 贵重货物运费计算

业务 8：Routing：Beijing，China(BJS) to New York，U. S. A. (NYK)；

Commodity：Gold Watch；

Gross weight：32.0kgs；

Dimensions：61×51×42cm×1。

公布运价如下：

BEIJING		CN	BJS
Y. RENMINBI		CNY	KGS
NEW YORK	US	M	630
		N	79.97
		45	60.16
		100	53.19
		300	45.80

解：volume：61×51×42cm=130662cm^3

volume weight：130662cm^3÷6000cm^3/kg=21.78kgs=22.0kgs

gross weight：32.0kgs

chargeable weight：32.0kgs

applicable rate：S 200% of the Normal GCR，参考本章理论支撑“贵重货物运价”可知，贵重货物运价是普通货物“N”档运价的 200%，即 79.97×200%=159.94。

weight charge：32.0×159.94 =CNY5118.08，因此运费为 CNY5118.08。

填制航空运单运费栏：

No. of Pieces RCP	Gross weight	Kg lb	Rate class S	Commodity Item NO.	Chargeable weight	rate	total	Nature and Quantity (dimensions or volume)
1	***32.00***	***K***		***N200***	***32.00***	***159.94***	***5118.08***	***GOLD WATCH DIMS：61×51×42cm***

3. 书报杂志残疾人用品运费计算

业务 9：Routing：Beijing，China(BJS) to London，UK(LON)；

Commodity：Magazines；

Gross weight：980.0kgs；

Dimensions：20Pieces，70×50×40cm each；

公布运价如下：

BEIJING		CN	BJS
Y. RENMINBI		CNY	KGS
LONDON	GB	M	320
		N	63.19
		45	45.22
		100	41.22
		500	33.42
		1000	30.71

解：volume：70×50×40cm×20=2800000cm^3

volume weight：2800000cm^3÷6000cm^3/kg=466.67kgs=467.00kgs；

gross weight：980.00kgs；

chargeable weight：980.00kgs；

applicable rate:R 50 % of the Normal GCR,参考本章理论支撑“书报杂志运价”可知,在 IATA 的 3 区和 2 区之间,书报杂志运价是普通货物“N”档运价的 50%,即 63.19×50% =31.595=31.60。

weight charge:31.60×980.00=CNY30968.00,因此运费为 CNY30968.00。

对于附减的等级货物,当计费重量 980kg 已经接近临界点重量 1000kg 时,允许计算下普通货物临界点重量所对应的运费,按总运费最低来办理托运。

chargeable weight:1000.00kgs

weight charge:1000.00×30.71=CNY30710.00

所以按照普通货物临界点重量办理托运划算。

填制航空运单运费栏:

No. of Pieces RCP	Gross weight	Kg lb	Rate class Q	Rate class Commodity Item NO.	Chargeable weight	rate	total	Nature and Quantity (dimensions or volume)
20	***980.00***	***K***			***1000.00***	***30.71***	***30710.00***	***MAGAZINES*** ***DIMS:70×50×40cm***

4.作为货物运输的行李运费计算

业务 10:Routing: Beijing,China(BJS) to Tokyo,JAPAN(TYO);

Commodity:Personal Effects;

Gross weight:25.00kgs;

Dimensions:70×47×35cm。

公布运价如下:

BEIJING Y. RENMINBI	CN CNY		BJS KGS
TOKYO	JP	M	230
		N	37.51
		45	28.13

解:volume :70×47×35cm=115150cm^3

volume weight:115150cm^3÷6000cm^3/ kg=19.19kgs=19.5kgs;

gross weight:25.00kgs;

chargeable weight:25.00kgs;

applicable rate:R 50 % of the Normal GCR,参考本章理论支撑“作为货物运输行李运价”可知,在 IATA3 区内,该货物运价是普通货物“N”档运价的 50%,即 37.51×50%= 18.755=18.76。

weight charge:18.76×25.00=CNY469.00,因此运费为 CNY469.00。

填制航空运单运费栏:

No. of Pieces RCP	Gross weight	Kg lb	Rate class	Commodity Item NO.	Chargeable weight	rate	total	Nature and Quantity (dimensions or volume)
		K	***R***	N50	***25.0***	***18.76***		***PERSONAL EFFECTS***
1	***25.00***						***469.00***	***DIMS:70×47×35cm***

5. 尸体骨灰运费计算

业务 11:Routing: Beijing,China(BJS) to Tokyo,JAPAN(TYO);

Commodity:Coffin;

Gross weight:215.00kgs;

Dimensions:230×70×50cm。

公布运价如下:

BEIJING Y. RENMINBI	CN CNY		BJS KGS
TOKYO	JP	M	230
		N	37.51
		45	28.13

解:volume :230×70×50cm=805000cm^3

volume weight:805000cm^3÷6000cm^3/ kg=134.17kgs=134.5kgs

gross weight:215.00kgs

chargeable weight:215.00kgs

applicable rate:S100% of the Normal GCR,参考本章理论支撑“尸体骨灰运价”可知,在 IATA 3 区内,该货物运价是普通货物“N”档运价的 100%,即 37.51×100%=37.51。

weight charge:37.51×215.00=CNY8064.65,因此运费为 CNY8064.65。

填制航空运单运费栏:

No. of Pieces RCP	Gross weight	Kg lb	Rate class	Commodity Item NO.	Chargeable weight	rate	total	Nature and Quantity (dimensions or volume)
		K	***S***	***N100***	***215.0***	***37.51***		***Coffin***
1	***215.00***						***8064.65***	***DIMS:70×47×35cm***

6. 既是指定商品又是等级货物运费的计算

分别按照等级货物和指定商品计算运费,取其低。

业务 12:Routing: Beijing,China(BJS) to Tokyo,JAPAN(TYO);

Commodity:Worms;

Gross weight:45.00kgs;

Dimensions:70×47×35cm。

公布运价如下：

BEIJING Y. RENMINBI	CN CNY		BJS KGS
TOKYO	JP	M	230
		N	37.51
		45	28.13
	0008	300	18.80
	0300	500	20.61
	1093	100	18.43
	2195	500	18.80

解：沙蚕是指定商品，代码为1093，也是等级货物中的活动物，属于冷血动物，分别按照等级货物和指定商品计算运费，取其低。

(1)按照等级货物计算运费。

volume：$70 \times 47 \times 35cm = 115150cm^3$

volume weight：$115150cm^3 \div 6000cm^3$/ kg=19.19kgs=19.5kgs

gross weight：45.00kgs

chargeable weight：45.00kgs

applicable rate：S 150 % of the Normal GCR，参考本章理论支撑"活动物运价表"可知，在IATA 3区内，该货物运价是普通货物"N"档运价的150%，即37.51×150%=56.265。

weight charge：56.265×45.00=CNY2531.925，因此运费为CNY2531.925。

(2)按照指定商品计算运费

毛重为45千克，没有达到指定商品的最低重量100千克，要享受指定商品运价，就要按照100千克办理托运。

chargeable weight：100.00kgs

applicable rate：C1093/Q100 18.43CNY/kg

weight charge：18.43×100.00=CNY1843.00

因此，按照等级货物托运便宜。

填制航空运单运费栏：

No. of Pieces RCP	Gross weight	Kg lb	Rate class		Chargeable weight	rate	total	Nature and Quantity (dimensions or volume)
			C	Commodity Item NO.				
		K						
1	***45.00***			***1093***	***100***	***18.43***	***1843.00***	***LIVE WORMS*** ***DIMS：70×50×40cm***

7.混运货物运费的计算

混运货物是指适用于不同运价的货物组成一个整批，用一份航空运单申报。混运货物可以作为一个整体，按照普通货物运价托运，计算运费。也可以作为不同类别的货物分别申报，分别计算运费，运费加总。总体申报和分别申报哪种便宜，按照哪种申报方式办理托运。

业务 13：Routing：Beijing，China(BJS) to Tokyo，JAPAN(TYO)；

Commodity：Books and Handicraft and Apples(Fresh)；

Gross weight：100.00kgs and 42kgs and 80.ookgs；

Dimensions：4Pieces 70×47×35cm and 1 Pieces 100×60×42cm and 2 Pieces 90×70×32cm。

公布运价如下：

BEIJING Y. RENMINBI	CN CNY		BJS KGS
TOKYO	JP	M	230.00
		N	37.51
		45	28.13
	0008	300	18.80
	0300	500	20.61
	1093	100	18.43
	2195	500	18.80

(1)总体申报计算运费。

volume：$70\times47\times35cm\times4=460600cm^3$

$100\times60\times42cm=252000cm^3$

$90\times70\times32cm\times2=403200cm^3$

$460600+252000+403200=1115800cm^3$

volume weight：$1115800cm^3\div6000cm^3/kg=185.96kgs=186.00kgs$

gross weight：$100+42+80kgs=222kgs$

chargeable weight：222.00kgs

weight charge：$28.13\times222.00=$CNY6244.86

(2)按照分别申报计算运费。

①Books。

volume：$70\times47\times35cm\times4=460600cm^3$

volume weight：$460600cm^3\div6000cm^3/kg=76.77kgs=77.00kgs$

gross weight：100.00kgs

chargeable weight：100.00kgs，书籍属于等级货物，可按照等级货物托运。

applicable rate：R 50% of Normal GCR

weight charge：$37.51\times50\%\times100.00=$CNY1876.00

②Handicraft。

volume：$100\times60\times42cm=252000cm^3$

volume weight：$252000cm^3\div6000cm^3/kg=42.00kgs$

gross weight：42.00kgs

chargeable weight：42.00kgs，手工艺品属于普通货物，按照普通货物托运。

weight charge：$37.51\times42.00=$CNY1575.42

42kgs 已经接近了临界点重量 45kgs，再算下临界点重量对应的运费，取其低。

45×28.13=CNY1265.85，所以按照临界点重量托运便宜。

③Apples(Fresh)。

volume：$90\times70\times32cm\times2=403200cm^3$

volume weight：$403200\div6000cm^3/kg=67.20kgs=67.50kgs$

gross weight：80kgs

chargeable weight：80.00kgs

新鲜苹果虽然属于指定商品，但是没有达到指定商品的最低重量 300kgs，而且离临界点重量 300kgs 差得很远，所以要按照普通货物托运。

weight charge：28.13×80.00=CNY2250.40

三项运费相加：1876.00+1265.85+2250.40=CNY5392.25

按总体申报的运费是 CNY6244.86，按分别申报的运费是 CNY5392.25，所以要分别申报。

填制航空运单运费栏：

No. of Pieces RCP	Gross weight	Kg lb	Rate class	Commodity Item NO.	Chargeable weight	Rate	Total	Nature and Quantity (dimensions or volume)
4	*100.00*	*K*	*R*	*N50*	*100.00*	*18.76*	*1876.00*	***BOOKS***
1	*42*		*Q*		*45.00*	*28.13*	*1265.85*	***HANDICRAFT***
2	*80*		*Q*		*80.00*	*28.13*	*2250.40*	***APPLE(FRESS)***
7	*222*						*5392.25*	

任务五：国际货物托运书与航空货运单制作

业务 14：Routing：Shanghai，CHINA(SHA) to Washington，U. S. A. (WAS)

Commodity：PARTS，Gross weight：35.00kgs，Dimensions：61×51×42cm×1

SHIPPER NAME AND ADDRESS：SHANGHAI INDUSTRY CORP.，No. 134 GUANGXI ROAD，SHANGHAI，CHINA

TEL：86(21)64596666FAX：86(21)64598888。法人代表：陈平

CONSIGNEE'S NANE AND ADDRESS：NEWYORK SPORT IMPORTERS，16TH STREET BROOKLYNS，N. Y.，U. S. A

TEL：00121212345678

AIRPORT OF DEPARTURE：SHANGHAI PUDONG INTERNATIONAL AIRPORT(PVG)

AIRPORT OF DESTINATION: WASHINGTON DULLES INTERNATIONAL AIRPORT(IAD)

DOCUMENTS TO ACCOMPANY AIR WAYBILL:①1 COMMERCIAL INVOICE ②2PACKING LIST③1INSPECTION CERTIFICATE④1 ORIGIN CERTIFICATE

FLIGHT/DATE: MU921/30 JUL 2016, CHARGES PREPAID,托运日期:20 JUL.,2016

托运人没有声明价值,承运人不代办保险,货物不能倒置。

中国东方航空公司代码:MU,MWB NO. 781—1238 8880

GCR RATE:M/N/45——CNY610/76.31/56.16

CARRIERS: CHINA EASTERN 王宁

(一)国际货物托运书(SLI)填制方法

国际货物托运书由托运人用英文填写。

1. 托运人姓名、地址、账号(SHIPPER' NAME AND ADDRESS& ACCOUNT NUMBER)

填托运人全称、街名、城市名、国名、电话号、传真号,账号一般不填。

2. 收货人姓名、地址、账号(CONSIGNEE'S NANE AND ADDRESS &ACCOUNT NUMBE)

填收货人全称、街名、城市名、国名、电话号、传真号,账号一般不填。特别注意,因为航空运单不可转让,不能像海运提单那样填"To Order"或者"To order of the shipper"。

3. 代理人的名称和城市(ISSUING CARRIER'S AGENT NAME AND DRESS)

如果该航空货代负责开航空运单、在国际航协有代号、向航空公司收取佣金,则填航空货代公司的全称、地址、联系方式。否则,该栏不填。

4. 始发站(AIPPORT OF DEPARTURE)

填始发站机场全称。

5. 到达站(AIRPORT OF DESTINATION)

填目的站机场全称。不知道具体机场名称的,可以填写机场所在城市全称,这时候要填国名,以避免货物错发到同名的其城市。

6. 航班/日期(FLIGHT/DATE)

不填。因为托运人在委托时,货代还没有订舱,所以不知道航班号和起飞日期。

7. 托运人声明价值(SHIPPER'S DECLARED VALUE)

此栏分为供运输用的声明价值和供海关用的声明价值。

*供运输用的声明价值。如果托运人对货物有声明价值,此栏填声明价值金额,该金额就是航空公司赔偿的最高金额,声明价值不能超过货物的实际价值,即发票金额,而且托运人要向航空公司缴纳声明价值附加费,声明价值附加费率为0.5%;如果托运人对货物没有声明价值,此栏填"NVD"(No Value Declared)或者空白,这时候,航空公司对货物的赔偿限额为每千克20美元。

*供海关用的声明价值。此栏所填的价值是海关征税的依据。国内的习惯做法是,此

栏不填或者填"NCV"(No Customs Value Declared)、"As per Invoice No. ×××",海关根据报关单或者商业发票显示的金额征税。

8. 保险金额(AMOUNT OF INSURANCE)

如果航空公司为托运人代办货物保险的,此栏填托运人为货物的投保金额;如果航空公司不为托运人代办货物保险或托运人不要求投保,此栏打"×"或者填"NIL"(NO INSURANCE LIST)。如果航空运单此栏显示灰颜色,此栏不需要填写。

9. 所附文件(DOCUMENTS TO ACCOMPANY AIR WAYBILL)

此栏填随航空运单发往目的站的单证名称,一般有商业发票、装箱单、商检证、产地证等。

10. 运费(CHARGES)

因为航空公司一般不接受运费到付,此栏一般填"CHAREGES PREPAID"。

11. 处理情况(HANDLING INFORMATION)

填写附加的处理要求,例如除收货人以外的其他通知人的名称、地址、联系方式,货物的特殊包装及搬运要求等。

12. 件数(NO. OFPACKAGES)

填此票货物的最大外包装数量。

13. 实际毛重(ACTUAL CROSS WEIGHT)

填该批货物的总毛重,单位是千克。

14. 运价类别(RATE CLASS)

不填,因为托运人提交托运书时,货代还没有接收单、货,无法确定运价类别。

15. 收费重量(CHARGEABLE WEIGHT)

不填,此栏由货代或者航空公司收到单、货后填写。

16. 费率(RATE/CHARGE)

不填,由航空公司或者货代填写。

17. 货物品名及数量(NATURE ANDQUANTITY GOODS)

填货名及货物最大外包装尺寸。

18 托运人签字(SIGNATURE OF SHIPPER)

托运人签字盖章。

19. 日期(DATE)

填托运人交货的日期。

20. 托运人签字(SIGNATURE OF FORWORDER)

货代签字盖章。

表 7-7　国际货物托运书

<table>
<tr><td colspan="4" rowspan="4">1. 托运人姓名及地址
SHIPPER NAME
AND ADDRESS
托运人账号
SHIPPER ACCOUNT NUMBER
SHANGHAI INDUSTRY CORP.，SHANGHAI
No. 134 GUANGXI ROAD，SHANGHAI ，CHINA
TEL：86(21)64596666　FAX：86(21)64598888</td><td colspan="2">供承运人用 FOR CARRIER USE ONLY</td></tr>
<tr><td>6. 航班/日期
FLIGHT/DAY</td><td>航班/日期
FLIGHT/DAY</td></tr>
<tr><td></td><td></td></tr>
<tr><td></td><td></td></tr>
<tr><td colspan="4" rowspan="2">2. 收货人姓名及地址
CONSIGNEE'S NANE
AND ADDRESS
收货人账号
CONSIGNEE ACCOUNT
NUMBER
NEWYORK SPORT IMPORTERS ，16TH STREET
BROOKLYNS，N. Y.，U. S. A ，TEL：00121212345678</td><td colspan="2">已预留吨位
BOOKED</td></tr>
<tr><td colspan="2">10. 运费 CHARGES
CHARGES PREPAID</td></tr>
<tr><td colspan="4">3. 代理人的名称和城市
ISSUING CARRIER'S AGENT NAME AND DRESS</td><td colspan="2" rowspan="3">ALSO NOTIFY：</td></tr>
<tr><td colspan="4">4. 始发站 AIPPORT OF DEPARTURE
SHANGHAI PUDONG INTERNATIONAL AIRPORT</td></tr>
<tr><td colspan="4">5. 到达站 AIRPORT OF DESTINATION
WASHINGTON DULLES INTERNATIONAL AIRPORT</td></tr>
<tr><td colspan="3">7 托运人声明及价值
SHIPPER'S DECLARED VALUE</td><td rowspan="2">8. 保险金额
AMOUNT OF INSURANCE</td><td colspan="2" rowspan="2">9. 所附文件 DOCUMENTS TO ACCOMPANY AIR WAYBILL
1 COMMERCIAL INVOICE
2 PACKING LIST
1 INSPECTION CERTIFICATE
1 ORINGN CERTIFICATE</td></tr>
<tr><td colspan="2">供运输用
FOR CARRIER'S
NVD</td><td>供海关用
FOR CUSTOMS
NCV</td></tr>
<tr><td colspan="6">11. 处理情况(包括包装方式、货物标志及号码)HANDLING INFORMATION(INCLU. METHOD OF PACKING INDENTIFYING AND NUMBERS) KEEP UPSIDE</td></tr>
<tr><td>12. 件数
NO. OF PACKAGES</td><td>13. 实际毛重
ACTUAL CROSS WEIGHT (KG)</td><td>14. 运价类别
RATE CLASS</td><td>15. 收费重量
CHARGEABLE WEIGHT</td><td>16. 费率
RATE/CHARGE</td><td>17. 货物品名及数量(包括体积或尺寸) NATURE ANDQUANTITY GOODS (INCLU. DIMENSIONS OR VOLUME)</td></tr>
<tr><td>1</td><td>35. 00kgs</td><td></td><td>35kgs</td><td></td><td>PARTS
DIMS：61×51×42 cm×1</td></tr>
<tr><td colspan="4">18. 托运人签字(SIGNATURE OF SHIPPER)
SHANGHAI INDUSTRY CORP.，SHANGHAI　陈平
20. 货代签字(SIGNATURE OF FORWARDER)</td><td colspan="2">19. 日期(DATE)
20 JUL.，2016</td></tr>
</table>

（二）国际航空货运单填制规定

本节主要讲航空运单的填制方法，集中托运使用的航空分运单的格式与航空运单基本一致，主要区别在于①航空运单的托运人栏和收货人栏要填真正的托运人和收货人，航空分运单托运人栏和收货人栏填的是货代公司名称和货代在国外目的站代理的名称；②航空分运单表格上方左右两端只需要填航空分运单号即可；③航空运单号和航空分运单号的编排规则不同。航空运单号的编排规则为航空公司票证代号＋航空运单编号，如“781—1238 8880”。航空分运单号的编排规则为字母＋编号，如“JAF4590894”。

1. Airline Code Number（航空公司票证代码）

规则：填航空公司的票证代码，填写在航空货运单的最上方左、右侧，一般由航空公司事先印制好。IATA给世界各国航空公司分配了二位字母代码和三位数字票证代码，如中国国际航空公司代码为CA，它的票证代码为999，中国东方航空公司代码为MU，票证代码为781；南方航空公司代码/票证代码为CZ/784；上海航空公司代码/票证代码为FM/774。

示例：781

2. Airport of Departure（始发站机场）

规则：填机场或机场所在城市三字代码。IATA给世界国际机场和所在城市都分配有三位字母代码。如上海虹桥机场代码为SHA，浦东机场代码为PVG，上海市的代码为SHA。不知道飞机具体在哪个机场起降时，可以填上海的城市代码SHA。

示例：PVG

3. Serial Number（航空运单号）

规则：共11位数，前三位为航空公司票证代码，后七位是航空运单的序号，最后一位为检验号。检验号是前七位数除以7的余数。如1238888/7＝0，所以运单号781—1238 8880最后一位数是0，第四位和第五位数字之间要空一格。

示例：781—1238 8880

4. Shipper's name and address（托运人名称地址）

规则：填托运人名称、地址和联系方式。托运人账号一般不填。

示例：SHANGHAI INDUSTRY CORP.，No. 134 GUANGXI ROAD，SHANGHAI，CHINA

TEL：86(21)64596666FAX：86(21)64598888

5. Consignee'Name and Address（收货人名称地址）

规则：填国外收货人名称、地址和联系方式。收货人账号一般不填。

示例：NEWYORK SPORT IMPORTERS

16TH STREET BROOKLYNS，N. Y.，U. S. A，TEL：00121212345678

6. Issuing Carrier's Agent Name and City（承运人的代理人名称）

规则：如果该航空货代负责开航空运单、在国际航协有代号、向航空公司收取佣金，则填航空货代公司的全称、地址、联系方式。否则，该栏不填。

示例：空白

7. Airport of Department and Requested Routing（始发站机场名称和所要求的运输路

线)

规则:一般填写始发站机场全称或城市全称。

示例:SHANGHAI PUDONG INTERNATIONAL AIRPORT

8. TO(目的地)

规则:填目的站机场或第一个转运点 IATA 三字代码,或城市代码。如果直达、不需要转机的,航空运单后面两个“TO”栏不需要填写。如果不是直达、需要转机的,每个转运点机场代码都需要填写。

示例:IAD

9. By first carrier(第一承运人)

规则:填写第一承运人代码。如果直达、不需要转机的,航空运单后面两个“BY”栏不需要填写。如果不是直达、需要转机的,每个承运人代码都需要填写在相应的“BY”栏里。

示例:MU

10. CURRENCY(币种) AND CHGES CODE(运费代码)

规则:填支付运费货币的代码。运费代码栏不填,仅在航空公司发送电子货运信息时使用。

示例:CNY

11. WT/VAL,OTHER(运费、声明价值附加费、其他费用)

规则:先确定运费和声明价值附加费是预付还是到付,然后在预付栏或到付栏打“×”。实践中也有在预付栏或到付栏填“PP”,代表预付,“CC”代表到付。运费和声明价值附加费的付款方式必须一致,或者全部预付,或者全部到付。其他费用是指运费、声明价值附加费之外的地面操作类费用,不同的航空公司收费项目和金额不同,常见的其他费用有单证费、危险货物处理费、代垫款手续费和到付手续费等,填写其他费用金额时,应冠以其他费用代号(见表 7-17)。

示例:×

12. Declared Value for Carriage(供运输用声明价值)

规则:如果托运人对货物有声明价值,此栏填声明价值金额,该金额就是航空公司赔偿的最高金额,声明价值不能超过货物的实际价值,即发票金额,而且托运人要向航空公司缴纳声明价值附加费,声明价值附加费率为 0.5%;如果托运人对货物没有声明价值,此栏填“NVD”(No Value Declared)或者空白,这时候,航空公司对货物的赔偿限额为每千克 20 美元。

示例:NVD

13. Declared Value for Customs(海关声明价值)

规则:此栏所填的价值是海关征税的依据。国内的习惯做法是,此栏不填或者填“NCV”(No Customs Declared)、“As per Invoice No. ×××”,海关不是根据此栏征税,而是根据报关单或者商业发票显示的金额征税。

示例:NCV

14. Airport and Destination(目的地机场)

规则：填写最终目的地机场全称或城市全称。填写城市全称的，最好加上国家代码，如US、UK、CA，以免错发到其他国家同名的城市。

示例：WASHINGTON DULLES INTERNATIONAL AIRPORT

15. Flight/ Date(航班号及飞行日期)

规则：填写载货班机的航班号和起航日期。由于此栏注明仅供承运人使用，所以该栏记载的起飞日期不能作为货物的装运日期，货物的装运日期以航空运单右下角的签发日期为准(航空运单30栏)。

示例：MU921/30 JUL 2011

16. Amount of Insurance(保险金额)

规则：如果航空公司为托运人代办货物保险的，此栏填托运人为货物的投保金额；如果航空公司不为托运人代办货物保险或托运人不要求投保，此栏打"×"或者填"NIL"(NO INSURANCE LIST)。如果航空运单此栏显示灰颜色，此栏不需要填写。

示例：×××

17. Handling Information(处理情况)

规则：本栏填下述内容：(1)危险货物声明。当托运危险货物时，要在本栏注明"DANGEROUS GOODS AS PER ATTACHED SHIPPER'S DECLARATION"(需要附危险货物申报单的危险货物)，"SHIPPER'S DECLARATION NOT REQUIRED"(不需要附危险货物申报单的危险货物)。(2)被通知人。当托运人希望货物到达目的站时，除了通知收货人外，还需要通知他人，则填该通知人全称、地址、联系方式。(3)随机文件。填随航空运单一起送往目的站的单证名称。如动物证明书、商业发票、装箱单、产地证、商检证等。(4)运输途中特别注意事项。如不能倒置、不能暴晒、易挥发、防潮等。

示例：KEEP UPSIDE

第18到第26项的填制方法，在讲航空运费计算时已经讲过，在此不再赘述。

27. Weight Charge(运费)

规则：填运费总额。预付的，填在预付栏；到付的，填在到付栏。一般与第25栏金额相同。

示例：2670.85

28. Valuation Charge(声明价值附加费)

规则：如果托运人对托运货物没有声明价值的话，此栏空白。如果托运人对托运货物具有声明价值的话，此栏填写声明价值附加费金额。声明价值附加费=(货物声明价值−实际毛重×20美元)×0.5%。声明价值附加费与运费的付款方式必须一致，要么全部预付，要么全部到付。

示例：空白

29. Tax(税款)

规则：此栏空白，海关主要根据报关单和商业发票征税。

示例：空白

30. Total Other Charges Due Agent(航空代理收取的其他费用)

规则：填写由航空代理收取的地面操作各项费用总额，没有的，则空白。

示例：空白

31. Total Other Charges Due Carrier（航空公司收取的其他费用）

规则：填写由航空公司收取的地面操作各项费用总和，没有的，则空白。

示例：空白

32. Total Prepaid 或 Total Collect（预付总额或到付总额）

规则：填左面或右面各栏费用加总。一般是重复第 27 栏。

示例：2670.85

33. Other Charges（其他费用）

规则：其他费用是指始发站机场、经停站机场货物操作费用。不同的货物和航空公司，费用不同。填其他费用两字代码＋C 或 A＋金额，如果是承运人收的其他费用，填“C”，如果是承运人的代理收的其他费用，填“A”。例如其他费用是航空运单签发费，金额是 25 元/BILL，

示例：AWA25

34. Signature of Shipper or His Agent（托运人或其代理签字）

规则：托运人/货代签字或盖章。

示例：SHANGHAI INDUSTRY CORP. ，SHANGHAI 陈平

35. Signature of Issuing Carrier or its Agent（填开货运单的航空公司或其代理签字）

规则：盖签发航空运单的航空公司或航空代理的英文章、法人代表签字、填航空运单签发日期、填航空运单签发地点等四项内容。本栏填的航空运单的签发日期就是货物的装运日期，航空运单签发地点一般填始发站机场所在城市名称。

示例：CHINA EASTERN 王宁，30 JUL 2011SHANGHAI

（二）航空货运单填制实例

航空货运单

①781 | ②PVG | ③781-1238 8880　　①781　　③781-1238 8880

④Shipper's Name and Address | Shipper's Account Number
SHANGHAI INDUSTRY CORP.,SHANGHAI
No.134 GUANGXI ROAD, SHANGHAI ,CHINA
TEL: 86(21)64596666FAX 86(21)64598888

Not negotiable
Air waybill
Issued by
Copy 1, 2 and 3 of this air waybill are originals and the same validity.

⑤Consignee's Name and Address | Consignee' s Account Number
NEWYORK SPORT IMPORTERS
16TH STREET BROOKLYNS,N.Y.,U.S.A ,
TEL: 00121212345678

It is agreed that the goods described herein are accepted in apparent good order and condition (except as noted) for carriage SUBJECT TO THE CONDITIONS OF CONTRACT ON THE REVERSE HEREOF. THE SHIPPER'S ATTENTION IS DRAWN TO THE NOTICE CONCERNING CARRIER'S LIMITATION OF LIABILITY. Shipper may increase such limitation of liability by declaring a higher value for carriage and paying a supplemental charge if required.
ISSUING CARRIER MAINTAINS CARGO ACCIDENY LIABILITY INSURANCE

⑥Issuing Carrier's Agent Name and City

Agent's IATA Code | Account No.

③① Accounting Information

⑦Airport of Departure(Add. Of First Carrier) and Requested Routing
SHANGHAI PUDONG INTERNATIONAL AIRPORT

⑧To	Routing and Destination	To	By	To	By	⑩Currency	CHGS Code	⑪ WT/VAL PPD	COLE	⑪ Other PPD	COLE	Declared value for Carriage	Declared Value for Customs
IAD	⑨By first carrier MU					CNY		×				⑫NVD	⑬NCV

⑭Airport Destination	Flight/Date ⑮	For Carrier use Only	Flight/Date	Amount of Insurance ⑯	
WASHINGTON DULLES INTERNATIONAL AIRPORT	MU921 / 30 JUL 2016			×××	INSURANCE if carrier offers insurance such insurance is request in accordance with conditions on reverse here of, indicate amount to be insured in figure in box marked amount of insurance.

⑰Handling Information: KEEP UPSIDE

(for USA only)Those commodities licensed by U .S. for ultimate destination_____ Diversion contrary to U.S. law is prohibited

No. of Pieces RCP ⑱	⑲Gross Weight	Kg lb ⑳	㉑ Rate class	㉒ Commodity Item No.	㉓ Chargeable Weight	㉔ Rate/charge	㉕ Total	㉖ Nature and Quantity of Goods (incl. Dimensions or Volume)
1	35.0	K	N			76.31	2670.85	PARTS DIMS:61 x 51 x 42 CM x1

Prepaid	Weight Charge	Collect	Other Charges ㉚
㉗ 2670.85			
Valuation Charge ㉘			
Tax ㉙			
Total Other Charges Due Agent ㉚			Shipper certifies that the particulars on the face hereof are correct and that insofar as any part of the consignment contains dangerous goods, such part is properly described by name and is in proper condition for carriage by air according to the applicable Dangerous Goods Regulations
Total Other Charges Due Carrier ㉛			SHANGHAI INDUSTRY CORP.,SHANGHAI 陈平 ㉞ Signature of Shipper or his Agent
Total Prepaid ㉜ 2670.85		Total Collect	㉟ 30 JUL 2016 CHINA EASTERN 王宁 SHANGHAI
Currency Conversion Rates		CC Charges in Dest.Currency	Executed on (date) at (place) Signature of Issuing Carrier or its Agent
For Carriers Use only at Destination		Charges at Destination	Total Collect Charges ① 781 AS AGENT FOR CARRIER

ORIGINAL 2 (FOR CONSIGNEE) D

理论支撑

一、国际航空运输协会(IATA)及其运价手册(TACT)

国际航空运输协会(International Air Transport Association,IATA)是一个由世界各国航空公司所组成的联合组织。总部设在加拿大蒙特利尔,执行机构设在瑞士日内瓦。国际航空运输协会在全世界近100个国家设有办事处,280家会员航空公司遍及全世界180多个国家。中国主要航空公司均是IATA会员。国际贸易日趋频繁,由此国际航空运输也愈加频繁,为了保证国际航空运输的安全,各国运输企业在技术规范、航行程序、操作规则上必须统一。IATA的主要目标是调节有关商业飞行的法律问题,简化和加速国际航线的客货运输,促进国际航空运输的安全和世界范围内航空运输事业的发展。它的主要工作是行业协调活动、运价协调活动、行业服务活动,其中最主要的是运价协调活动。国际航空运输协会出版了一本世界各国航空公司通用的运价手册——TACT(The Air Cargo Tarriff),TACT分为三个部分:TACT Rules(运输规则手册)、TACT Rates——North America(北美运价手册)、TACT Rates——Worldwide(北美之外世界运价手册)。运输规则每两个月出版一期,运价手册每年出版两期,运价手册主要规定了特别运价、货物种类、注释、运价、比例运价等。国际航空运输协会通过召开运输会议确定运价,但是没有强制性,经成员国批准后才可生效。为了便于世界各航空公司间的合作和业务联系,IATA将全球划分为三个航空运输业务区域(图6-5),对同一区域内、不同区域间的航空运价都做了规定。

TC1:北美洲、拉丁美洲。

TC2:欧洲(除俄罗斯联邦乌拉尔东部地区)、非洲、亚洲的中东地区。

TC3:亚洲(除中东)、大洋洲、太平洋地区、俄罗斯联邦乌拉尔东部地区。

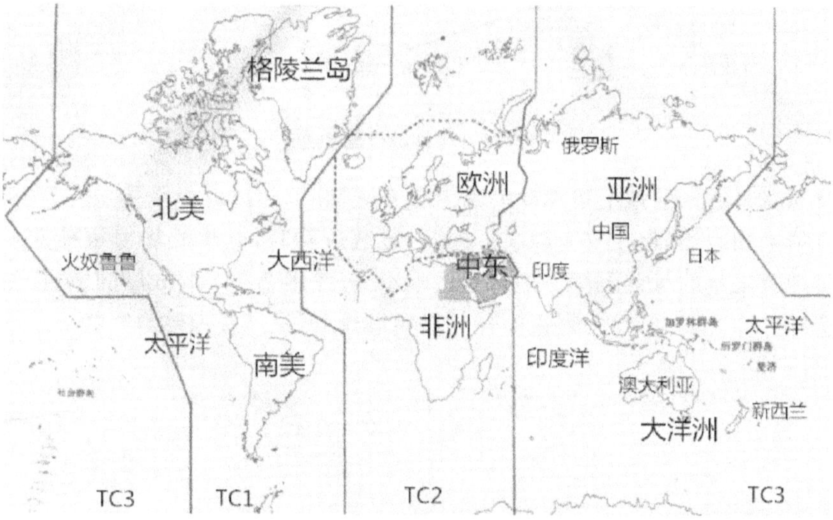

图6-5　国际航空运输协会航空区划图

二、民用航空运输飞机及集装器

（一）民用航空运输飞机

1. 按机身的宽窄，飞机可分为宽体机和窄体机

（1）窄体机：窄体飞机身宽约3米，两排座椅，一条走廊，在两个下货舱装运散货。所谓散运货物就是带外包装的货物直接装在机舱里。但是A320虽然是窄体机，有高117cm的专用集装器。

目前航空货运市场常见的窄体机：B737、B757；A318、A319、A320、A321；MD90、MD11、DC—8、DC—9等机型。

（2）宽体机：机身宽4.72米以上，三排座椅，二条走廊，可以在主货舱或下货舱装运集装器货物或散货。集装器货物就是先将货物装在航空集装箱或航空集装板上，再将装有货物的集装箱或集装板装在飞机货舱里。

常见的宽体机：B747、B757、B767、B777、B787；A300—B、A310、A330、A340、A380；MD—11、DC—10；AN124等机型。

（3）飞机舱位结构：一般飞机主要分为两种舱位：主货舱（main deck）和下货舱（lower deck），波音747有上货舱（upper deck）（见图6-6）。

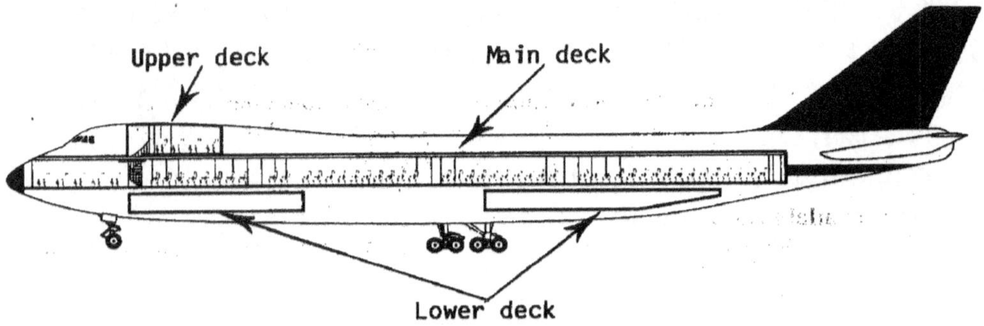

图6-6 飞机舱位结构图

飞机货舱每平方米的地板可承受的重量是有限制的，超过地板承受能力，飞机地板或舱体结构有可能遭到破坏，存在安全隐患。因此，装载货物时，应注意货物每平方米的重量不要超过飞机地板限定的承重限额。如果超过限额，应使用2cm—5cm厚的垫板，加大底面面积。垫板选择计算公式：需要的垫板面积＝货物重量/飞机地板承受力限额。

表 6-10　波音、空客飞机货舱地板承受力限额表

波音系列		空客系列	
下货舱散舱	732kgs/m²	下货舱散舱	732kgs/m²
下货舱的集货舱	976kgs/m²	下货舱的集货舱	1050kgs/m²
主货舱的集货舱	1952kgs/m²		
主货舱的集货舱(T)区	488kgs/m²		

2.按用途，可分为全货机、全客机和客货混合机

全客机只在两个下货舱载散货。客货混合机在主货舱后半部装载集装货物，在下货舱装载散货。全货机在主货舱装载集装货物、两个下货舱载集装货物。

(二)集装器

1.集装器分类

(1)集装板。集装板具有标准尺寸，四边带有卡锁轨或卡锁眼，带有中间夹层的硬质铝合金制成的平板，以便货物在其上码放；网套是用来把货物固定在集装板上，网套的固定是靠专门的卡锁装置来固定。集装板的识别代号以字母 P 打头的为注册集装板，以字母 F 打头的为非注册的集装板。装货时，先将货物堆放在集装板上，上面覆盖塑料薄膜，再用网套固定。集装板主要装大货、重货。常用集装板型号、数据见表 6-11，其中 P1 和 P6 类型集装板为标准集装板。

表 6-11　集装板

数据 类型	集装板代号	自重(KGS)	最大毛重(KGS)	体积长宽(cm)	适用机型
P1 型	P1P/PAG/PAP/P1A/P1C/PAJ/PAX	125	4626(LD)/6033(MD)	318×224	所有宽体机主货舱、下货舱
P2 型	P2A/P2G/P2J/P2P/PBCPBJ/PDP/PDJ	100	4536	274×224	所有宽体机主货舱、B—727F/QC、B—737F/QC(MD)
P4 型	P4A/P4M/PMA/PRA/PZA	400	11340	498×244	B—747F/COMBI 主货舱
P5 型	P5P	70	1136	224×135	A320
P6 型	PMC/PQP/P6P P6C/P6Q/PMP	135	5035(LD)/6804(MD)	318×244	所有宽体机主货舱、下货舱
P7 型	P7A/P7G/P7E/PGA PGE/PGF/PSA/PSG	500	11340	606×244	B—747F/COMBI 主货舱
P8 型	PFS/FQA	100	2449	244×156	B—767 下货舱
P9 型	PLA/PLB/P9A/P9B/P9P/P9RP9S	150	3175	318×153	B—767 之外的所有宽体机下货舱
PEB 型	PEB	60	1800	223×134	B—747F

注释：①MD(MAIN DECK)、LD (LOW DECK)表示主货舱、下货舱。②F(Freight)表示全货机。③COMBI 或 QC(Quick changer)表示客货混合机，客货之间能够迅速转换。④自重包含了网套和塑料薄膜的重量。⑤所有集线板的装货高度均要求不超过 160cm，故“体积”中省略“高”。

(2)航空集装箱。用硬质铝合金制成的箱体，一般高1.63m多，主要装小货、轻货。所装货物的体积没有超过集装箱容积的2/3，且单件货物重量超过150千克时，就要对货物进行捆绑固定。密度较大的货物，如铁、铜等金属货物，必须使用垫板，以分散货物对飞机底板的压力，防止飞机结构遭到破坏。航空集装箱的型号、数据见表6-12，其中目前常用的航空集装箱主要有AKE、AMF、AAU和AMA集装箱四种。

表6-12 航空集装箱

数据 类型	集装箱代号	自重(KGS)	最大毛重(KGS)	体积长宽高(cm)	内部容积(m^3)	适用机型
LD1	AKC/AVC/AVK/AVJ	100	1588	234×153×163	4.7	B—747下货舱
LD2	DPE/APA/DPA	100	1225	156×153×163	3.4	B—767下货舱
LD3	AKE/AVE/AVA/AVB AVM/DVA/DVP/DVE	100	1588	203×153×163	4.3	所有宽体机的下货舱
LD5	ALD/ALP/AW2 /AWB DLP	160	3175	318×153×163	7.2	B—767之外的 所有宽体机下货舱
LD6	ALF/AWA/AWF	160	3175	406×153×163	8.9	B—767之外的 所有宽体机下货舱
LD7	AAP/AA2	200	6033	318×224×163	10.6	所有宽体机 主货舱、下货舱
LD8	ALE/DLA/DLF MQP/DQF	125	2449	318×153×163	7.2	B—767下货舱
LD9	AAY/LAY	160	3175	318×224×163	7.0	B—767之外的 所有宽体机下货舱
LD10	MWN	160	3175	318×154×163	6.0	B—767之外的 所有宽体机下货舱
10英尺 集装箱	AMA/AMK/AQ6 RQ6/RQA	200	6304	318×244×244	17.5	B—747F/COMBI主货舱、MD—11主货舱

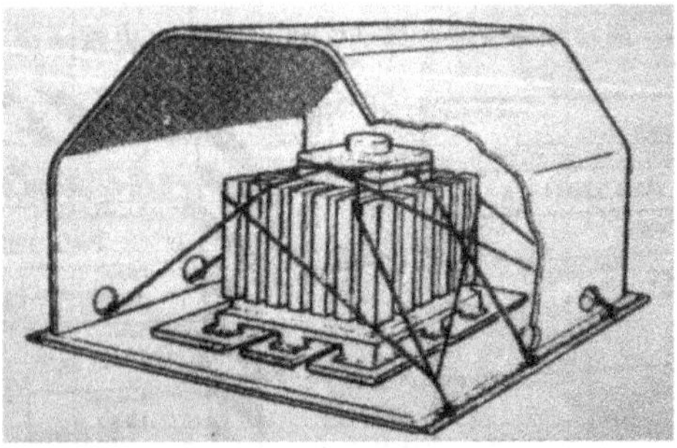

图7-7 未装满的集装箱箱内货物固定示意图

(3)集装棚：为了充分利用飞机内的空间、保护飞机的内壁，除了板和网之外，还可增加一个非结构的棚罩(一般用轻金属制成)罩在货物和网套之间,这就是非结构的集装棚。结构的集装棚是指带有固定在底板上的外壳的集装设备,它形成一个完整的箱,不需要网套固定,分为拱形和长方形两种。

2. 集装器代号组成规则

表 6-13　集装器代号组成规则

位置	字母或数字	含义
1	字母	集装器的类型
2	字母	底板尺寸
3	字母	外形或适配性
4、5、6、7、8	数字	序号
9、10	字母	箱主代码

例如:AKE71427CZ,“A”表示集装器的类型,“K”表示底板尺寸,“E”表示集装器的外形和适用机型,“71427”表示箱主对集装器的编号,“CZ”表示航空公司或箱主代码。具体字母对应的含义,可以查集装器代码表和航空公司代码表。

3. 主要货机装载数据

货代操作中一项重要业务就是装板装箱,熟悉主要货运飞机的装载数据,对货代操作岗位非常主要。主要货机的装载数据见表 6-14。

表 6-14　主要货机装载数据

机型	舱门尺寸 (高 cm×宽 cm)	最大装载量 (散舱容积 m^3)	动物舱位
B747—400 COMBI	主货舱 305×340	7 块 P6P 型集装板或 5 块 P6P 板加 1 块 20 英尺板	可以
	前下货舱 168×264	5 块 P1P 板或 P6P 板	
	后下货舱 168×264	16 个 AVE 箱或 4 块 P6P 型板或 4 块 P1P 板加 4 块 AVE 箱	
	散装舱 119×112	12.3m^3(4408kgs)	
B767—300	前下货舱 175×340	4 块 P1P 板或 P6P 板	可以(无气味)
	后下货舱 175×187	14 个 DPE 箱或 7 块 PLA 板	
	散装舱 119×97	12.0m^3(2925kgs)	
B777—200	前货舱 170×270	6 块 P1P 型板/P6P 型板或 18 个 AVE 箱	可以(无气味)
	后货舱 170×180	14 个 AVE 箱	可以(限板)
	散装舱 114×91	17.0m^3(4082kgs)	可以

续　表

机型	舱门尺寸（高 cm×宽 cm）	最大装载量（散舱容积 m^3）	动物舱位
A340—300	前货舱 169×270	6 块 P1P 型板/P6P 型板或 18 个 AVE 箱	可以
	后货舱 169×270	4 块 P1P 型板/P6P 型板或 14 个 AVE 箱	不可以
	散装舱 95×95	19.6m^3(3468kgs)	可以
B737—300	前货舱 88×121	10.4m^3(2269kgs)	可以
	后货舱 88×117	19.6m^3(3468kgs)	
B737—800	前货舱 89×122	19.6m^3(3468kgs)	可以
	后货舱 84×122	25.4m^3(3468kgs)	

三、航空货运常用代码

（一）国家代码

表 6-15　常见的国家两字代码

英文全称	中文全称	代码
CHINA	中国	CN
UNITED STATES	美国	US
UNITED KINGDOM	英国	GB
GERMANY	德国	DE
FRANCE	法国	FR
SWITZERLAND	瑞士	CH
ITALY	意大利	IT
JAPAN	日本	JP
KOREA	韩国	KR
SINGAPORE	新加坡	SG
CANADA	加拿大	CA
AUSTRALIA	澳大利亚	AU
RUSSIA	俄罗斯	RU

(二)机场及所在城市代码

表 6-16 国内及国际主要航空港代码

英文全称	中文全称	所在城市三字代码	机场三字代码
BEIJING	北京	BJS	PEK
GUANGZHOU	广州	CAN	CAN
SHANGHAI	上海	SHA	SHA(上海虹桥机场)
			PVG(上海浦东国际机场)
CHONGQING	重庆	CKG	CKG
SHENZHEN	深圳	SZX	SZX
TIANJIN	天津	TSN	TSN
QINGDAO	青岛	TAO	TAO
XIAMEN	厦门	XMN	XMN
DALIAN	大连	DLC	DLC
KUNMING	昆明	KMG	KMG
HANGZHOU	杭州	HGH	HGH
NINGBO	宁波	NGB	NGB
WENZHOU	温州	WNZ	WNZ
TAIZHOU	台州	TAZ	HYN
YIWU	义乌	YIW	YIW
JIAXING	嘉兴	JIX	JIX
NANJING	南京	NKG	NKG
WUHAN	武汉	WUH	WUH
CHENGDU	成都	CTU	CTU
XIAN	西安	XIY	XIY
LONDON	伦敦	LON	LHR(希斯罗国际机场)
			LGW(盖威克机场)
			STN(斯坦斯特德机场)
			LTN(鲁顿机场)
			LCY(伦敦城市机场)
HONGKONG	香港	HKG	HKG
MUNICH	慕尼黑	MUC	MUC

续 表

英文全称	中文全称	所在城市三字代码	机场三字代码
PARIS	巴黎	PAR	CDG(戴高乐国际机场)
			ORY(奥利机场)
			LBG(勒布尔歇机场)
NEW YORK	纽约	NYK	JFK(肯尼迪国际机场)
			EWR(纽瓦克机场)
			LGA(拉瓜地机场)
ATLANTA	亚特兰大	ATL	ATL
CHICAGO	芝加哥	CHI	ORD(奥黑尔国际机场)
			MDW(中途国际机场)
LOS ANGELES	洛杉矶	LAX	LAX(洛杉矶国际机场)
			ONT(安大略国际机场)
			PMD(帕姆代尔;机场)
			VNY(维努斯机场)
TOKYO	东京	TYO	HND(羽田国际机场)
			NRT(成田国际机场)
OSACA	大阪	OSA	ITM(伊丹国际机场)
			KIX(关西国际机场)
NAGOYA	名古屋	NGO	NGO
TAIPEI	台北	TPE	TSA(松山国际机场)
			TPE(桃园国际机场)
SEOUL	首尔	SEL	ICN(仁川国际机场)
			GMP(金浦国际机场)
DUBAI	迪拜	DXB	DWC(世界中心国际机场)
			DXB(迪拜机场)
AMSTERDAM	阿姆斯特丹	AMS	AMS

（三）国内及国际主要航空公司代码

表 6-17　国内及国际主要航空公司代码

英文名称	中文名称	公司代码	票证代码	国家或地区
Air China	中国国际航空公司	CA	999	中国
China Southern Airlines	中国南方航空公司	CZ	784	中国
China Eastern Airlines	中国东方航空公司	MU	781	中国
Hainan Airlines	海南航空公司	HU	880	中国
Shenzhen Airlines	深圳航空公司	ZH	479	中国
Xiamen Airlines	厦门航空公司	MF	731	中国
Shanghai Airlines	上海航空公司	FM	774	中国
Sichuan Airlines	四川航空股份有限公司	3U	876	中国
Shandong Airlines	山东航空股份有限公司	SC	324	中国
Spring Airlines	春秋航空有限公司	9C	089	中国
American Airlines	美国航空公司	AA	001	美国
Delta Air Lines	达美航空公司	DL	006	美国
United Airlines	美国联合航空公司	UA	016	美国
Emirates Airlines	阿联酋航空公司	EK	176	阿联酋
Cathay Pacific Airways	国泰航空公司	CX	160	中国香港
Korean Air	大韩航空	KE	180	韩国
Asiana Airlines	韩亚航空公司	OZ	988	韩国
Lufthansa Airlines	德国汉莎航空公司	LH	220	德国
Singapore Airlines	新加坡航空公司	SQ	618	新加坡
Qatar Airways	卡塔尔航空公司	QR	157	卡塔尔
Dragonair	港龙航空公司	KA	034	中国香港
Eva Air	长荣航空公司	BR	695	中国台湾
China Airlines	中华航空公司	CI	297	中国台湾
Japan Airlines	日本航空公司	JL	131	日本
AllNippon Airways	全日空航空公司	NH	205	日本
Air Macau	澳门航空公司	NX	675	中国澳门
British Airways	英国航空公司	BA	125	英国
Air France	法国航空公司	AF	057	法国

续 表

英文名称	中文名称	公司代码	票证代码	国家或地区
KLM Royal Dutch Airlines	荷兰皇家航空公司	KL	074	荷兰
Qantas Airways	澳洲航空公司	QF	081	澳大利亚
Aeroflot	俄罗斯航空公司	SU	555	俄罗斯

(四)货物类别代码

表 6-18 航空运输货物类别代码

操作代码	英文名称	中文名称	备注
AOC	Aircraft On Ground	急等修理的飞机零件	
AVI	Live Animals	动物	
BIG	Outsized	超大货物	
CAO	Cargo Aircraft Only	限装货物	
DIP	Diplomatic Bag	外交信袋	
EAT	Foodstuffs	食品	
FIL	Undeveloped/ Unexposed Film	未冲洗/未曝光的胶卷	
FRO	Frozen Goods	冷冻货物	
HUM	Human Remains In Coffin	尸体	
ICE	Dry Ice Shipment	干冰冷藏货物	
LHO	Living Human Organs/Blood	人体器官/血浆	
NWP	Newspapers,Magazines	书报杂志	
OBX	Obnoxious Cargo	有强烈异味的食物	
OHG	Overhang Item	拴挂货物	
PEF	Flowers	鲜花	
PEM	Meat	肉	
PER	Perishable Cargo	鲜活易腐货物	
PES	Fish/Seafood	鱼/海鲜	
VAL	Valuable	贵重货物	
WET	Shipments Wet Material Not Packed In Water-tight Containers	湿潮货	
HEA	Heavy Cargo,150kgs And Over Per Piece	单件 150KGS 以上货物	
RCL	Cryogenic Liquid	低温液体	
RCM	Corrosive Material	腐蚀性物品	

续　表

操作代码	英文名称	中文名称	备注
RCX	Explosives 1. 3c	爆炸物 1. 3C 类	
RFL	Flammable Liquid	易燃液体	
ROP	Organic Peroxide	有机过氧化物	
RPG	Toxic Gas	有毒气体	
RRW	Radioactive Material ,Category I(White Label)	一级放射物品，一级包装(白色标签)	

注释：字母"R"打头的为危险品。

(五)航空运输单证常用缩写

表 6-19　航空运输单证常用缩写

缩写代码	英文全称	中文全称
AWB	Air Waybill	航空运单
CASS	Cargo Account Settlement System	货运账目清算系统
CC	Charges Collect	运费到付
PP	Charges Prepaid	运费预付
CCA	Cargo Charges Correction Advice	货物运费更改通知
LAR	Live Animals Regulations	活动物规则
NVD	No Valuable Declared	无承运人声明价值
NCV	No Custom Declared	无海关声明价值
SLI	Shipper'Letter Of Instruction	国际货物托运书
ULD	Unite Load Device	集装器
HWB	House Waybill	航空分运单
MWB	Master Waybill	航空主运单
MD	Main Deck	主货舱
LD	Low Deck	下货舱
NIL	No Insurance List	承运人不代办货物运输保险
WT/VAL	Weight / Valuable	运费/声明价值附加费
GCR	General Cargo Rate	航空普通货物运费
SCR	General Cargo Rate	航空特种货物运费
CCR	Class Cargo Rate	航空等级货物运费

(六)航空运输货物其他费用代号

表 6-20　其他费用代号

代号	英文名称	中文名称
AC	Animal Container	动物容器租赁费
AS	Assembly Service Fee	集中托运货物服务费
AT	Attendant	押运员服务费
AW	Air Waybill	货运单费
BR	Bank Release	银行放行费
DB	Disbursement Fee	代垫付款手续费
DF	Distribution Service	分发服务费
FC	Charges Collect Fee	运费到付手续费
GT	Government Tax	政府税款
HR	Humans Remains	尸体骨灰附加费
IP	Insurance Premium	代办保险服务费
LA	Live Animal	动物处理费
MA	Miscellaneous－Due－Agent	由代理人收取的其他费用
MZ	Miscellaneous－Due－Carrier	签发货运单的承运人收取的其他费用
PK	Packaging	包装服务费
RA	Dangerous Goods Surcharge	危险品处理费
SD	Surface Charges Destination	目的站地面运输费
SI	Stop In Transit	中途停运费始发站保管费
SO	Storage Origin	始发站保管费
SR	Storage Destination	目的站保管费
SU	Surface Charge	地面运输费
TR	Transit	过境费
TX	Taxes	税款
UH	ULDHanding	集装器设备操作费
CH	Clearance Charge	清关费
CC	Charges Collect Fee	运费到付手续费
FS	Fuel Surcharge	燃油附加费
SC	Security Surcharge	安全附加费
TH	Terminal Handling	机场操作费

注释：在填写航空运单其他费用栏时，其他费用金额前要冠以其他费用代号。

四、IATA 运费计算规则

(一)航空运输货物运费计算原则

1. 国际航空运输货物运价的使用顺序

表 6-21 国际航空运输货物运价使用顺序表

<table>
<tr><td>①协议运价</td><td colspan="2">航空公司与托运人在运输协议中规定的运价</td></tr>
<tr><td rowspan="5">IATA 运价</td><td rowspan="4">IATA 公布的直达运价</td><td>②混合货物(ULC,又称集中托运货物)</td></tr>
<tr><td>③指定商品运价(SCR)</td></tr>
<tr><td>④等级货物运价(CCR)</td></tr>
<tr><td>⑤普通货物运价(GCR)</td></tr>
<tr><td rowspan="2">IATA 公布的非直达运价</td><td>⑥比例运价(Construction Rate)</td></tr>
<tr><td></td><td>⑦分段相加运价(Combination of Rates and Charges)</td></tr>
</table>

2. 说明

(1)如果有协议运价,首先使用协议运价,如果没有协议运价,看是否是混合货物,如果不是混合货物,再看是否是指定商品,以此类推,如果①到⑥都不适用,最后按照分段相加运价计算运费。

(2)协议运价是指航空公司和托运人协商确定的运价,如果有协议运价,就不按照 IATA 公布的运价计算运费。

(3)混合托运货物就是集中托运货物,可以视为一种货物,按照普通货物运价计算运费,总体申报;也可以各个货物按照各自适用的运价分别计算运费,最后加总,分别申报。哪种运费低,按照哪种方式申报。混合托运货物不能部分申报声明价值,部分不申报声明价值,要么整体申报声明价值,要么都不申报声明价值。集中托运货物的最低运费按照整票货物计收。下列货物不得办理集中托运:贵重货物(每公斤价值超过 1000 美元)、活动物、尸体骨灰、外交信袋、作为货物运输的行李、机动车辆(电动自行车除外)。

(4)由于指定商品的运价最低,所以如果货物全部都是指定商品,当然优先按照指定商品的运价计算运费,但是指定商品有个最低重量,托运的货物达不到航空公司所要求的最低重量时,可以按照普通商品托运,计算运费,再按照指定商品的最低重量托运,计算运费,哪个运费低,按照哪种方式托运。等级货物有活动物、贵重物品、书报杂志、残疾人用品、作为货物运输的行李、尸体骨灰等六种,其中,书报杂志、残疾人用品、作为货物运输的行李比普通货物运价低,称为附减的等级货物(Reduction,代号 R),所以优先于普通货物计算运费;活动物、贵重物品、尸体骨灰比普通货物运价高,称为附加的等级货物(Surcharges,代号 S),附加的等级货物比普通货物运价要高,为什么要优先于普通货物计算运费,是因为航空公司规定:附加的等级货物不能按照普通货物来托运。如果附加的等级货物同时又是指定商品,则哪个运费低,按照哪个来托运。如果托运的货物既不是指定商品,又不是等级货物,最后都可以按照普通货物来托运。

(5)由于篇幅的限制,IATA 运价手册只公布了世界主要城市间的直达运价,对没有公布直达运价的城市间航空运输,IATA 规定首先要采用比例运价计算运费。所谓比例运价,就是 IATA 在运价手册中规定了运价的距离范围,又称比例范围,只要是在这个距离范围内,采用以某一点为运价组合点,然后用组合点至始发地或目的地的公布运价与组合点至始发地或目的地的比例数相加或相减,便构成了两地间的运价。比例运价给出了等距离下的参考运价和运价调节系数,具体运价由各使用者自行构成。

(6)如果两地间既没有公布的直达运价,也没有比例运价,只能采用分段相加运价。分段相加运价在于运价组合点没有到始发站或目的站公布的直达运价,只能按分段相加的方式组成全程最低运价。

(二)指定商品代码

表 6-22　IATA 指定商品分组及我国常用指定商品代码

组号	代码	类别
1	0001—0999	食用动物和植物产品
2	1000—1999	活动物和非食用动物及植物产品
3	2000—2999	纺织品、纤维及其制品
4	3000—3999	金属及其制品,但不包括机械、车辆和电器设备
5	4000—4999	机械、车辆和电器设备
6	5000—5999	非金属矿物质及其制品
7	6000—6999	化工品及相关产品
8	7000—7999	纸张、芦苇、橡胶和木材制品
9	8000—8999	科学、精密仪器、器械及配件
10	9000—9999	其他货物
我国常用指定商品代码		0007 水果、蔬菜,0008 新鲜水果蔬菜,0300 鱼海鲜,1093 沙蚕,0600 肉、肉制品,1201 皮革、皮革制品,1401 花木,2195/2199/ 2211 纺织纱线、布匹、服装,7481 橡胶轮胎、橡胶制品

(三)活动物运价(Live Animals)

见表 6-23 活动物运价表。

表 6-23　IATA 活动物运价表

	IATA AREA(see Rule 1.2.2 "Definitions of Areas")					
	Within 1	**Within 2** (*see also Rule 3.7.1.3*)	**Within 3**	**Within 1&2**	**Within 2&3**	**Within 3&1**
ALL LIVE ANIMALS *except* Baby Poultry less than 72 hours old	175% of Normal GCR	175% of Normal GCR	150% of Normal GCR ***Except: 1 below***	175% of Normal GCR	150% of Normal GCR ***Except: 1 below***	150% of Normal GCR ***Except: 1 below***
BABY POULTRY less than 72 hours old	Normal GCR	Normal GCR	Normal GCR ***Except: 1 below***	Normal GCR	Normal GCR ***Except: 1 below***	Normal GCR ***Except: 1 below***

Exception: (1) Within and from the South West Pacific sub—area: 200% of the applicable GCR. (2) The minimum charge for consignments of live animals is 200% of the applicable GCR minimum charge , Mini charges covering all areas, excluding between countries in the ECAA, to/from Australia and between the USA and the ECAA. (3) The above charges shall be applicable to carriage of both the animal and its container.

(四)贵重货物运价(Valuable Cargo)

IATA 规定：每千克价值超过 1000 美元，即被视为贵重货物。中国民航规定：每千克毛重价值人民币大于等于 1800 元，称为贵重货物。一般指黄金、贵金属、珠宝、有价证券等。

表 6-24　贵重货物运价

Area:	Rate:
All　IATA　area	200% of the Normal GCR

注释：①例外：IATA 一区与三区之间且经北或中太平洋(除朝鲜半岛至美国本土各点外)，1000kgs 及以上贵重货物的运费，按照 150% of the Normal GCR。②最低运费按照普通货物最低运费 M 的 200% 收取，同时不低于 50 美元或等值货币。

(五)报纸、杂志、残疾人用品运价

表 6-25　报纸、杂志、残疾人用品运价

Area:	Rate:
●Within IATA Area 1; Between IATAArea 1 and 2 ●All other Areas	67% of the Normal GCR 50% of the Normal GCR

注释：①最低运费：按普通货物最低运费 M 的 100% 收取。②可以使用普通货物临界点重量的较低运价。

（六）作为货物运输的行李运价(Baggage Shipped As Cargo)

表 6-26　作为货物运输的行李运价

Area：	Rate：
All IATA area	50% of the Normal GCR

注释：①运价的适用范围：在2区内（全部航程为欧洲分区例外）；3区内（至或从美国领地除外）；2区与3区之间（至或从美国领地除外）；1区与2区之间（至或从美国、美国领地、至或从格陵兰岛例外）。②中国至1区运输的此类货物，不属于该等级货物的范畴，不能使用上述等级折扣运价，而应采用普通货物运价或指定商品运价。③最低运费：以10kgs为计费重量与适用运价计算的运费与普通货物最低运费M比较，取高者。④可以使用普通货物临界点重量的较低运价。

（七）尸体、骨灰运价(Human Remain)

表 6-27　尸体、骨灰运价

Area：	Ashes	Coffin
All IATA area(2区除外)	Applicable GCR	Normal GCR
Within IATA areas2	300% of Normal GCR	200% of the Normal GCR

注释：尸体、骨灰的最低运费按公布的普通货物最低运费M收取，但在2区内为M的200%，同时不低于65美元或等值货币。

五、国际航空运单联数构成

表 6-28　国际航空运单联数构成

蓝6联顺序		+	红6联顺序
ORIGINAL	3(FOR SHIPPER)　蓝色	ORIGINAL	2(FOR CONSIGNEE)　红色
COPY	8(FOR AGENT)	COPY	4(EXTRA COPY)　橙色
ORIGINAL	1(FOR ISSUING CARRIER)　绿色	COPY	5(EXTRA COPY)
COPY	7(EXTRA COPY FOR CARRIER)	COPY	6(EXTRA COPY)
COPY	9(EXTRA COPY)	COPY	11(EXTRA COPY)
COPY	10(EXTRA COPY)	COPY	12(EXTRA COPY)

项目七　国际航空特种货物运输代理操作

项目导入

特种货物是指在收运、储存、保管、运输及交付过程中，因货物本身的性质、价值或重量等条件，需要进行特殊处理，满足特殊运输条件的货物。特种货物运输利润大、操作难度高、运量小、运输操作风险大。

学习目标

◉了解各类特种货物的运输条件，掌握特种货物的定义和分类，能够根据特种货物的性质，选择合适的航空货运方式。

业务操作

任务一：鲜活易腐货物运输操作

（一）收运条件

鲜活易腐货物应具备有必要的检验合格证明和卫生检疫证明，还应符合有关到达站国家关于此种货物进出口和过境有关规定。托运人交运鲜活易腐货物时，应书面提出在运输中需要注意的事项及允许的最长运输时间，交货时应保证到达时良好的品质。订舱时需要事先订妥舱位。

（二）包装

（1）单件包装上应贴挂“perishable”的专用标志。

（2）必须有适合此种货物特性的包装。要注意不致因在运输途中包装破损或有液体溢出而污损飞机或其他装卸物。

（3）凡怕压货物，外包装应坚固抗压；需通风的货物，包装上应有通气孔；需冷藏冰冻的货物，容器应严密，保证冰水不致流出。

（4）带土的树种或植物苗等不得用麻袋、草包、草绳包装，应用塑料袋包装，以免土粒、草屑等杂物堵塞飞机空气调节系统。

（5）为便于搬运，鲜活易腐货物每件重量以不超过 25kg 为宜。

（三）文件和标签

1. 文件

(1)货运单：货运单品名栏"Nature and Quantity"应注明"perishable"字样；还应注明已订妥的各航段班号/日期。在"Handing information"栏内注明其他文件的名称和注意事项。

(2)其他文件：将装有各种卫生检疫证明的信封钉在货运单后面，随货运单寄出。

2. 标签

各类运输文件上应明显标明"perishable"的字样；除识别标签外，货物的外包装上还应拴挂"鲜活易腐"标签和向上标签。

（四）主要鲜活易腐品商品运输要求

1. 鲜花

鲜花对温度的变化很敏感，所收运的数量应取决于机型的要求，通常可采用集装箱运输，托运人应在飞机起飞前的最后限定时间内到机场交货，装机时应注意天气的变化。

2. 蔬菜

由于一些蔬菜含较高的水分，若不保持充分通风状况的话，会导致氧化变质，因此每件包装必须保证通风，摆放时应远离活动物及有毒物品，以防止污染。如果由集装箱装运，不可与其他货物混装。大多数蔬菜会散发出一种叫乙醇的气体，会对鲜花和植物造成影响，因此蔬菜不可与鲜花、植物放在同一舱内。

3. 新鲜/冷冻的鱼、肉

冷冻的鱼、肉必须密封包装，不致渗漏液体，必须小心存放以免造成污染。机舱和集装器内必须洁净，若之前运输过活动物的话，必须经过消毒处理，操作人员也应经过卫生检查。

4. 海鲜

不同地方需要不同的海鲜包装箱。南航和白云机场分别要用其指定的专用箱，单用泡沫箱不能装机，需外加纸箱并打包带。

(5)干冰

干冰常被作为货物的冷却剂。因此，应在货物包装、货运单以及舱单上注明。由于干冰是固体 CO_2，因此用干冰冷却的货物包装上应有使 CO_2 气体散出的漏孔并根据 IATA 有关对限制物品的规定，在货物外包装上做好标记或贴有关标贴。

（五）鲜活易腐货物运输操作要求

1. 为减少鲜活易腐货物在仓库存放的时间，托运人或收货人可直接到机场办理交运或提取手续。

2. 承运前必须查阅 TACT 规则本中的第七部分，关于各个国家对鲜活易腐物品进出口、转口的运输规定。比如：机场能否提供冷库、清关的时间范围等，确定无误后方可承运。

鲜活易腐货物应优先发运，尽可能利用直达航班。

3. 收运鲜活易腐品的数量必须取决于机型以及飞机所能提供的调温设备。需订妥航班。

4. 鲜活易腐货物运达后，应由航空公司或其他地面代理立即通知收货人来机场提取。

5.承运前还应查阅TACT规则本中第八章有关承运人对鲜活易腐的承运规定。

6.如果在周末和节假日无法办理清关手续，应尽量安排货物在工作日到达中转站或目的站。

（六）鲜活易腐货物运输不正常的处理

1.运输延误处理

如遇班机延误、衔接脱班，因延长运输时间而对货物的质量发生影响时，航空公司将及时通知收货人或托运人征求处理意见并尽可能按照对方意见处理。在此期间，对鲜活易腐货物按要求妥善保管。同时，尽可能安排最早的航班运出。

2.运输过程中货物腐烂变质处理

在运输途中货物发生腐烂变质或在目的站由于收货人未能及时提取使货物腐烂变质时，航空公司视具体情况将货物毁弃或移交当地海关和检疫部门处理，由此发生的额外费用将通过货运单填制人向托运人收取。发现此类货物腐烂变质时，航空公司将填写运输事故记录并通知托运人或收货人。

任务二：活动物运输操作

（一）活动物运输规则

1.LAR规定

收运野生动物应以LAR为依据，严格遵守各项规定。IATA每年出版一期《活动物运输规则》（Live Animal Regulations，LAR），包括有关活体动物运输的各项内容，如包装种类、操作和仓储标准等，目的是保证活体动物安全到达目的地。

2.托运人的责任规定

（1）提供正确详尽的各类文件；

（2）提供活动物的明确声明；

（3）提供活动物正确的专业名称/通俗名称；

（4）提交活动物的正确数量；

（5）达到IATA《活动物运输规则》的各项要求；

（6）提供活动物运输过程中所需的食物和水；

（7）提供喂食、喂水以及特殊处理的指南；

（8）确保承运人收运的活动物处于良好的健康状态。

3.承运人的责任规定

（1）装卸活体动物时必须谨慎，以确保动物和人的健康安全；

（2）装卸活体动物时应避免污染其他的货物等；

（3）向活动物提供足够的保护；

（4）向各有关航站（货站）提供活动物运输的信息；

（5）装舱时应分隔不相容的货物；

（6）发生运输延误应及时通知货主；

(7)确保活动物运输各类所需文件均已备齐。

4.文件规定

(1)活动物证明书

(2)货运单

(3)其他文件

5.活动物容器规定

(1)一般规定:有足够的空间,保护动物及操作人员,坚固,刚性,不会伤及动物和飞机,合适的型号,清洁,通风良好,防漏,容器的材料是无毒无害的,容易操作。

(2)活动物装舱密度应符合 LAR 的相关规定。

(3)各类活动物容器尺寸应符合 LAR 相关规定。

(4)动物容器的尺寸,应适合不同机型的舱门大小和货舱容积。容器的大小应适应动物的特性,并应为动物留有适当的活动空间。

(5)大型动物容器外侧应安装把手,底部设有叉孔,以便满足机械装卸的要求。

(6)容器应清洁、坚固并易于操作,防止动物破坏,逃逸和接触外界。容器上应有便于搬运的装置。

(7)动物的出入口处,应设有安全设施,以防发生事故。

(8)容器必须防止动物粪便漏溢,污损飞机,必要时加放托盘和吸湿物(禁止用稻草作吸湿物)。

(9)容器底部必须衬有吸附材料,但不可使用稻草作为衬垫。

(10)容器必须有足够的通气孔以防止动物窒息。

(11)对不能离开水的动物,应注意包装防止水的漏溢以及因缺氧而造成动物在途中死亡。

(12)必要时容器内应备有饲养设施和饲料。

6.标记和标签规定

容器上应清楚地注明收货人的姓名和详细地址(与货运单上相同),容器上还应注明动物的习性和特性,有关特殊饲养的方法及应注明的事项。

每一包装件至少贴挂一个动物标贴,一般应贴有:①“动物”标贴(live animal);②“不可倒置”标贴(this side up);③对危害人的有毒动物应贴有“有毒”标贴(poisonous)。

7.活动物的运输规定

(1)作为行李托运的小动物通常情况下,经过事先安排,大部分承运人允许一些小动物,例如导盲犬、导听犬带入客舱,但有部分承运人是不允许将任何活动物带入客舱,这部分承运人在 LAR—3.1.1 中列出。

(2)必须在订妥全程舱位之后方可收运。

(3)动物运输不办理运费到付。

(4)动物在运输过程中,由于自然原因而发生的病、伤、丢失或死亡,承运人不负责任;除非证明由于承运人造成的责任。

(5)由于托运人的过失或违反承运人的运输规定,致使动物在运输过程中造成对承运人或第三者的伤害或损失时，托运人应负全部责任。

(6)动物在运输途中或到达目的地后死亡(除承运人的责任事故外)所产生的一切处理费用，应由托运人或收货人承担。

(二)活动物的接收条件

1. 交运的动物必须健康状况良好，无传染病，并具有卫生检疫证明。除必备的设备和饲料外，活动物不可与其他货物作为一票货物交运。

2. 托运人必须办妥海关手续，根据有关国家的规定，办妥进出口和过境许可证，以及目的地国家所要求的一切文件。

3. 妊娠期的哺乳动物或分娩后不足48小时的动物，一般不予收运。除非兽医证明动物在运输过程中无分娩的可能，方可收运，但必须对此类动物采取防护措施。

4. 对于动物与尚在哺乳期的幼畜同时交运情况，只有大动物与幼畜可以分开时，方可收运。

5. 有特殊不良气味的动物，不予收运。

(三)活动物仓储要求

1. 根据动物习性，野生动物包括哺乳动物和爬行动物喜欢黑暗或光线暗淡的环境，一般放置在安静阴凉处；家畜或鸟类一般放置在敞亮的地方。

2. 不可在高温、寒冷、降雨等恶劣天气时露天存放活体动物。

3. 装载活体动物的容器要求与其他货物有一定的隔离距离以便通风。

4. 互为天敌的动物、来自不同地区的动物、发情期的动物不能一起存放。动物不能与食品、放射性物质、毒性物质、传染物质、灵柩、干冰等放在一起。

5. 实验用动物与其他动物分开存放，避免交叉感染。

6. 除非托运人有特别要求，承运人不负责给动物喂食、喂水。

7. 经常存放动物的区域应定期清扫，清扫时应将动物移开。

任务三:贵重物品运输操作

(一)包装

贵重物品应用硬质木箱或铁箱包装，不得使用纸质包装，必要时外包装上应用“井”字铁条加固，并使用铅封或火漆封志，单件包装的最小尺寸规定应参考各个航空公司的相关规定。运输单据和货物包装上应注明“贵重物品”。

(二)标记与标签

1. 贵重货物只能使用挂签。

2. 除识别标签和操作标签外，贵重货物不需要任何其他标签和额外粘贴物。

3. 货物的外包装上不可有任何对内装物做出提示的标记。

(三)价值

1. 托运人交运贵重货物自愿办理声明价值。

2. 每票货运单货物的声明价值不得超过10万美元。

3. 每票货运单货物的声明价值超过10万美元时，应请托运人分批托运，即分几份货运单托运，同时说明与此产生的运费差额或其他费用由托运人负担；且告之上级机关，按照给予的答复办理。

4. 每次班机上所装载的贵重货物，价值不得超过100万美元。

5. 贵重物品必须使用相当准确的磅秤或天平逐件称重，实际毛重以0.1kg为单位。

（四）文件

1. 货运单

货运单上应记载详细的托运人、另请通知人和收货人的名称、地址、联系电话。除在"nature and quantity of goods"栏内填写真实的货物名称、准确净重、内装数量外，还应注明"valuable cargo"字样。货运单上还要注明已订妥的各航段航班号/日期。另外要注意贵重货物不可与其他货物作为一票货物运输，否则整票货按贵重物品计价。

2. 其他文件

其他文件的名称和操作要求应在"Handing Information" 栏内注明。

（五）订舱

1. 优先使用直达航班。

2. 收运贵重货物前，必须订妥全程舱位，并符合有关承运人的运输条件。

3. 如需变更续程承运人，必须得到有关承运人的许可。

4. 贵重货物如需特别安全措施，应在电文中特别注明。如有关航站需采取特别安全措施，例如警卫，由此产生的费用，应由托运人负担，如托运人拒付，航空公司则不予收运。

5. 托运人应预先将货物的航班安排情况通知收货人。

（六）仓储

1. 贵重货物应存放在贵重货物仓库内，并随时记录出、入情况。

2. 货物交接时必须由书面凭证并由双方签字，与航空公司交接时必须缮制贵重物品交接清单。

3. 保证始发站、中转站和目的站机场都设有贵重货物仓库。

4. 总重量在45千克以下，单件体积不超过45×30×20厘米的贵重货物，应放在机长指定位置，有保险箱的尽量放在保险箱内，超过上述体积和重量的应放在有金属门的集装箱内或飞机散舱内。

（七）运输

1. 运输贵重货物，尽量缩短货物在始发站、中转站和目的站机场的时间，避开周末或节假日交运。

2. 贵重货物在装机或装集装箱过程中，至少应有三人在场，其中一人必须是承运人的代表。

3. 装在集装箱内的贵重货物，装机站负责监护装机至飞机舱门关闭，航班离港后，装机站应立即用电话或电报通知卸机站，并做详细记录。卸机站接到通知，应安排专人监督卸机直至货物入库。

4. 中转站接收中转的贵重货物，应进行复核。发现包装破损或封志有异，应停止运输，征求始发站的处理意见。

5. 贵重货物不得使用地面运输。

6. 如果发现贵重货物有破损、丢失或短少等迹象，应立即停止运输，填写《货物不正常运输记录》并通知有关部门。

7. 收货人提取货物前，应仔细检查货物包装，如有异议时，应当场向承运人提出，必要时重新称重，并详细填写运输事故记录。

任务四：危险货物运输操作

(一)危险物品操作要求

1. 预先检查。(1)危险品的包装件在组装集装器或装机之前，必须进行认真检查，包装件在完全符合要求的情况下，才可继续行进作业。检查的内容包括：外包装无漏洞、无破损、包装件无气味，无任何漏泄及损坏现象。(2)包装件上的危险性标签和操作标签正确无误、粘贴牢固，包装件的文字标记(包括运输专用名称、UN 或 ID 编号、托运人和收货人的姓名及地址)书写正确，字迹清楚。

2. 包装上标明方向。装有液体危险品的包装件均按要求贴向上的标签(需要时还应标注"THIS SIDE UP")在搬运、装卸、装集装板或集装箱以及装机的全过程中，必须按该标签的指向使包装件始终保持直立向上。

3. 轻拿轻放。在搬运或装卸危险物品包装件时，无论是采用人工操作还是机械操作，都必须轻拿轻放，切忌磕、碰、摔、撞。

4. 固定。危险货物装入集装器时必须进行良好的固定，防止滑动。危险物品包装件装入飞机货舱后，也应设法固定。防止危险物品在飞机飞行中倾倒或翻滚，造成损坏。

(二)危险物品包装要求

1. 危险物品包装基本要求

(1)托运人负责对危险物品的全面包装，收运人负责对托运人包装的正确使用予以检查。危险物品必须使用优质包装容器，不得有任何损坏迹象，包装的结构和封闭性能必须能防止正常空运条件下由于纬度、温度、湿度、压力或震动的变化而引起渗漏。

(2)包装容器应与内装物相适应，直接与危险物品接触不得与该危险物品发生化学反应或其他反应。

(3)内包装应当进行固定和衬垫，控制其在外包装内的移动。衬垫和吸附材料不得与内装物发生危险反应。包装件外部不得沾染达到有害数量的危险物品。

(4)国际航空运输，危险货物包装还必须遵守 UN/IATA 对危险货物运输包装的要求，这是通过符合《品名表》中的包装指令来体现的。每一危险物品的包装必须符合其包装指令的要求。例：UN 编号 1088 的 ACETAL 在客机和货机中的 UN 规格包装指令是 305，则包装方法必须按照包装指令 305 的要求来确定。

(5)其他包装要求。如使用过的包装必须全面检查,防止污染。

2.《危险货物规则》(DGR)对不同危险物品放入同一外包装的包装要求

(1)性能要求:不同危险物品装入同一外包装,它们性质不能反应。

(2)数量要求:每一包装件内危险物品的净数量不能超过包装件的每件最大允许数量要求。当几个不同种类的危险品装入到同一个外包装时,只有在"Q"值不大于1时才允许。

$Q=n1/M1+n2/M2+n3/M3+\cdots$

式中 ni—表示第i种危险品的净数量,Mi—表示第i种危险物品在客机或货机上运输的最大允许量。

(3)内、外包装的材质和类型需要符合各自包装指令的要求。

(4)确定整个包装件的包装等级(选择最严格的)。

(5)吸附材料数量要求。

(6)其他要求。

(三)危险物品运输文件

1.填写危险物品申报单(shipper's declaration for dangerous goods,简称DGD)

填写申报单是托运人的责任,托运人必须如实、准确填写一式两份的危险品申报单,签字后一份交始发站留存,另一份随货物运至目的站。

(1)危险物品申报单填制要求:

①申报单填写内容必须与所托危险货物相一致,必须遵守UN/IATA的相关规定,提供国家有关部门出具的货物物理、化学性质分析报告。

②字迹清晰工整、用英文填写,也可在英文后附上另外一种准确的译文。一式两份,一份交收运人保存,另一份随货物至目的地。

③承运人不得接受已经有变动或修改过的申报单,除非在修改处有托运人的签名。

④申报单不得包括与本次运送无关的信息,但可以描写与本次运送的危险物品共同包装的非危险物品。

⑤申报单必须由托运人填写、签字并对申报单的所有内容负责。签字必须使用全称,可以手写,也可以印章,但不能用打印机。

⑥在任何情况下,申报单都不得由拼装人、货运代理人或承运人填制、签字。

(2)危险物品申报单填制方法:

①托运人(shipper)栏。填写托运人的姓名地址全称。

②收货人(consignee)栏。填写收货人姓名地址全称。

③航空货运单号码(air waybill number)栏。填写与申报单附在一起的货运单号码。

④页的序数和总页码(page…of…pages)栏。填写本页在一批交运物品申报单中的页码及本批交运物品的申报单总页数。在有些情况下,交运的危险品种类较多,用一张申报单填写不完,我们可以使用续页,如"Page 1 of 2 Pages",表示本批交运危险品的信息填写在两张申报单内,本页为其中的第一页。如无续页,可写为"Page 1 of 1 Pages"。

⑤运输详情(或机型限制)(transport details)栏。本栏有两项供选择——"客、货机均可(passenger and cargo aircraft)"和"仅限货机(cargo aircraft only)",应根据所运货物的具

体情况，画掉不适用的一项。

⑥始发站机场(airport departure)栏。填写始发站机场或机场所在城市的全称，不允许使用机场或城市的三字代码。如北京首都机场始发，应填写“Beijing”字样，不得使用“BJS”或“PEK”。

⑦目的站机场(airport of destination)栏。填写目的站机场或城市的全称，不允许使用机场或城市的三字代码。

⑧危险品类型(shipment type)栏。本栏有两项供选择—“非放射性物质(non－radioaction)”和“放射性物质(radioaction)”，应根据所运输危险品的类型，画掉不适合的一项。

⑨危险品的性质和数量(nature and quantity of dangerous goods)栏。在本栏中，放射性物质和非放射性物质要求填写的内容不同。下面我们将介绍非放射性物质的填写方法。

⑨－1 危险货物识别(Dangerous Goods Identification)栏

具体包括以下几项：

⑨－1－1 联合国或识别编码(UN or ID No.)栏。按照“品名表”A 栏填写。

注意：编号的前面应该缀上“UN”或“ID”字样。

⑨－1－2 运输专用名称(Proper Sipping Name)栏。按照“品名表”B 栏填写。运输专用名称的确定参照“危险品分类及基本性质”。

⑨－1－3 类/项别(次要危险性)[Class or Division (Subsidiary Risk)]栏。按照“品名表”C 栏填写类别/项别，对于第 1 类爆炸物品还应注明配装组字母。若该危险品存在次要危险性，则根据“品名表”D 栏将次要危险性写在该危险品所属类别/项别之后的括号中。

⑨－1－4 包装等级(Packing Group)栏。根据“品名表”E 栏填写。

⑨－2 包装数量及类型(Quantity and Type of Packing)栏。

这一栏要填写：

(ⅰ)(同一种类包装和同一内装物品)包装件的数量及包装类型(如 4 Fibreboar Boxes)。

(ⅱ)每一包装件的净含量及单位。如 30kg、10L 等。当“品名表”H 栏、J 栏中有最大允许毛重“G”时，以毛重代替净重。

包装类型信息和紧跟着填写的数量信息间可用“×”连接，如 2 Plastic jerrican ×2L(2 个塑料放形桶，每个 2L)。

(ⅲ)两种或两种以上的危险品装入同一外包装后，在描述完所包含的内包装件后，紧跟着应注明“所有物品均包装在一个(某一包装类型)包装内[All packed in one (description of type of package)]”字样。如果这样的包装件有一个以上，则应注明“所有物品均包装在一个(某一包装种类)内×实际包装件数目[All packed in one (description of type of package actual number of package]”如“All packed in one wooden box×10”表示有 10 个同样的装有 2 种或 2 种以上危险品的木制箱。在这些描述文字后应填上“Q”值(精确到小数点后一位，第二位向前进位而不可舍去。如 0.83 应尽为 0.9)。

(ⅳ)当组成合成包装件(Overpack)时，应紧跟着包装件的描述之后注明“组成合成包装件(Overpack Used)”字样。

⑨－3 包装代号(Packing Instruction)栏

当使用联合国标准规格包装时，根据所运危险品的性质、数量选择“品名表”的 I 栏或 J 栏，填写适当的包装代号。如 305、609 等。

当使用适用于限量内(Limited quantities)危险品的非标准规格包装时，须根据“品名表”G 栏和 H 栏填写“Y－”包装代号。如 Y305、Y609 等。

⑨－4 主管部门的授权或批准(Authorizations)栏

(ⅰ)当采用限量包装时，本栏中填写“限制数量(Limited quantity)”或“LTD. QTY”字样。

(ⅱ)如适用，填写所涉及的特殊规定代号 A1、A2、A51、A81 或 A109。

(ⅲ)如危险品是经政府当局按 A1、A2 或 A109 批准运输时，则必须在本栏内填写与本次运输相关的批准或豁免证明。

(ⅳ)当危险品装在小型储罐中运输时，必须随附一份主管当局批准的文件。

(ⅴ)按照包装方法 101 运输的爆炸物品，必须在运输文件上注明“包装件由××主管当局许可运输(packing authorized by the competent authority of…)”字样。

对以上这些有关的许可、批准和豁免证明必须和申报单一起随附运输，且须翻译为英文。

⑩随附操作信息(Additional Handling Information)栏。填写以下信息：

(ⅰ)对于 4.1 项自反应物质(参看 DGR Appendix C. 1)及 5.2 项有机过氧化物以及它们的样品(参看 DGR Appendix C. 2)填写“必须避免阳光直射和远离热源，放置充分通风的地方 must be protected from direct sunlight, and all sources of heat and be placed in adequately ventilate areas”。

(ⅱ)对于按照特殊规定 A144 运输的含有呼吸保护装置的化学氧气发生器，须填写“飞行几组用呼吸保护装置(防烟罩)符合特殊规定 A144(Air Crew Protective Breathing Equipment(smoke hood)in accordance with Special Provision A144)”。

(ⅲ)对于 A 类 6.2 项(UN2814、UN2900)感染性物质，以及根据国家法律或国际公约禁止公布其技术名称的感染性物质，填写：责任人的姓名及联系电话。

(ⅳ)若运输的始发、中转或到达有一点在美国时，须在本栏中填写 24 小时紧急救援电话。

⑪ 证明声明(Certification Statement)栏。申报单中应有证明或声明，保证货物按照相关的规则进行准备并符合运输条件。

空运时，还必须有以下附加声明：“我声明以符合空运的所有要求(I declare that all of the applicable air transport requirements have been met)。”若申报单的此栏中无此附加声明，则必须在申报单的附加操作信息栏中写明。

⑫ 签署人姓名及职务(Name and Tital of Signatory)栏。填写签署人的姓名及职务，可以打印或盖章。

注意：填写签署人的职务及所在部门的名称均可。

⑬ 时间及地点(Place and Date)栏。填写签署申报单的地点和日期。

⑭ 签字(Signature)栏。由填写申报单的托运人或托运人的委托代理人签字，不得打印。

危险物品申报单填制实例：

SHIPPER'S DECLARATION FOR DANGEROUS GOODS

① Shipper *ABC Company* 1000 *High Street* *Youngville*, *Ontarlo* *Canada*	③Air Waybill No.　800 1234 5686 ④Page 1 of 1 Pages Shipper's Reference Number(optional)
②Consignee *CBA Lte* 50 *Rue de la paix* *France*	For optional use For Company logo Name and address
Two completed and signed copies of this Declaration must be handed to the operator	

⑤TRANSPORT DETAILS			WARNING Failure to comply in all respects with the applicable Dangerous Goods Regulations may be in breach of the applicable law, subject to legal penalities. This Declaration must not in any circumstances, be completed and/or signed by a consolidator, a forwarder or an IATA cargo agent.
This shipment is within the limitations preseribed for (delete non—applicable)		⑥Airport of departure *Youngville*	
PASSENGER AND CARGO AIRCRAFT	CARGO AIRCRAFT ONLY		
⑦Airport of Destination *Paris*, *Charles de Gaulle*			⑧Shipment type(delete non applicable) NON—RADIOACTIVE ~~*RADIOACTIVE*~~

⑨NATURE AND QUANTITY OF DANGEROUS GOODS

⑨—1 Dangerous Goods Identification				Quantity and type of packing ⑨—2	Packing inst ⑨—3	Authorization ⑨—4
UN or ID No. ⑨—1—1	Proper Shipping Name ⑨—1—2	Class or Division ⑨—1—3	Packing Group ⑨—1—4			
*UN*1816	*propyltrichlorooilane*	8(3)	||	3 *Plastic Drums* ×30*L*	813	
*UN*3226	*Self-reactive solid type D* (*Benzenesulphonyl hydrazlde*)	*DIV*,4.1		1 *Fibreboard box* ×30*L*	430	
*UN*1263	*Paint*	3	//	2 *Flbreboard boxes*×30*L*	305	
*UN*1263	*Painte*	3	///	1 *Flbreboard box*×30*L*	309	
*UN*3166	*Vehlcle*, *flammable liquid powered Chemical klte*	9		1 *autimobile* 1350*kg*	900	
*UN*3316	*Batterles*, *wet*, *filled*	9	//	1 *Flbreboard box*×3*kg*	915	
*UN*2794	*With acld*	8		1 *Woodn box* 50*kg G*	800	

⑩Additional Handing Information

*The packages containing UN*3226 *must be protected from direct sunlight*, *and all sources of heat and be placed in adequately ventilated areas*. 24—*hour Number*. +1 905 123 4567

⑪*I hereby declare that the contents of this consignment are fully and accurately described above by proper shipping name and are classified*, *packed*, *marked and labeled*, *and are in all respects in the proper condition for transport by air according to the applicable international and National Govemment Regulations*	⑫Name/Title of Signatory *B Smith*, *Dispatch Supervisor* ⑬Place and Date *Youngville*　1 *January* 2008 ⑭Signature　*B Smith*

2.货运单填制要求

(1)客机与货机均可运输的危险品,在航空货运单的"Handing information"栏内注明"dangerous goods as per attached shipper's declaration"。如:

Handing information:"Dangerous goods as per attached shipper's declaration"

(2)对于仅限货机运输的危险货物,还需再注明"Cargo aircraft only" 或"CAO"如:

Handing information:"Dangerous goods as per attached shipper's declaration—CAO"

3.危险货物收运核查单填制要求

危险货物收运核查单有放射性和非放射性两种格式,为便于在收运危险货物时履行职责,航空公司在收运危险货物时必须填制"危险物品收运核查单"。该核查单包括危险物品运输的所有步骤,以确保在运输中保证运输安全。收运核查单主要供航空公司收运危险物品使用。除此之外,也可给货主、货运代理人提供一个准备货件的良好依据。在使用该检查单时,当表中所有的项目没有检查完时,不得收运。如果任何一项问题得到否定的回答也就是说在"NO" 栏中出现标记,不得收运。

4.机长通知书

当飞机上装有危险物品时,运营人必须在飞机起飞之前尽快用机长通知书(notoc - notification to pilot in command)向机长提供危险物品的详细信息。

(四)放射性同位素托运要求

托运人航空运输放射性同位素必须办理如下手续:

1.托运人航空托运放射性同位素应向民航部门填交货物托运单,并应提供当地卫生防疫部门和主管单位检查盖章的"放射性货物剂量检查证明书"。

2.写货托运书时,要写清收货单位名称、地址及电话,以便到达航站及时与收货单位联系,托运书的右上角加盖或注明"放射性同位素"戳记或字样。

3.放射性同位素的包装必须符合要求,包装物两侧应粘贴规定的包装标志。

4.办妥托运手续后,应以电报或电话将托运的放射性同位素的数量、等级、班机到达时间等,通知收货单位到机场提取。

5.托运时应于飞机起飞前一天与民航联系,以预留吨位;班机当日起飞前一小时三十分自送机场。

6.包机托运的放射性同位素,需派专人押运。

(五)危险物品包装标记和标签贴法

1.危险物品包装标记识别

(1)基本标记:运输专用名称/适用的 UN 或 ID 代号/发货人及收货人详细姓名、地址。

(2)附加标志:某些危险货物还需附加标志。

(3) UN 规格包装标记	(4)联合国规格包装标记

图 7-1 包装标记

其中 4G 表示纤维板箱。

数字	1	3	4
包装类型	桶	方形桶	箱

英文字母	A	B	C	D	F	G	H
包装材料	钢	铝	天然木	胶合板	再生木	纤维板	塑料

表示包装等级的字母 X、Y、Z。

标记中的字母	包装等级	可使用的包装等级
X	Ⅰ	Ⅰ、Ⅱ和Ⅲ
Y	Ⅱ	Ⅱ和Ⅲ
Z	Ⅲ	只限Ⅲ

2.标签贴法

(1)危险性能标签贴法。危险物品包装件及合成包装件上的标签必须按照危险物品品名表 E 栏中的说明粘贴。表中列出的每一危险物品都要求使用一种指定的主要危险性标签。具有次要危险性的每一危险物品，应使用一种或一种以上次要危险性标签。

在货物外包装上粘贴危险品标签，危险性标签只要求在包装件的一侧粘贴，放射性物质的标签必须粘贴在包装件的对称的两个侧面。

(2)操作标签贴法。对于第九类磁性物质，应粘贴“磁性物质”标签而不是“杂类”标贴，“仅限货机”必须与危险性标签相邻粘贴。在装有液体的危险物品包装上，必须在包装件的对称两个侧面上粘贴向上标签。

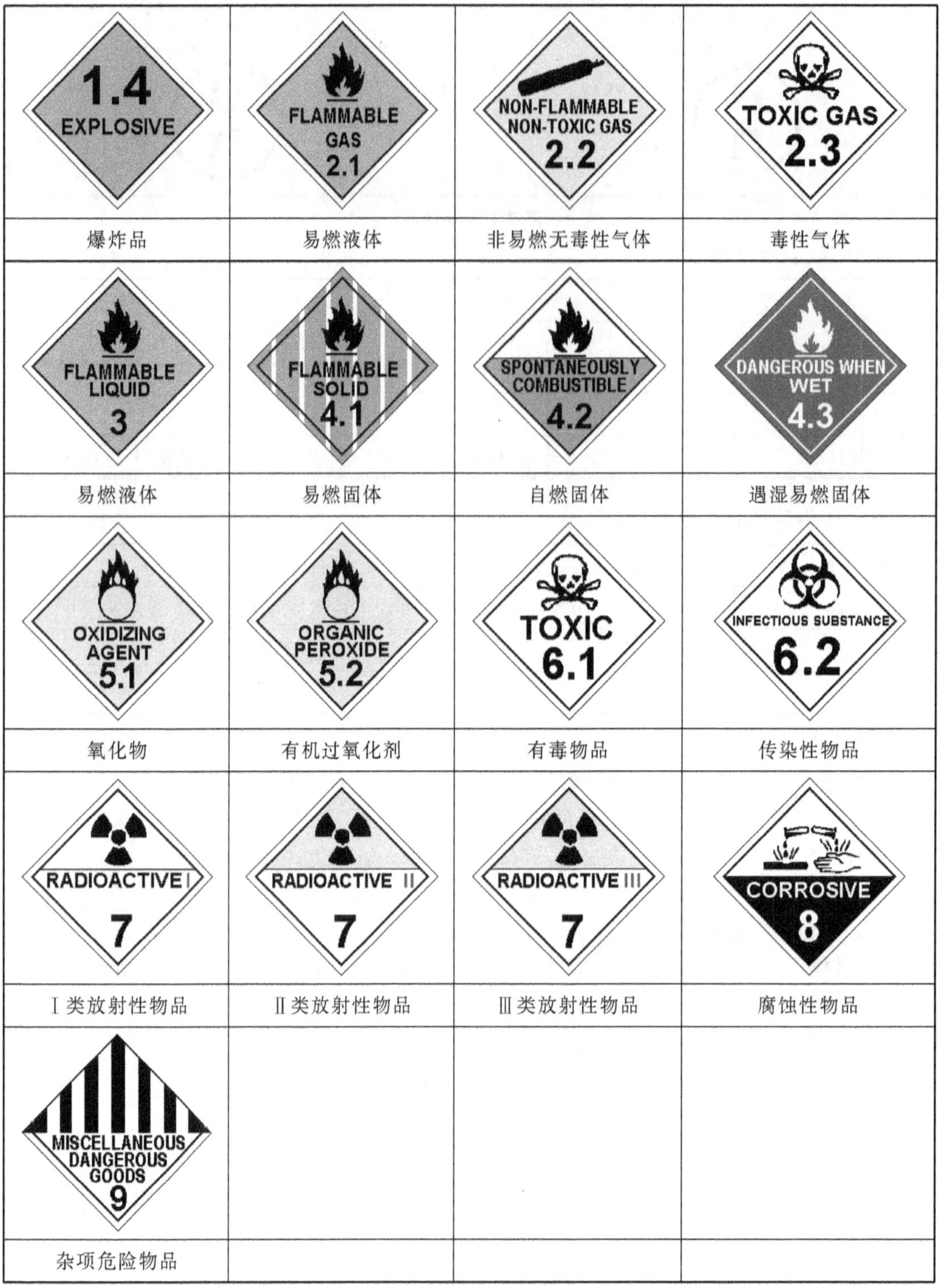
1.4 EXPLOSIVE
爆炸品
FLAMMABLE GAS 2.1
易燃液体
NON-FLAMMABLE NON-TOXIC GAS 2.2
非易燃无毒性气体
TOXIC GAS 2.3
毒性气体
FLAMMABLE LIQUID 3
易燃液体
FLAMMABLE SOLID 4.1
易燃固体
SPONTANEOUSLY COMBUSTIBLE 4.2
自燃固体
DANGEROUS WHEN WET 4.3
遇湿易燃固体
OXIDIZING AGENT 5.1
氧化物
ORGANIC PEROXIDE 5.2
有机过氧化剂
TOXIC 6.1
有毒物品
INFECTIOUS SUBSTANCE 6.2
传染性物品
RADIOACTIVE I 7
Ⅰ类放射性物品
RADIOACTIVE II 7
Ⅱ类放射性物品
RADIOACTIVE III 7
Ⅲ类放射性物品
CORROSIVE 8
腐蚀性物品
MISCELLANEOUS DANGEROUS GOODS 9
杂项危险物品

图 7-2　危险品图标

图 7-3　操作标签

3.标记和标签粘贴图例

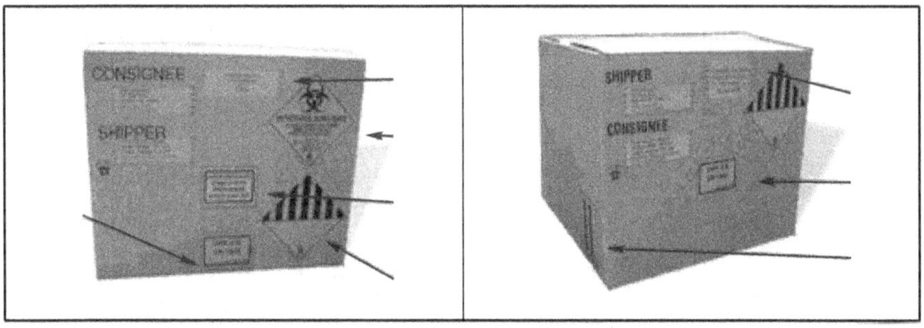

图 7-4　标记和标签张贴图例

任务五:超大超重货物运输操作

(一)订舱

如果一票货物包括一件或几件超大超重货物,订舱时应说明货物的重量和尺寸。并在货运单内单独列明,承运人可提前制订装载计划并准备必要的固定设施。

(二)包装

托运人所提供的包装应便于承运人操作,如托盘、吊环等,必要时应注明中心位置。

(三)运输要求

危险货物的运输,总的要求必须设置牢固的能支持装卸和固定的装置。

1. 装载要求

非宽体机上承运超限货物每件重量可以放宽至 150kg，但在 An24，Y7 飞机上禁止承运超过 120kg 的货物；在宽体机上承运超限货物，应请示值班经理方可收运，并在收运后及时通知到达站准备装卸设备。在承运超限货物时，所需垫板等装卸设施应由托运人提供，并且按普货计费，贴标签，在 AWB 上注明。承运超限货物要根据不同航空公司要求收取超限附加费。应设置便于叉车等装卸设备操作的装置，例如托盘，与地面之间应留有 5cm 的空间允许叉车的使用；装卸操作时应注意平衡，重货尽量装在集装器的中间位置，重心位置应在货运单上表明，并在货物上圈出以便于装卸；如果装载的货物未超过集装箱的 2/3 容积，属于重货需固定。

2. 固定要求

应留意货舱的墙壁和地板上的锚定点，以能牢固地将货物固定在机舱内。

3. 保护要求

确保货物内部不含有危险性的物品(像电池、燃油)。如果有此类物品，应按 TACT 有关易碎或危险品规定采取保护措施：不要与其他部件混淆，不作为装卸和固定的部位，注意气候条件(雨、灰尘、严寒、温度等)。

任务六：尸体与骨灰运输操作

(一) 尸体

应保证全程的舱位已经订妥(灵柩)，包括衔接航班的舱位应正式确认，包装必须符合空运的要求。

1. 尸体包装

尸体应经防腐处理，然后装入厚塑料袋中密封，再放入密封的铅制或锌制并经过焊接的金属内棺内。金属内棺内应铺放木屑和木炭等吸湿物，链接处焊牢，以防气味或液体渗溢。金属棺外应套装木制的容器，最外层还应用帆布或放水油布包裹以防止容器受损，木棺的两侧应装有牢固的把手以便装卸。灵柩(not cremated remains)不可与其他货物混运，除非整票集运货都是灵柩，另外灵柩应装在全货机或有独立货舱的客机上并经过事先订舱。加贴“急货”及“不可倒置”标贴。

2. 文件

托运人必须提供医疗卫生单位或其他有关部门出示的死亡证明书、入殓证明书、指运国领事馆开具的死亡证书，非自然死亡者还应提供市级公证处和法医的验尸报告。

(1)死亡证明书(death certificate)应包括下列内容：死者姓名、年龄、性别、国籍；死亡日期；死亡原因，特别注明属于非传染病而死亡。

(2)入殓证明书(certificate of burial) 应说明尸体的包装符合金属箱内铺放木屑和木炭等吸湿物，连接处焊牢，以防气味或液体渗溢的要求。棺内除尸体及衬垫外，无其他物品；证明书上的死者姓名等项，应与死亡证明书上所列内容相符。

各证明书一式两份，一份留始发站存查，一份附在货运单后，随货物带往目的地。

(3)货运单。在货运单“路线和目的站”栏内要填写指定的运输路线和各航线指定的承运人。在"航班/日期"栏内应填写已订妥舱位的航班及日期。在"货运单所附文件"栏内，应注意附有死亡证明及入殓证明书各一份。

3.运输

(1)灵柩必须最迟在飞机起飞前2小时由托运人送往机场。

(2)灵柩尽量装在集装板上。

(3)灵柩必须远离动物和食品。

(4)灵柩必须在旅客登机前装机，在旅客下机后卸机。

(5)散装时，灵柩不能与动物装在同一货舱内。

(6)灵柩只可以水平放置，不可以直立或侧放。

(7)灵柩装机前或卸机后，应停放在僻静地点，如果条件允许，应加盖罩布，与其他货物分开存放。

(8)分别装有灵柩和动物的集装器，装机时中间至少应有一个集装器间隔。

(9)凡经中国中转的尸体，续运前应停放在当地办理丧葬部门的停尸室内。如中转时间不长，也可停放在机场适当地点，但应妥善处置，加盖罩布，与一般货物分开。

(10)到达站在收到关于尸体运输的通知后，将及时通知收货人在飞机到达前在机场等候提取。

注：由于传染病而死亡的尸体，必须火化后作为骨灰方可收运。

(二)骨灰

1.一般要求

应放入专门的容器(丧葬专用的罐、瓮或盒内等)并放置衬垫物以保护容器不致损坏，外面用木箱套装。通常情况下骨灰(cremated remains)的运输可被任何飞机接受而无须订舱。

2.文件

(1)证明文件

发运骨灰所需要的证明与发运尸体基本相同，但还要提供殡仪馆开具的火化证明。各证明书一式两份，一份留始发站存查，一份附在货运单后，随货物带往目的站。

(2)货运单

在货运单上加注"急"或加盖"急"的字样标记。在"货运单所附文件"栏内注明附有死亡证明书及火化证明书各一份。

3.运输

(1)骨灰可装在下货舱，亦可由旅客随身携带。

(2)应事先通知机组人员。

任务七：作为货物运送的行李运输操作

作为货物运送的行李(baggage shipped as cargo)又译无人押运行李(Personal effects—Unaccompanied baggage)，作为货物运送的行李仅限于旅客本人的衣服和与旅行有关的私人物品，包括手提打字机、小型乐器、小型体育用品，不包括机器及其零件、纸币、证券、珠宝、表、餐具、镀金属器皿、皮毛、影片或胶卷、照相机、票证、文件、酒类、香水、家具、商品和销售样品。行李箱必须上锁，如果锁的钥匙和行李一同运往目的地，应把钥匙装入专用信封附在货运单上，行李内还应装入标有行李内容和旅客的姓名以及家庭地址的标签，行李箱上还应贴挂标有旅客姓名和目的地地址的标牌。

(一)运输要求

1.作为货物运送的行李，只能在旅客客票中所列各地点的机场之间运输，并且行李交付的时间不得晚于旅客乘机旅行当天。

2.旅客须如实申报行李内容、提供有关的文件、自行办理海关手续，并支付所需费用。

3.该货物运输的具体时间由承运人决定。

4.行李折扣运价不得和任何普通货物运价或指定商品运价相加使用，以致相加后的运价低于适用的规定或组合运价。

5.如果不符合条件“(4)”，则其他任何航程均只能采用普通货物运价或指定商品运价。

6.如旅客要求将钥匙带往目的站时应请其装入自备的结实信封内，在信封上写明收货人和托运人的姓名、地址，然后由航空公司收运部门封妥，订在货运单之后。在货运单“处理情况(handing information)”栏中应填明“Key of unaccompanied baggage”。

7.在运输过程中，为了便于识别旅客交运的行李和作为货物运送的行李，在作为货物运送的行李上应加挂货物标贴。

(二)文件

1.货运单。收运此种货物，需将旅客的客票号码、所乘班机的航班号、乘机日期等填入货运单，在“货物品名及数量”栏内应填明“无人押运行李”(unaccompanied baggage)

例如：“unaccompanied baggage”

“TKT NO.784－22225800”

“CZ305－20JUN”

“CDJ－HKG”

2.客票。在客票“签注(Endorsement)”栏内应注明“unbag”字样，运货单号码，件数和重量。例如“UNBAG”/“784－23333760”/“2PC 5OK”。

3.私人物品运输单证。出国人员和来华工作、学习的外国人回国时办理私人物品托运，应提供护照、定期机票和私人物品出境申报单。

任务八：外交信袋运输操作

外交信袋是指各国政府(包括联合国下属组织)与其驻外大使、领馆、办事处之间运输作为货物托运的，使用专用包装袋的公务文件。

(一)外交信袋收运条件

1.包装。外交信袋应有完好的包装和明显的封志。

2.标签。外交信袋应使用挂签，外包装不得使用其他粘贴物。

3.订舱。外交信袋应按指定航班日期运出。外交信袋一般安排在直达航班上运输，国际航班国内段不安排外交信袋的运输。外交信袋应放在货舱内明显的位置，并且不能与航空邮件装在一起。外交信袋不可与放射性物质或磁性物质放在同一货舱内。

任务九：其他货物运输操作

（一）挂衣箱运输

如果发货人出口比较高档的服装，不能打捆装箱，可以委托航空货代企业向航空公司租用挂衣箱。挂衣箱的租金按航空公司的收费标准收取。挂衣的具体工作可以由发货人自己负责，也可以委托航空货代企业代为服务。

（二）音像制品

需省社会文化管理委员会办公室发的音像制品运输传递证明。

（三）麻醉药品

需卫生部药政管理局发的麻醉品运输凭证。

（四）罐装液体、粉状物品

需生产厂家的物品性质证明。

（五）玻璃制品

玻璃必须订封闭木箱，打三角架。

另外，根据IATA规定，对于装载在飞机上的特种货物，货运部门必须在飞机起飞前向机长做出书面通知，因此航空运输特种货物必须要有“特种货物机长通知单”。当空中出现紧急情况时，机长可以根据特种货物机长通知单上所载特种货物的种类、数量及装载位置通知地面的有关机场当局，并采取措施。NOTOC一式四份，一份随业务袋带往卸机站，一份交配载部门，一份交机长，一份始发站留存。

理论支撑

一、特种货物种类

特种货物是指在收运、储存、保管、运输及交付过程中，因货物本身的性质、价值或重量等条件，需要进行特殊处理，满足特殊运输条件的货物。特种货物运输往往利润空间较大、但操作难度也相应较大，而且稍有不慎就会出现货运事故。

特种货物常见的有以下几种：

(1)鲜活易腐货物(perishable cargo)。

(2)活动物(live animal)。

(3)贵重物品(valuable cargo)。

(4)危险品(dangerous goods)。

(5)超大超重货物(outsized and heavy cargo)。

(6)尸体骨灰(human remains)。

(7)个人物品(personal effects)。

(8)作为货物交运的行李(unaccompanied baggage)。

(9)外交信袋。

二、鲜活易腐货物

鲜活易腐品(perishable cargo,简称 PER)是指在装卸、储存和运输过程中,由于气温变化和运输延误等因素可能导致其变质或失去原有价值的物品,此类货物归属于紧急货物,一般要求在运输和保管中采取特别的措施:如冷藏、保温等,以保持其鲜活或不变质。如虾、蟹类,肉类,花卉,水果,蔬菜类,沙蚕、活赤贝、鲜鱼类,植物、树苗,蚕种,蛋类,乳制品,冰冻食品,药品,血清、疫苗、人体白蛋白、胎盘球蛋白等。常见的有:

名称	Nature of goods	Handling codes
鲜花	flowers	PEF
肉类	meats	PEM
水果蔬菜	fruits and vegetables	PEP
水产品	fish/seafood	PES
未感光胶片	undeveloped film	FIL
种蛋	hatching eggs	HEG
干冰(用于降温)	dry ice	ICE

三、活动物

1. IATA 对活体动物运输规定

由于航空运输的快捷性、安全性,活动物(live animals)的运输在整个国际航空运输中占有非常重要的地位。活动物不同于其他货物,对环境的变化敏感性很强,由于活动物的种类繁多,各具特性等因素,而且活动物的运输既要体现人道主义,又要符合各国的政府规定。这使得工作中容易出现各种各样的麻烦。因此,处理活动物的工作人员必须经过专门培训,一方面应多了解各种动物的个性,并且应熟练掌握和使用有关运输规则。

IATA 每年出版一期《活动物规则》(live animal regulations, LAR),包括有关活体动物运输的各项内容,如包装种类、操作、和仓储标准等,目的是保证活动物安全到达目的地。

2. 活动物行为

运输过程对活动物来说要进入许多陌生的环境,会导致活动物行为异常,处理不当会影响活动物的运输质量。应认真对待活动物的下列习性:消化(digestive behavior),排泄(eliminative behavior),生殖(sexual behavior),哺育(care giving behavior),群居(care seeking behavior),压力下的习性变化(behavior under stress),隐蔽(shelter seeking behavior),好奇(investigatory behavior)。运输过程中应注意活动物各类行为特性,一般由发货人提供有关动物生活习性的资料，据此可相应采取以下行动：足够的通风，尽可能地保持安静，充足的水等。

3. CITES 活动物分类

野生物种贸易公约（CITES）将野生动物划分为三大类：

一类保护野生动物（濒危，不能作为贸易运输，必须具备进出口许可证）

二类保护野生动物（通常只需要出口许可证）

三类保护野生动物（每个国家定进出口配额）

四、贵重物品

凡交运的一批货物中，含下列物品的一种或多种的，称为贵重物品（Valuable Cargo，VAL）。

1. 每 kg 毛重的声明价值超过（或等于）1000 美元的任何物品。

2. 黄金（包括提炼或未提炼过的金锭）、混合金、金币以及各种形状的黄金制品，如金粒、片、粉、绵、线、条、管、环和黄金铸造物；白金（即铂）类稀有贵重金属（钯、铱、铑、钌、锇）和各种形状的铝合金制品，如铅粒、绵、棒、锭、片、条、网、管、带等。但上述金属以及合金的放射性同位素则不属于贵重货物，而属于危险品，应按危险品运输的有关规定办理。

3. 铂金或铂金类稀有贵重金属。

4. 现金。

5. 证券，如合法的银行钞票、有价证券、股票、旅行支票及邮票。

6. 钻石（包括工业钻石）、宝石（含红宝石、蓝宝石、绿宝石）、蛋白石、珍珠（包括养殖珍珠），以及镶有上述钻石、宝石、珍珠等的饰物。

7. 金、银或铂金制成的饰物和表（不包括镀金、镀铂制品）。

8. 珠宝首饰。

五、危险物品

（一）危险物品的定义和分类

1. 定义

危险货物（Dangerous Goods）是指具有爆炸、燃烧、毒害、腐蚀、放射等性质，在航空运输中，可能明显地危害人身健康、安全，或对财产造成损害的物质或物品。

2. 按危险性质分类

根据所具有的不同危险性，按照 IATA《危险物品规则》（Dangerous Goods Regulations：DGR），危险物品分为九类，其联运文电代码（interline message procedure，简称 IMP）和对应的项目代号如表 7-1。其中有些类别又分为若干项。

表 7-1 危险物品分类表

类型	名称	货运 IMP 代码简写	项目代号
第一类	爆炸品(Explosives)	RXS	1.1 项—1.6 项
第二类	气体(Gas)	RFG/RNG/RPG	2.1 易燃气体/2.2 不燃无毒气体/2.3 毒性气体
第三类	易燃液体(Flammable liquids)	RFL	
第四类	易燃固体、自燃固体和遇湿易燃固体(Flammable Solids/Spontaneous Combustion/Dangerous when wet)	RFS/RSC/RSW	4.1 易燃固体/4.2 自燃物质/4.3 遇易燃物质
第五类	氧化剂和有机过氧化物(Oxidizin Substances and Organic Peroxide)	ROX/ROP	5.1 氧化剂/5.2 有机过氧化剂(Organic Peroxide, ROP)
第六类	毒性物质和传染性物品(Toxic and Infections Substances)	RPB/RIS	6.1 毒性物质/6.2 传染性物质
第七类	放射性物质(Radioactive Materials)	RRW(安全等级Ⅰ级—白色)/RRY(安全等级Ⅱ、Ⅲ级—黄色)	
第八类	腐蚀性物品(Corrosive)	Rcm	
第九类	杂项危险物品(Miscellaneous Dangerous Goods)	RMD,聚合物颗粒货运 RSB,干冰货运 ICE,磁性物质/货运 MAG	

表 7-2 危险物品举例

类型	举例
第一类	火药、炸药、弹药、硝化纤维(广泛用于造漆、摄影胶片、赛璐珞等)、烟花爆竹
第二类	乙炔、打火机(丁烷)、煤气
第三类	汽油、乙醇
第四类	黄磷(即白磷)、油浸的麻棉纸等及其制品、活泼金属及其合金、碳磷化合物(碳化钙即电石、磷化钙)、乒乓球
第五类	过氧化物、含氯的含氧酸及盐类(氯酸钾)、含有过氧基(—O—O—)的有机物,如有机物,如有机酸盐类
第六类	砒霜、农药、肝炎病毒
第七类	含有铀、镭、氡等放射性物质
第八类	硫酸
第九类	磁性物品、干冰、麻醉物品、电池等

某些危险品,名称上虽看不出是危险品,但实际上是危险品,如电器开关,可能含有水银;冷冻水果、蔬菜,可能含有干冰。

3. 按危险程度/包装等级分类

根据物品危险程度，将第3、4、5、6、8类和第9类危险物品划分为三个包装等级：

(1)Ⅰ表示该危险物品危险程度较高。

(2)Ⅱ表示该危险物品危险程度中等，包装要求中等严格。

(3)Ⅲ表示该危险物品危险程度较低，包装严格程度低。

(二)危险物品包装

1.危险物品包装术语

(1)包装件(package)；(2)包装(packaging)；(3)组合包装(combination packaging)；(4)单一包装(single packaging)；(5)合成包装(over pack)；(6)联合国规格包装(UN specification packaging)；(7)限量包装(limited quantities)；(8)例外数量包装(excepted quantities)

2.危险物品包装图例

组合包装图例	合成包装图例	单一包装图例	联合国试验合格标志图示

图7-5　危险品包装图例

项目八　跨境电商货运代理操作

项目导入

当前，我国跨境电子商务快速发展，但在跨境电商业务井喷的背后，物流却成为制约行业发展的最大难题。几乎所有卖家都会碰到配送时间长、无法全程跟踪、清关障碍、运费昂贵、投妥率低、退货成本高、包裹破损、物流服务不佳甚至出现退货、被海关扣留等众多跨境物流难题，在跨境电商平台的订单投诉中，很大一部分是因为物流原因引起的，这严重影响了消费者的跨境网购体验。同时，跨境物流成本占到总成本的20%到30%，这让不少小商家望而却步，对大企业来说也是不小的成本。要为用户提供"直达"服务，就必须有高效的物流、结汇等快速服务，因此跨境电商的物流操作方法和技巧非常重要。

学习目标

◉熟悉跨境电商物流方式，掌握国际邮政小包"线上发货"与"线下发货"、跨境电商出口报关、跨境电商货物查询与跟踪的操作流程与方法。

业务操作

任务一：跨境电商物流方式

(一)邮政包裹

邮政物流依托万国邮联的优势，网络覆盖全球，通达能力好，清关能力强，运费便宜，但相比较其他物流方式而言，运送时间较长、服务水平较低、货物跟踪信息不及时不完整。中国出口跨境电商70%以上的包裹都是通过邮政系统投递，其中中国邮政占据50%左右份额。中国邮政的集货仓在上海、杭州、温州、义乌。

1. ePacket

ePacket俗称e邮宝，又称EUB，是中国邮政专为跨境电商推出的经济型快递业务，以重量来收费。目前，国际e邮宝服务适用于速卖通、EBAY、亚马逊、WISH、敦煌平台，可发往美国、英国、法国、俄罗斯、加拿大、沙特阿拉伯、澳大利亚、以色列、乌克兰、德国、挪威等十一个国家，后期通达国家会不断增加。

(1)资费标准。ePacket的资费标准参考网站http://ems.com.cn。

①美国，9元/件+0.08元/克，起码重量50g；②英国，17元/件+0.065元/克；③澳大

利亚，19 元/件＋0.06 元/克；④俄罗斯，10 元/件＋0.1 元/克；⑤加拿大，22 元/件＋0.07 元/克；⑥法国，22 元/件＋0.07 元/克；⑦以色列，22 元/件＋0.07 元/克；⑧沙特阿拉伯，26 元/件＋0.05 元/克；⑨乌克兰，8 元/件＋0.10 元/克；⑩挪威，22 元/件＋0.07 元/克；⑪德国，19 元/件＋0.06 元/克。

(2)投递时间。中国邮政对 ePacket 业务没有时限承诺，这点卖家发货时要注意。

(3)体积和重量限制：

①单件最高限重 2KGS。

②最大尺寸：单件邮件长宽厚合计不能超过 90cm，最长一边不能超过 60cm，圆卷邮件直径的两倍和长度合计不超过 104cm，长度不得超过 90cm。

③最小尺寸：单件邮件长度不小于 14cm，宽度不小于 11cm，圆卷邮件直径的两倍和长度合计不小于 17cm，长度不小于 11cm(如图 8-1 所示)。

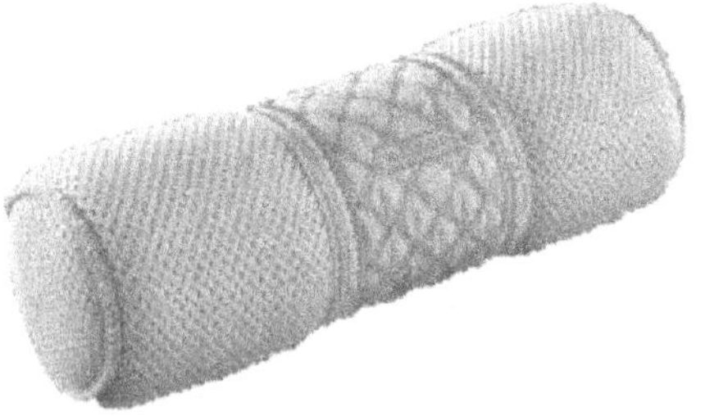

图 8-1　圆卷邮件

(4)禁寄物品。与 EMS 基本相同。

(5)ePacket 优缺点

优点：①价格比 EMS 便宜；②速度比邮政小包要快；③享受与 EMS 相同的服务，也提供上门取件服务。

缺点：①ePacket 不受理查单业务，不提供邮件丢失、延误赔偿；②发往美国、澳大利亚、加拿大的包裹不提供收件人签收证明，发往英国的包裹不提供投递确认信息；③价格比邮政小包略贵；④在国内段是全程陆运，比 EMS 要慢。

2. 中国邮政小包

即 China Post Air Mail，分为中国邮政挂号小包(China Post Registered Air Mail)和中国邮政平邮小包＋(China Post Ordinary Small Packet Plus)两种。以重量收费。

(1)中国邮政挂号小包与中国邮政平常小包＋的主要区别

只有货物价值＋运费≤7 美元的货物才能选择中国邮政平常小包＋投递方式，适合货值低、重量轻的物品。

(2)资费标准。不分首重和续重，挂号费 8 元/件，在此基础上，货代要给出 8—9 折的优惠，才是最终的发货成本。中邮小包资费查询网址：http://11185.cn/index.html。

表 8-1 中国邮政航空小包国际小包价格表

资费区	通达国家(地区)	资费标准(RMB;元/克)
一区	日本	0.062
二区	新加坡、印度、韩国、泰国、马来西亚、印度尼西亚	0.0715
三区	奥地利、克罗地亚、保加利亚、斯洛伐克、匈牙利、瑞典、挪威、德国、荷兰、捷克、希腊、芬兰、比利时、爱尔兰、意大利、瑞士、波兰、葡萄牙、丹麦、澳大利亚、以色列	0.081
四区	新西兰、土耳其	0.085
五区	美国、加拿大、英国、西班牙、法国、乌克兰、卢森堡、爱沙尼亚、立陶宛、罗马尼亚、白俄罗斯、斯洛文尼亚、马耳他、拉脱维亚、波黑、越南、菲律宾、巴基斯坦、哈萨克斯坦、塞浦路斯、朝鲜、蒙古、塔吉克斯坦、土库曼斯坦、乌兹别克斯坦、吉尔吉斯斯坦、斯里兰卡、巴勒斯坦、叙利亚、阿塞拜疆、亚美尼亚、阿曼、沙特、卡塔尔、俄罗斯	0.0905 0.0963(俄罗斯)
六区	南非	0.105
七区	阿根廷、巴西、墨西哥	0.110
八区	老挝、孟加拉国、柬埔寨、缅甸、尼泊尔、文莱、不丹、马尔代夫、东帝汶、阿联酋、约旦、巴林、阿富汗、伊朗、科威特、也门、伊拉克、黎巴嫩、秘鲁、智利	0.120
九区	塞尔维亚、阿尔巴尼亚、冰岛、安道尔、法罗群岛、直布罗陀、列支敦士登、黑山、马其顿、圣马力诺、梵蒂冈、摩尔多瓦、格鲁吉亚	0.147.5
十区	斐济、美属萨摩亚、科科斯(基林)群岛、库克群岛、卡奔达、圣诞岛、新喀里多尼亚、密克罗尼西亚、南乔治亚岛和南桑德韦奇岛、赫德岛和麦克唐那岛、英属印度洋领土、基里巴斯、圣基茨和尼维斯联邦、马绍尔群岛、北马里亚纳、诺福克岛、瑙鲁、纽埃、法属波利尼西亚、巴布亚新几内亚、皮特凯恩群岛、所罗门群岛、斯瓦尔巴岛和扬马延岛、特里斯达库尼亚群岛、法属南部领土、托克劳、汤加、图瓦卢、美属太平洋各群岛、瓦努阿图、西萨摩亚、阿森松岛、加纳利群岛、亚速尔群岛和马德拉群岛、约翰斯敦岛、关岛、帕劳、瓦利斯和富图纳、埃及、苏丹、摩洛哥、吉布提、埃塞俄比亚、肯尼亚、突尼斯、布隆迪、乌干达、卢旺达、乍得、尼日利亚、布基纳法索、贝宁、喀麦隆、阿尔及利亚、加蓬、几内亚、马达加斯加、毛里塔尼亚、津巴布韦、安哥拉、中非、佛得角、西撒哈拉、厄立特里亚、冈比亚、赤道几内亚、几内亚比绍、科摩罗、利比里亚、莱索托、马拉维、莫桑比克、纳米比亚、尼日尔、留尼汪、塞舌尔、圣赫勒拿、圣多美和普林西比、斯威士兰、马约特、伊夫尼、赞比亚、利比亚、毛里求斯、马里、索马里、加纳、博茨瓦纳、刚果(金)、刚果(布)、坦桑尼亚、多哥、科特迪瓦、塞拉利昂、塞内加尔、委内瑞拉、古巴、厄瓜多尔、巴拿马、苏里南、哥伦比亚、安提瓜和巴布达、安圭拉、荷属安的列斯、阿鲁巴、巴巴多斯、百慕大、玻利维亚、巴哈马、伯利兹、哥斯达黎加、多米尼加、马尔维纳斯群岛(福克兰群岛)、格林纳达、法属圭亚那、瓜德罗普、危地马拉、圭亚那、洪都拉斯、海地、牙买加、开曼群岛、圣卢西亚、马提尼克、蒙特塞拉特、尼加拉瓜、圣皮埃尔和密克隆、波多黎各、巴拉圭、萨尔瓦多、特克斯和凯科斯群岛、特立尼达和多巴哥、乌拉圭、圣文森特和格林纳丁斯、英属维尔京群岛、美属维尔京群岛、复活岛、扎伊尔、格陵兰岛	0.176

(3)投递时间。中国邮政并没有对邮政小包的投递时效做出承诺,可通过 17TRACK 全球物流查询平台了解投递时效。网址:http://17track.net/cn/report—post.shtml。

(4)体积和重量限制。与 ePacket 相同。寄往阿富汗的国际小包限重 1KGS。

(5)禁寄物品:

①违禁品;②带电池的电子产品;③食品;④化妆品;⑤药品;⑥电子产品。如 U 盘、USBHub、充电器、充电宝、电机。电子手表如果海关没有抽检到可过;⑦所有刀具;⑧其他发现不能过的产品。如赌场筹码、万磁火柴、键盘清洁泥、3D 镜片(安检呈现放射性)、带灯的眼镜、熨头棒(内含锂电池)、红外线仪、镜片太厚的望远镜、同包装内含粘胶或数量过多的成盒装的水钻、手机贴、指甲贴、灯泡(包括含电池的灯泡、LED 灯)。

(6)退回原因:

①转运仓发现破损而拒收的包裹。

②转运仓发现含违禁品的包裹。

③转运仓检查出来超过中国邮政小包规定的重量体积限制的包裹。

④被机场安检或海关退回的含有违禁品的包裹。

⑤海外段退回到转运仓的包裹。

(7)退回件退费处理:

不涉及退费	①用户的小包在物流商转运仓发现破损的②超重、超规格、用户发错仓、订单取消等原因不能做入库的。需要退回,但不涉及退费。
退费	①用户的小包不能通过收寄邮局安检被退回,运费和挂号费全部退回。 ②退回件退费由物流商线下主动退还给商家,物流商要留存相关退费证明。
不退费	①2015 年 4 月 1 日之后创建的物流订单,发生的用户小包不能通过境内机场航空安检或不能通过境内海关检查被退回,运费和挂号费不退。 ②用户的小包在目的国不能进口被退回、收件人地址不详被退回、收件人拒收等原因被退回,运费和挂号费不退。 ③用户的小包因为违反寄达国海关和禁限寄规定导致被进口国海关扣留、销毁的,运费和挂号费不退,由此产生的法律后果应该由寄件人承担。

(8)中邮小包的优缺点:

优点:①中邮小包最大的优势是便宜。是目前国际邮政小包中最便宜的,而且发往部分国家的包裹运达时间并不长,属于性价比高的物流方式;②通关快,派送网络覆盖面广。中邮小包进出境报关比快递简单,而且享有"绿色通道"。中国邮政是"万国邮联"成员,其派送网络世界各地都有,覆盖广;③能邮寄的物品比快递多。中邮小包本质上属于"私人包裹",比商业性快递能邮寄的物品多。

缺点:①单件包裹限重 2KGS。如果单件包裹超过 2KGS 就要分成多个包裹邮寄,或者选择其他物流方式;②运送时间总体比较长。如俄罗斯、巴西等国,从发货到签收超过 40 天都是正常现象;③跟踪查询不方便。中国邮政官网 183 网站只能跟踪国内段,国外段不能实现全程跟踪,许多国家不支持全程跟踪,要借助提供查询服务的第三方网站或寄达国查询网站查询;④退件要收运费。

总体上来说，中邮小包适合具有一定的发货数量、运价低、寄递物品比较轻、时限可比较长、查询要求不高的卖家。

(9)中邮小包通关注意事项：

①海关有数量限制。中邮小包被海关认定为"私人包裹"，不属于商业快递。既然是"私人包裹"，数量就不能太大。目前海关对中邮小包虽然没有"绝对"的数量限制，但是海关对数量的管控原则是"合理自用数量"，普遍的理解就是以自用和馈赠亲友使用为限。

②海关有价值限定。中邮小包属于个人物品，海关规定，对进出境的个人物品，港澳台每次通关限值 800 元，国外每次通关限值 1000 元，超值部分，确属于不可分割和个人使用的，可从宽验放。

3. 中国邮政大包

中国邮政大包英文名称为 China Post Air Parcel，分为航空、航空水陆路(SAL)和水陆路三种大包，航空大包一般全程走空运，航空水陆路(SAL)大包是在两国之间走空运，本国内走陆路或水路。水陆路大包是全程走水陆路。航空、航空水陆路(SAL)和水陆路三种大包的运价和时效性由高到低排列。中国邮政大包的时效按地区有所区别，航空大包到欧洲、北美约 2 周，到日本约 10 天。空运水陆路大包平均 25 天。水陆路大包至北美 2 个月左右，至欧洲 2 个半月左右。中国邮政大包同中国邮政小包的主要区别在于，中国邮政大包更适合体积较大、较重、时效性要求不高的包裹。以重量收费。

(1)资费标准。计费公式：首重 1kg 的价格＋续重 1kg 的价格×续重的数量。同时邮局还要收取单据费、送交海关验关费、挂号费、保价费、手续费等其他费用。委托货代公司邮寄往往比直接去邮局邮寄便宜，货代公司能够在中国邮政业务官网公布运价的基础上给出一定的折扣。中国邮政大包资费查询网址：http://wenku. baidu. com/link? url＝8JW5oEnQ－y9qoSUp362aCVwWNDZgASFtkHoaP8RAdcx_nT_MX8D7k4bfncLzy8kjXjTUAHnH1_YKi－i7Q－jqIPgdFKUMUAkqducinRebg－y。

(2)投递时间。中国邮政并没有对邮政大包的投递时效做出承诺。

查询网址：http://intmail. 183. com. cn。

中国邮政大包投递参考时效：①亚洲邻近国家：4—10 天。

②欧美主要国家：7—20 天。

③其他地区和国家 7—30 天。

(3)体积和重量限制：

最大重量限制：2kg≤重量≤30kg(部分国家不超过 20kg，每票快件不能超过 1 件)；

最大体积限制：①单边≤1.5 米，长度＋长度以外的最大横周≤3 米(不超过 30KGS 包裹)；

②单边≤1.05 米，长度＋长度以外的最大横周≤2 米(不超过 20KGS 包裹)。(见图 8-2)

最小尺寸限制：最小边长不小于 0.24 米、宽不小于 0.16 米。

(4)禁寄物品。与中国邮政小包要求基本一致，主要是要符合国际航空运输和国家法律法规的要求。

(5)中邮大包的优缺点。

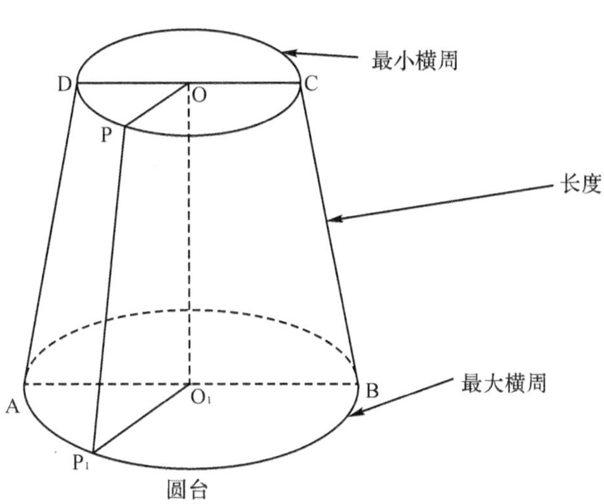

图 8-2　最小横周与最大横周示意图

优点：①成本低。价格比 EMS 低，且和 EMS 一样不计算体积重量，没有偏远附加费，较商业快递有绝对的价格优势；②交寄方便，通达国多。只要有邮局的地方，都可以交寄和到达；③操作简便，快速通关。方便、快捷、单一的运单，并由公司统一打印，减少了客户的麻烦，享受包裹的快速通关优惠。

缺点：①限重。部分国家限重 10KGS，最高也只有 30KGS；②投妥速度慢；③只能是一件一票；④查询信息更新慢；⑤退件要收运费。

4. 香港小包

时效中等，价格适中，上网速度快，由于所有小包是直接送到香港邮政机场处理中心的，并不像中国邮政小包中间会经历多个中转站点，香港小包的离岸时间是在 1 到 3 天，而国内邮政小包处理是 2 到 7 天，处理速度快，另外它的丢包率非常低。集货仓在深圳。

资费标准：香港小包不分首重和续重，亚洲国家（除日本以外）100 元/千克，北美、大洋洲、欧洲（东部除外）、日本 115 元/千克，其他国家 120 元/千克。另加挂号费 13 元/件，邮件处理费 2 元/件，没有附加费，没有货代折扣。目前香港小包在华南地区货代网络较发达，其他地区货代网络较少。以重量收费。

重量限制：不超过 2KGS。

体积限制：非圆筒形包裹，长＋宽＋高≤90cm，14cm≤单边长≤60cm，宽≥9cm。

圆筒形包裹，17cm≤直径的 2 倍＋长≤104cm，10cm≤单边长≤90cm。

相关关税：进口国收件人拒绝支付进口关税的，将由发件人承担关税。

退件处理：提供退件服务，包裹先退到香港邮局，再进口到深圳 SFC 处理中心，退件费为 RMB50 元/kg。

禁寄物品：按照国际航空运输条款规定。

香港邮局官网：http://www.hongkongpost.hk。

5. 新加坡小包

新加坡小包最主要特点是服务好和可寄送带电商品。它的服务质量在邮政小包中算最好的，98%的货件在收货后第二天上网，邮件丢失或毁损提供赔偿，可在线发起投诉，投诉成立后最快5个工作日完成赔付。是目前手机、平板等含锂电池商品的主要运输渠道。按重量收费。

运输线路：从深圳、中国香港、上海、北京四个城市出境，直航到新加坡邮政，再由新加坡转寄到世界各地。

资费标准：如表8-2所示，挂号费为13元/件。

表8-2 资费标准

资费区	通达国家(地区)	资费标准(RMB,元/千克)
一区	美国、意大利、德国、法国、英国、澳大利亚、新西兰、日本、新加坡	92
二区	其他国家(伊朗、伊拉克、索马里不通邮)	103
三区	芬兰、挪威	116
四区	拉脱维亚、立陶宛、保加利亚、白俄罗斯、乌克兰、斯洛伐克、俄罗斯	120
五区	厄瓜多尔、秘鲁、墨西哥、智利、哥伦比亚、玻利维亚、乌拉圭	125
六区	阿根廷、巴西	146

重量限制：不超过2KGS。

体积限制：长方形包裹，长+宽+高≤90cm，单边长≤60cm，正面尺码不得小于9×14cm。

圆轴形包裹，直径的2倍+长≤104cm，单边长≤90cm。

退件处理：①集货仓内退件。运费及挂号费全额退回。

②国内未通过邮政、航空安检被退回。退回50%运费，挂号费不退。

③国外段未通过邮政、航空安检被退回。退回50%运费，挂号费不退，但需要收取新加坡到中国香港段的航空运费RMB12元/kg，产生的关税由卖家承担。

④目的国不能进口或买家拒收等原因退回。不退运费及挂号费。

⑤航空安检或海关查验被没收或销毁的包裹。不退运费及挂号费，不赔偿损失。

⑥目前包裹退回线路：收货人所在国家→新加坡→中国香港→深圳SFC处理中心→发货人所在地。从其他国家退回新加坡运费全免，从新加坡到中国香港运费RMB12元/kg，退件费为RMB50元/kg，如产生关税，由卖家承担。

⑦卖家放弃包裹。无费用产生。

禁寄物品：按照国际航空运输条款规定。

带电池产品的寄送规定：①不能寄送纯电池。

②英国、德国、意大利、老挝不能寄送任何带电池产品。

③其他国家只接受内置电池。内置电池为内置在电子设备内的电池，具有较好的绝缘处理，避免发生短路现象。

④所有带电池产品及设备需要使用合适的外包装材料进行严密包装，以抵御运输过程中可能发生的碰撞、挤压等外力侵袭，以免产品损坏或发生危险。

⑤新加坡邮政不接收的带内置电池产品有电动车、电动轮椅、小型发电机、自动体外心

脏除颤器、其他功率较大带内置电池产品。

⑥每票包裹不能超过 2 块内置锂电池或 4 块纽扣锂电池。

新加坡邮局官网:http://www.singpost.com。

(二)国际快递

与邮政小包相比,快递速度快、服务好、清关能力也较强、货物跟踪系统建设完善,发往美国的邮政小包 15 天内到达,而商业快递只需要 3—5 天。但商业快递价格昂贵,运价是邮政小包的 200%到 300%,而且到达某些国家的通达能力不及邮政系统。一般中国商户只有在客户时效性要求很高的情况下,才使用国际快递派送商品。邮政小包是按照重量收费,国际快递是按照重量和尺码取其大计算运费,EMS 快递按照 8000cm^3 相当于 1 千克,国际商业快递按照 6000cm^3 相当于 1 千克。

1. EMS 快递

EMS 的英文全称为 Express Mail Service,是各国邮局系统开办的快递业务。

(1)资费标准。按照起重 500g、续重 500g 计费,无燃油附加费,每票货收 4 元的国内报关费。EMS 官网 http://ems.com.cn 上有详细的官方运价,货代公司会在官网价格的基础上给出一定的折扣。

表 8-3 国际 EMS 运价表

资费区	通达国家(地区)	起重 500 克	续重 500 克
		物品 RMB	
一区	澳门、台湾、香港	130	30
二区	朝鲜(北韩)、韩国(南韩)、日本	180	40
三区	菲律宾、柬埔寨、马来西亚、蒙古、泰国、新加坡、印度尼西亚、越南	190	45
四区	澳大利亚、巴布亚新几内亚、新西兰	210	55
五区	美国	240	75
六区	爱尔兰、奥地利、比利时、丹麦、德国、法国、芬兰、加拿大、卢森堡、马耳他、挪威、葡萄牙、瑞典、瑞士、西班牙、希腊、意大利、英国	280	75
七区	巴基斯坦、老挝、孟加拉、尼泊尔、斯里兰卡、土耳其、印度	300	80
八区	阿根廷、阿联酋、巴拿马、巴西、白俄罗斯、波兰、俄罗斯、哥伦比亚、古巴、圭亚那、捷克、秘鲁、墨西哥、乌克兰、匈牙利、以色列、约旦	335	335
九区	阿曼、埃及、埃塞俄比亚、爱沙尼亚、巴林、保加利亚、博茨瓦纳、布基纳法索、刚果(布)、刚果(金)、哈萨克斯坦、吉布提、几内亚、加纳、加蓬、卡塔尔、开曼群岛、科特迪瓦、科威特、克罗地亚、肯尼亚、拉脱维亚、卢旺达、罗马尼亚、马达加斯加、马里摩洛哥、莫桑比克、尼日尔、尼日利亚、塞内加尔、塞浦路斯、沙特阿拉伯、突尼斯、乌干达、叙利亚、伊朗、乍得	445	445

(2)投递时间。通常为3—8个工作日,不包括清关时间。各个国家邮政、海关处理时间不同,卡哈拉国家承诺的投妥时间以EMS官网公布的为准。

(3)体积和重量限制。单个包裹的长宽高任意一边不得超过1.5m,最短面的周长+最长单边不得超过3m。单个包裹计费重量不得超过30KGS。(见图8-3)

图8-3 最短面周长与最长单边示意图

(4)计费重量的计算方法。最长边小于60cm的包裹,按照重量收费;最长边大于等于60cm的包裹,重量与体积取其大。体积与重量的折算以1KGS等于8000cm^3。

(5)禁寄物品

①国家法律法规禁止流通或寄递的物品。如国家有关文件和机密资料、货币及有价证券、仿真武器、管制刀具、珍贵文物、活动物、濒危野生动物制品、反动淫秽物品、妨害公共卫生物品等。②侵权产品。③烟酒。④航空禁运品,如粉末、液体、含有粉末或液体的物品、易燃易爆等危险品。⑤含锂电池的电子类物品。⑥易腐烂物品。

⑦寄达国(地区)禁止寄递进口的物品。

出境常见的安检退回物品有带磁、带电、带电机的产品,电子电器类产品,灯泡,无法验视密封性良好的产品,带液体产品,带有刀剑枪外形的玩具。如车载DVD、电动按摩器、电动玩具、气动工具、泵、电磁阀、液压或气压产品、充气的球类产品、水笔、圆珠笔、面膜等。

(6)出境口岸。邮政速递仓库收寄货物通过杭州和上海口岸发往海外。其中美国、英国、德国、法国、日本、韩国、中国香港、新加坡、加拿大、意大利、俄罗斯、澳大利亚等12个国家或地区从杭州出关,发往其余国家的货物从上海口岸出关。

(7)EMS优缺点

优点:①邮递、清关、航空运输方面有优先处理权;②投递网络覆盖广,价格合理;③不需要商业发票就可以清关,通关不过的货物可以免费运回国内,其他快递一般都要收费;④特别适合小件及对时效性要求不太高的货物,可走敏感货物,不易打关税;⑤寄往南美国家和俄罗斯有绝对优势。

缺点:①相对于商业快递来说,速度慢;②查询网站信息滞后,一旦出现问题,只能做书面查询,时间较长;③不能一票多件;④大货价格偏高。

2. UPS

United Parcel Service,联合包裹服务公司,总部在美国,是世界最大的快递公司,主要运输包裹。提供速卖通线上发货服务,主要有UPS Express Saver和UPS Express Expedited两种服务。UPS Express Saver(红单)速度快,价格贵一点,UPS Express Expedited(蓝单)价格实惠,速度相对较慢。集货仓在深圳、上海。

(1)UPS资费标准。在http://www.ups.com/content/cn/zh/index.jsx官网公布运

价的基础上，货代公司给予8—9折。

(2)参考时效。2—4个工作日。

(3)体积重量限制：

①每个包裹最大重量不超过70KGS。

②每个包裹最大长度不超过270cm。

③每个包裹最大尺寸：长度+周长≤330cm。

④UPS快递一般不接收超重和超尺寸的包裹，如果接收，要收取超重超长附加费RMB378元/件，但不论转机多少次，只收取一次附加费。

(4)禁寄物品：

①侵犯知识产权的物品。

②电池及带电池的物品。

③国际航空运输禁止运送的物品。如全部或部分含有液体、粉末、颗粒的物品，化工产品，易燃、易爆物品，带有磁性的物品。

④寄达国禁止进口的物品。

(5)发货操作注意事项：

①UPS主要优势在美洲和亚洲的日本航线。

②对托运物品限制严格。

③计算运费时，重量和体积要取其大。发运6—21KGS或100KGS以上的包裹性价比较高。

④发往巴西包裹，由于以往货值低报现象比较严重，造成进口清关时扣留或退回包裹较多，现在要求中国卖家随货提供商业发票和货物声明价值。巴西、阿根廷、智利清关时要求提供收件人税号(CPF)。

(6)赔付：

遵照《华沙公约》。

3. FedEx

FedEx全称为Federal Express，即联邦快递，总部在美国，亚太总部在香港，在东京、上海、新加坡设有区域性总部。FedEx线上发货有FedEx IP(优先型服务)和FedEx IE(经济型服务)两种。FedEx IP递送时间短，价格较贵。FedEx IE递送时间长，价格较便宜。集货仓在深圳、上海。

(1)资费标准。在http://www.fedex.com/cn/rates/index.html官网公布运价的基础上，货代公司给予8—9折。

(2)参考时效。FedEx IP递送时效为2—5个工作日；FedEx IE递送时效为4—6个工作日。

(3)体积重量限制：

①体积限制。单件最长边不能超过274cm，长度+周长≤330cm。

②重量限制。一票多件的，单件包裹重量不能超过68KGS，一票总重量不能超过300KGS。单件超过68KGS，或一票超过300KGS，要提前预约，取得快递公司同意，才能

发货。

(4)禁寄物品。同 UPS。

(5)发货操作注意事项:

①FedEx 主要优势在美洲航线。

②对托运物品限制严格。

③计算运费时,重量和体积要取其大。发运 21KGS 以上的包裹性价比较高。

④发往欧盟和中东地区的包裹需要随货提供商业发票。

(6)赔付:

遵照《华沙公约》。

4. TNT

TNT,即 Thomas National Transport,国内称天地快递,总部位于荷兰,与速卖通合作,共同推出了 TNT 线上发货服务,主要优势航线为欧洲航线。集货仓在上海。

(1)资费标准。在 http://www.tnt.com 官网公布运价的基础上,货代公司给予 8—9 折,线上发货可能没有折扣。TNT 快递的运费包括基本运费和燃油附加费,其中燃油附加费每个月在变动。

(2)参考时效。一般货物在发货次日即可实现网上追踪,TNT 递送时效为 3—5 个工作日;TNT 经济型递送时效为 5—7 个工作日。

(3)体积重量限制:

①体积限制。三条边分别不能超过 2.40×1.50×1.20m。

②重量限制。单件包裹重量不能超过 70KGS。

(4)禁寄物品。同 UPS。

(5)发货操作注意事项:

①快递运费不包括目的地可能产生的进口关税、海关罚款、延迟清关仓储费。因货物或收件人原因导致货物无法清关而被退回原发件地的,所产生的一切费用,由发件人承担。

②计算运费时,重量和体积取其大。

③申请索赔的,需在包裹上网后 21 天内提出,预期 TNT 不再受理。

④不接收仿牌货物,因为仿牌被海关扣留的,TNT 不承担责任。

⑤纺织品大货发往西欧、大洋洲,运价有优势。

(6)赔付:

遵照《华沙公约》。

5. DHL

DHL (敦豪),公司的名称 DHL 由三位创始人姓氏的首字母组成(Dalsey, Hill and Lynn),1969 年创建于美国,目前被德国邮局控股,总部在布鲁塞尔,是国际四大快递公司中唯一与中外运合资的公司。集货仓在深圳。

(1)资费标准。在 http://www.dhl.com 官网公布运价的基础上,货代公司给予 8—9 折。

(2)参考时效。一般货物在发货 1—2 个工作日后会有上网信息,递送时效为 2—4 个工作日。

(3)体积重量限制：

①体积限制。单件包裹的最长边不超过1.20m。

②重量限制。单件包裹重量不能超过70KGS。超过时要收取超长超重附加费260元/票。

(4)禁寄物品。同UPS。

(5)发货操作注意事项：

①物品申报品名时，要填写实际名称，不接受礼物或样品申报。

②计算运费时，重量和体积取其大。

③有部分国家不接受PO BOX邮箱地址，必须提供收件人电话，必须用英文填写，其他语种不行。

④四大快递中，DHL在国外的网点最多。

⑤重量在5.5KGS以上，或重量在21KGS—100KGS之间性价比较高。

(6)赔付：

遵照《华沙公约》。

6. TOLL

TOLL，拓领快递，总部在澳大利亚，集货仓在上海。

(1)资费标准。在 http://tollglobalexpress. com 官网公布运价的基础上，货代公司给予8—9折。首重和续重均为0.5KGS。

(2)参考时效。东南亚国家3—5个工作日，美加6—10个工作日，澳大利亚3—5个工作日，欧洲6—10个工作日，南美8—15个工作日，中东8—15工作日。

(3)体积重量限制：

①体积限制。120cm＜最长边＜180cm、长度＋周长＜300cm，每票货加收RMB200元操作费。

②重量限制。单件包裹重量不能超过45KGS。

(4)禁寄物品。同UPS。

(5)发货操作注意事项：

①快递运费不包括目的地可能产生的进口关税、海关罚款、延迟清关仓储费。因货物或收件人原因导致货物无法清关而被退回原发件地的，所产生的一切费用，由发件人承担。

②计算运费时，重量和体积取其大。

③因为地址不详，货物派送不成功，需要更改地址的，TOLL每票货会收取50元操作费。

④因申报不实，或谎报导致在目的地无法清关，或被海关罚款的，一切费用由发件人承担，TOLL会另外收取每票75元的清关操作费。

⑤TOLL在当地会有两次派送服务，两次派送均不成功，第三次派送每票货收取75元派送费。

⑥TOLL不接受金属包装、木箱包装及严重不规范的包装，否则会另外收取200元的操

作费。

(6)赔付：

遵照《华沙公约》。

(三)国际专线物流

专线物流在速度、价格、服务方面，介于商业快递和邮政小包之间，但清关能力、网络覆盖比前两者稍弱。目前中国跨境专线物流主要有：

1. 俄罗斯专线

(1)优速宝芬兰邮政 Posti Finland。官网：http://www.belpost.by/。

(2)芬兰邮政经济小包 Posti Finland Economy。官网：http://www.belpost.by/。

(3)中俄快递—SPSR(发15KGS以内货物)。官网：http://www.spsr.ru/en/service。

(4)中俄航空快递 Ruston Russian Air。官网：http://www.ruston.cc/customer。

2. 白俄罗斯专线

(1)优速宝芬兰邮政 Posti Finland。官网：http://www.belpost.by/。

(2)芬兰邮政经济小包 Posti Finland Economy。官网：http://www.belpost.by/。

3. 中东专线

中外运安迈世 Aramex，官网：https://www.aramex.com；http://vera063.yellowurl.cn/。

4. 南美专线：

燕文专线，Special Line-YW，官网：http://www.yw56.com.cn。

5. 西班牙专线

中外运—西邮经济小包，Sinoair-Correos Economy Service，官网：http://www.sinoair.com/index.php；http://www.aliexpress.com/。

(四)海外仓

1. 海外仓的运作模式

海外仓就是卖家在海外建立存货仓库，其基本运作模式如下：

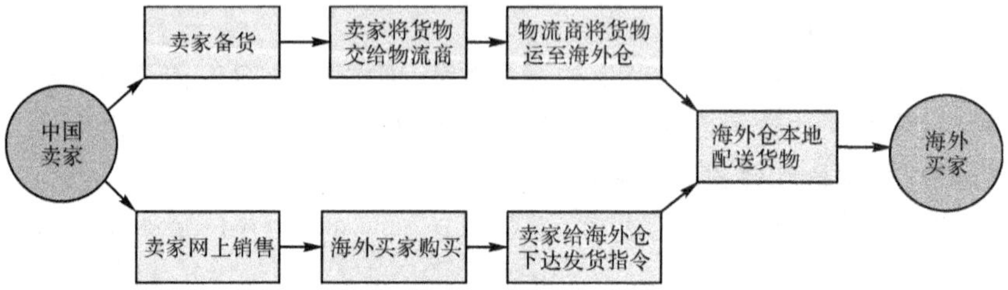

图 8-4 海外仓操作流程图

2. 海外仓分类

分为自建仓和租赁仓。自建仓是出货量大的跨境电商企业在客户集中的国家设立存货仓库。租赁仓是国际物流企业在海外设立存货仓库，为跨境电商企业提供仓储、分拣、包装和派送服务。目前速卖通平台可以提供的海外仓有美国、英国、德国、西班牙、法国、意大利、俄罗斯、澳大利亚、印度尼西亚等国，卖家可以选择在海外仓发货。

3.海外仓费用构成

海外仓的费用由三部分构成，头程费用＋仓储及处理费＋本地配送费用。头程运费就是从中国到海外仓的运费，由于发货量大，一般都是走运价最便宜的海运，所以海外仓的头程运费要比非海外仓的其他跨境物流方式的运费要低很多。仓储及处理费包括存放费和单证处理费，目前海外仓的存放费：一般货物 0.05—0.08 元/件/天，单件价值 200 元以上货物 0.20 元/件/天。单证处理费为一般货物 500g 以下/1000g 以下/2000g 以下/10000g 以下，对应价格分别为 3 元/4 元/5 元/8 元；单件价值在 200 元以上货物 10kgs 以下/30kgs 以下/50kgs 以下/70kgs 以下，对应的单证处理费分别为 10 元/12 元/30 元/60 元。

4.海外仓优势

(1)物流时间短。

(2)售后服务成为可能。可以快速退换货、维修。

(3)提高商品售价。由于发货时间短，提供售后服务等优势，卖家可以适当提高产品的售价。

(4)物流成本适中。在给买家提供上述优势的同时，物流成本并没有增加，据测算，建海外仓整体费用上，与邮政小包运价相当，比国际快递便宜 20%—50%。

5.海外仓建仓条件

并不是任何商品，任何卖家都适合海外仓物流方式。

(1)海外仓所在国家或区域的售货量要较大。大批量发货运费较高，仓储费也很高，如果不是畅销产品，或每个月只有几十单，不适合选择海外仓。

(2)体积大、重量大、价格高、不易运输、标准化产品更适合选择海外仓方式。可以有效降低物流成本，像服装、鞋类等季节性商品，选择海外仓方式风险较高。

(3)复进口有关税的商品不适合海外仓。有些商品运回国内的运费加进口关税会超过商品本身的价值。

(4)考虑海外仓所在国家或物流商管理水平。经常会发生海外仓产品被抢劫、焚烧、没收、偷盗等事件，所以目前速卖通海外仓都选择建在法治和管理水平较高的发达国家。

任务二：国际邮政小包“线上发货”与“线下发货”操作流程与方法

下面以速卖通平台为例，说明国际邮政小包“线上发货”与“线下发货”操作流程与方法，其他电商平台发货的原理和方法相似。

(一)“线上发货”

卖家出单后，可直接在速卖通后台的交易订单中心点击“线上发货”按钮，选择在线物流方案。线上发货是通过速卖通平台指定的物流商发货，卖家要将包裹自己寄到物流商指定的集货仓，不可议价，发货量小的卖家多选择线上发货。

第一步：在线选择物流方案

(1)设置运费模板，如图 8-5 所示。

图 8-5　设置运费模板

(2)线上发货。即选择物流方案,如图 8-6 所示。

图 8-6　线上发货

(3)创建物流订单,如图 8-7、8-8 所示。

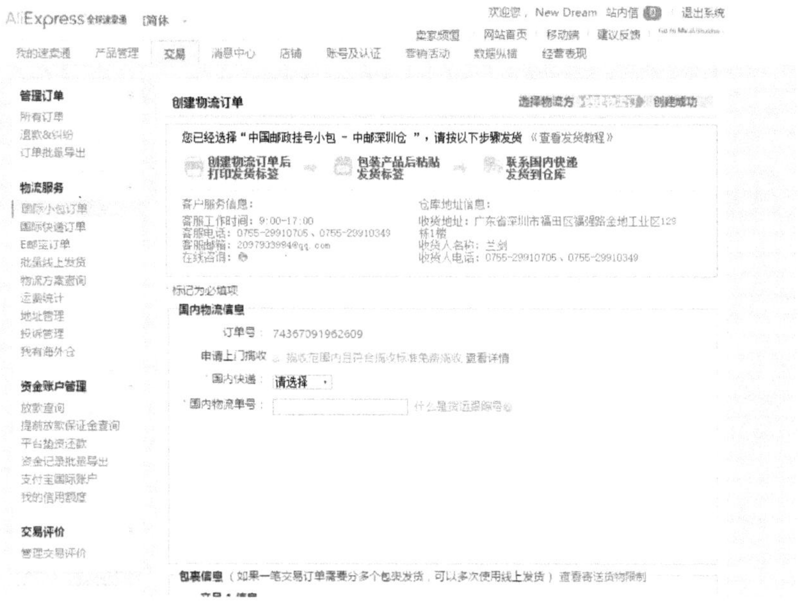

图 8-7　创建物流订单

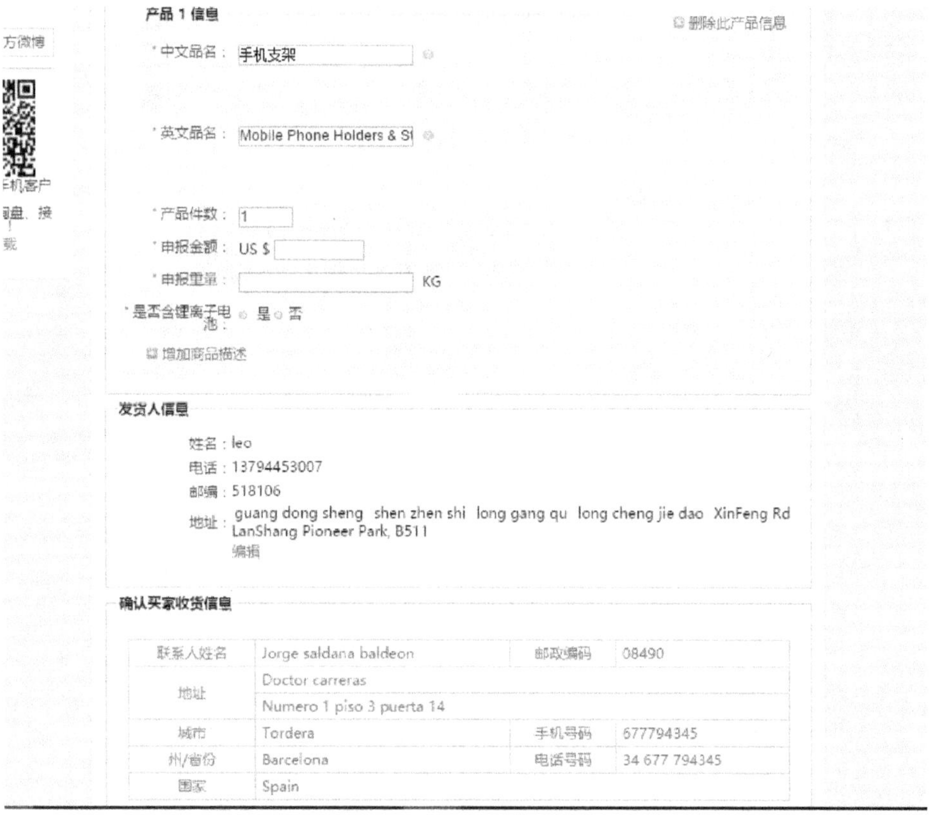

图 8-8　信息页面

(4)打印标签。标签是邮政包裹的申报清单，速卖通后台提供国际邮政小包申报清单模板，填写好，打印出来，如图 8-9、8-10 所示。

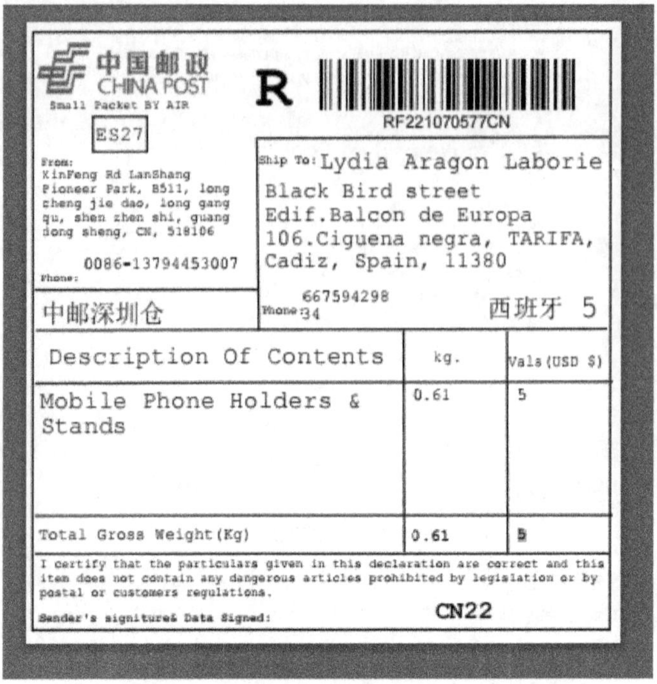

中国邮政
CHINA POST
Small Packet BY AIR
R
RF221070577CN
ES27
From:
XinFeng Rd LanShang Pioneer Park, B511, long cheng jie dao, long gang qu, shen zhen shi, guang dong sheng, CN, 518106
0086-13794453007
Phone:
Ship To: Lydia Aragon Laborie
Black Bird street
Edif.Balcon de Europa
106.Ciguena negra, TARIFA,
Cadiz, Spain, 11380
667594298
Phone 34
中邮深圳仓
西班牙 5

Description Of Contents	kg.	Vals(USD $)
Mobile Phone Holders & Stands	0.61	5
Total Gross Weight(Kg)	0.61	5

I certify that the particulars given in this declaration are correct and this item does not contain any dangerous articles prohibited by legislation or by postal or customers regulations.
Sender's signiture& Data Signed: CN22

图 8-9 中国邮政国际小包速卖通平台 CN22 报关签条

中国邮政
CHINA POST
IMPORTANT:
The item/parcel may be opened officially.
Please print in English.
1F
LS 682 375 919 CN
FROM: chen lin
jeanne store
xiu yuan road XiuZhouQu
JiaXingShi ZHEJIANG 314000
CHINA
PHONE: 13567336045
Fees(US $):
Certificate No.
SHIP TO: AMY K CASCELLI
128 FERN AVE
WHARTON, NJ 07885-2230
UNITED STATES
WHARTON NJ 07885-2230
UNITED STATES OF AMERICA
PHONE973-214-0502

No	Qty	Description of Contents	Kg.	Val(US $)	Goods Origin
1	1	clothing 服装	0.3	2.0	CN
	1	Total Gross Weight (Kg.):	0.3	2.0	

I certify the particulars given in this customs declaration are correct. This item does not contain any dangerous article, or articles prohibited by legislation or by postal or customs regulations. I have met all applicable export filing requirements under the Foreign Trade Regulations.
Sender's Signature & Date Signed: CN22

图 8-10 中国邮政 ePacket CN22 报关签条

邮政包裹的报关单据分为CN22报关签条和CN23报关单，只有价值超过3100元的包裹才能使用CN23报关单。CN22报关签条和CN23报关单统称为申报清单，由于要贴在包裹正面，行业中习惯上称为“面单”。不同跨境电商平台的CN22报关签条格式略有不同，同时又分为打印版和手填版，目前以打印版为主，各种电商平台中都设有CN22报关签条模板，填写好，直接打印。下面分别介绍ePacketCN22报关签条、中国邮政小包CN22报关签条手填版、中国邮政小包CN23报关单填写规则。

➢ CN22报关签条打印版填写规则：

跨境电商物流类型不同，CN22报关签条格式略有不同，但主要内容与填写方式基本相同，CN22报关签条要用英文填写。下面以ePacket的CN22报关签条为例，说明CN22打印版的填写规则。

“From”栏：填写发货人店铺名称、地址、电话号码。

“Ship to”栏：填写海外收货人名称、地址、电话号码。

“Fee(US. $)”栏：一般不填。

“Certificate No.”栏：填寄达目的地清关所需的证件，如原产地证、卫生证明书、发货单等，如有则连同此报关单一并付检，不需要有关证书的，则不填。

“No.”栏：填项号。

“Qty”栏：填数量。

“Description of contents”栏：填货物名称。各国邮局明确规定，内载物品不能填写货物统称，例如“食品”“样本”或“零件”等，而应该列明具体货名，否则清关不过由发件人承担一切责任，但填写具体货名容易产生进口关税，实务中，发件人都是根据以往的发货经验填写。手填报关签条货名栏填写要求相同。

“Kg.”栏：填包裹的毛重。

“Val(US. $)”栏：填货物价值(美元表示)。

“Goods Origin”栏：填发货人所在国家代码。

“Total grass weight(Kg.)”栏：填包裹的总毛重、总价值。

填写好的样单如图8-5-1、8-5-2所示。

➢ CN22报关签条手写版填写规则：

A：根据包裹中物品的类别，在四个选项中打“√”号。

B：详细描述每类物品、有关数量以及计算单位。特别是接受检疫的物品，如植物、动物、食物等。

C：填单件物品毛重。

D：填单件物品价值。

E：物品原产国家。

F：填邮件的总重量(以公斤计算)。

G：填邮件的总价值。

H：填交寄日期及发件人姓名。寄件人在正面签署是保证所投寄的邮件并无装载任何国际邮政规例所禁寄的危险物品，包括爆炸性物品、易燃物品、腐蚀物品、氧化物品、有毒物品、有害物品或其他危害物品等。报关签条手填版样单如图8-11所示。

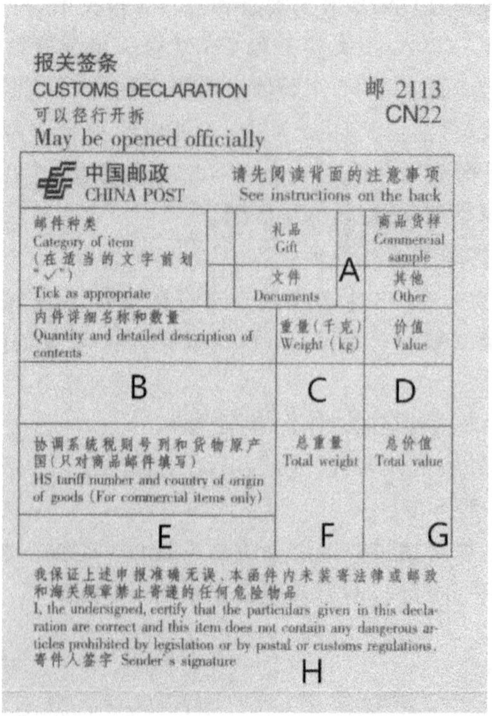

报关签条
CUSTOMS DECLARATION　　邮 2113
可以径行开拆　　CN22
May be opened officially

中国邮政 CHINA POST　　请先阅读背面的注意事项 See instructions on the back

邮件种类 Category of item (在适当的文字前划"✓") Tick as appropriate		礼品 Gift	A	商品货样 Commercial sample
		文件 Documents		其他 Other

内件详细名称和数量 Quantity and detailed description of contents	重量(千克) Weight (kg)	价值 Value
B	C	D
协调系统税则号列和货物原产国(只对商品邮件填写) HS tariff number and country of origin of goods (For commercial items only)	总重量 Total weight	总价值 Total value
E	F	G

我保证上述申报准确无误，本函件内未装寄法律或邮政和海关规章禁止寄递的任何危险物品
I, the undersigned, certify that the particulars given in this declaration are correct and this item does not contain any dangerous articles prohibited by legislation or by postal or customs regulations.
寄件人签字 Sender's signature　　H

图 8-11　CN22 报关签条手填版样单

➢ CN23 报关单填写规则：

对内装物超过 300 特别提款权(折合人民币约 3118 元)的，应填写 CN23 报关单一式两份，张贴在小包上寄发。

A 栏：填寄件人名称、详细地址(包括路、区、市、省、邮编、国家及电话号码)。

B 栏：填收件人名称、详细地址(包括门牌号、街区名称、城市名称、州名称、邮编、国家名称及电话号码)。

C 栏：填写包裹中物品的具体名称。

D 栏：填写包裹中物品的数量(以件为单位)。

E 栏：填写包裹中物品单件的重量(以千克为单位)。

F 栏：填写包裹中物品单件价值(以美元为单位)。

G 栏：根据单件重量和件数，计算包裹总重量。

H 栏：根据单件价值和件数，计算包裹总价值。

I 栏：根据包裹中内件性质，在相应的格子内打"×"。

J 栏：填写总邮费，一般由收寄局填写。

K 栏：盖收寄局日戳。

L 栏：寄件人签名。

M 栏：填写或张贴跟踪条码。例如"LS682375919CN"。CN23 报关单样单如图 8-12 所示。

LS 682 375 919 CN

中国邮政 CHINA POST

报关单邮 2103
CUSTOMS DECLARATIONCN23

寄自 From	寄件人姓名、地址（包括电话号码）寄件人参考代码 Name and address of sender(includeTel No.)（必要时填写）Sender`s reference (if any) A	函件号码 / 包裹号码（包括可能有的条码） No. of item/of parcel(bar code ,if any) M 本件可以径行开拆 The item/parcel may be opened officially 收件人参考代码（必要时填写）（例如税率代码 / 增值税代码 / 进口商代码） Importer`s reference(if any)(tax code/VAT No./importer`s code)
寄往 To	收件人姓名、地址（包括寄达国名、电话号码） Name and address of addressee(include county of destination and Tel No.) B	

物品详细名称 Detailed name of contents	数量 Quantity	净重 Net weight	价值 Value	只对商品邮件填写 For commercial item only 协调系统税则号列 HS tariff No.	货物原产国 County of origin of goods
C	D	E	F		

邮件种类 Category of item ☐ 礼品 I gift ☐ 文件 documents	☐ 商品货样 Commercial sample ☐ 退货说明 explaination Returned goods ☐ 其他 Other	总毛重 Total gross weight G	总价值 Total value H	邮费 Postal chargesJ 原寄局和收寄日期 Office of origin and date posting K

备注：（例如物品需要动植物检疫、卫生检疫或受其他限制） Comments:(e.g..goods subject toquarantine,sanitary/phytosanitary inspection or other restrictions)	我保证本报关单内所填各项准确无误，邮件内未装寄邮章禁止寄递的如何危险物品。 I certify that the particulars given in this customs declaration are correct and that this item does not contain any dangerous article prohibited by post regulations. 日期和寄件人签字 Date and sender`s signatureL
☐ 许可证 Licence No.　☐ 证明 Certificate No.　☐ 发票 Invoice No.	

图 8-12　CN23 报关单

(5)打包并张贴标签。

一般将带包装的物品装在邮件袋里,用宽胶带将邮件袋打十字形包装,将标签(申报清单)放在邮件袋正面,用透明宽胶带将邮件袋与标签固定牢固。包装不限于本书介绍的一种方法,但关键在于保护好带有跟踪条码的申报清单,进、出口国海关凭此验放。一是要保证胶带粘贴严密,以防雨水进去打湿条码;二是条码不能有褶皱,以免海关验放时,扫不到条码。包装方法如图 8-13 所示。

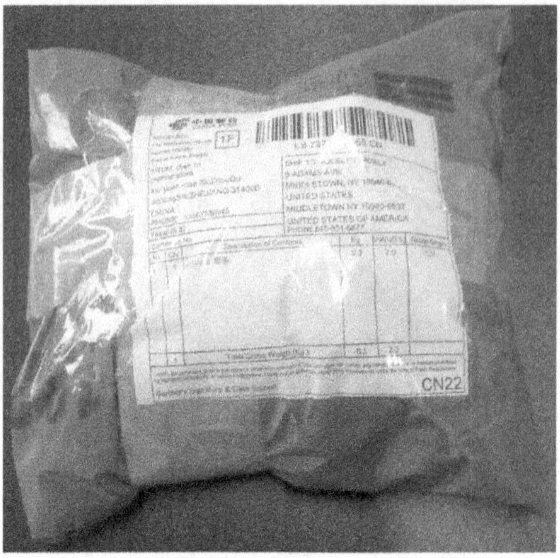

图 8-13　打包并张贴标签

第二步:发货。卖家将包裹寄到物流商指定的集货仓。

第三步:在线支付运费,如图 8-14 所示。

图 8-14　在线支付运费

第四步：物流商发货至买家

买家完成了支付以后，将由各物流商承揽包裹，并根据其邮路情况将包裹派送至买家地址或者买家所在地邮局，完成线上发货的最后一个步骤。

（二）"线下发货"

卖家在电商平台成交后，也可以不使用平台指定的物流商发货，而是在线下联系货代发货。采用线下货代发货，可以议价，货代上门收货，但要有一定的发货数量。跨境电商货代与一般贸易货代最大的不同在于，跨境电商货代只具有单一的揽货功能，不具有订舱、报关职能。不论是几级货代，揽到货以后，都要将货物交给卖家所在地邮局，即收寄局，由收寄局将货物运送到有国际邮件检查职能的邮局，即经转局，在经转局完成货物查验，验关放行。

任务三：跨境电商进出口报关操作

1. 跨境电商进出口通关操作流程（图 8-15）

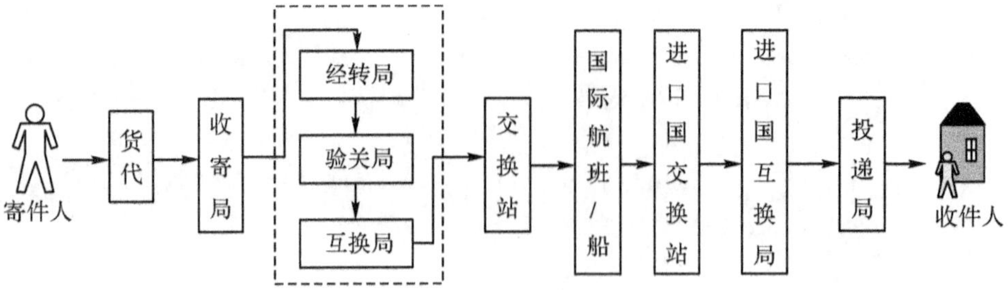

图 8-15 跨境电商通关流程图

2.跨境电商进出口通关操作方法

(1)寄件人将邮件交给本地货代。

(2)货代将邮件交给所在地邮局,即收寄局,由收寄局将邮件运送到经转局。

(3)国际邮件经转局是指省会城市邮政中心局和经中国邮政集团公司核准的地(市)邮政中心局。收寄局将邮件运送到经转局,由经转局负责对本省或指定地区进出口国际邮件进行规格检查、质量检查、转发处理。检查合格的邮件交给验关局,验关局里设有海关驻邮局办事处,验关局负责将邮件提交给海关办事处,对邮件进行查验,查验合格的,扫申报清单上的"跟踪条码"放行。验关局将查验放行的邮件交给互换局,互换局负责海关申报,将发往同一个国家的邮件封发邮件总包。由于互换局均兼有经转局和验关局的业务功能,实务中为了提高通关效率,由收寄局将国际邮件直接运送到互换局,在互换局内部一次性完成国际邮件的检查、申报、查验、验关放行。在互换局向海关申报前,海关首先要收到电商平台或物流企业通过海关的跨境电子商务通关服务平台向海关传输的交易、支付、物流等电子信息。海关对跨境电子商务零售进出口商品实行"清单核放、汇总申报"方式办理报关手续,进口采取"清单核放"方式办理报关手续。"清单核放、汇总申报"是指在每一批跨境电商商品进出口时,互换局将不同发件人的申报清单汇总,填写该批货物的申报清单并发送给海关。海关的申报清单有统一的格式,是专门用于电子商务的报关单。商品出口后,互换局在下月 10 号前(12 月出口的,在 12 月 31 日前)将上月结关的《申报清单》依据清单表头同一收发货人、同一运输方式、同一运抵国、同一出境口岸,以及清单表体同一 10 位海关商品编码、同一申报计量单位、同一币制规则进行归并,汇总,填写一般出口货物报关单并发送给海关。国家已开始试点,价值 5000 元以内的跨境电商商品出口,次月不再需要汇总生成一般出口货物报关单。进口实行"清单核放",每月不需要填写汇总的一般货物进口报关单。进口清单内的商品将免于向海关提交许可证件,检验检疫监督管理按照国家相关法律法规的规定执行;从国外直购商品免于验核通关单,网购保税商品"一线"进区时需按货物验核通关单(2017 年 5 月 10 日前暂免通关单)、"二线"出区时免于验核通关单。

(4)互换局将国际邮包交给互换站,由互换站将邮包交给国际航班/船。

(5)邮包运送到寄达国后,由国际航班/船将邮包交给寄达国的国际邮件交换站。

(6)交换站将国际邮件交给互换局,由互换局负责对邮包进行开拆、检查、查验、验关放行。

(7)互换局将国际邮件交给投递局。

(8)投递局将邮件送到国外收件人。

任务四:跨境电商货物查询与跟踪

当货物交寄物流后,卖家要随时掌握物流状态,以便最终完成该笔交易。物流信息可以在交易平台的订单详情页面查询到,但是在很多情况下,系统更新不及时,或者交易平台不能显示查询信息,这就需要我们到各个物流商的官网,输入货运单号查询。表 8-3 是目前常用的物流商跟踪网址。

表 8-3　各国邮政、快递、专线物流跟踪网址

各国(地区)邮政	中国邮政	http://intmail.183.com.cn/zdxt/yjcx/
	中国香港邮政	http://app3.hongkongpost.hk/CGI/mt/enquiry.jsp
	日本	http://www.post.japanpost.jp/index.html
	韩国	http://service.epost.go.kr/
	泰国	http://track.thailandpost.co.th/tracking/default.aspx
	新加坡	http://www.singpost.com/
	马来西亚	http://www.pos.com.my/
	德国	http://nolp.dhl.de/
	意大利	http://www.posteitaliane.post/english/index./shtml
	法国	http://www.chronopost.fr/transport—express/livrason—colis
	英国	http://www.royalmail.com/track—your—item
	挪威	http://www.posten.no/en/
	以色列	http://www.israelpost.co.il/itemtrace.nsf/mainsearch
	瑞士	http://www.swisspost.ch/
	瑞典	http://www.posten.se/tracktrace
	比利时	http://track.bpost.be/etr/light/showsearchpage.do
	爱尔兰	http://www.track.anpost.ie/tracklist.aspx
	俄罗斯	http://www.russianpost.ru/tracking20/english.htm
	西班牙	http://www.correos.es/ss/satellite/site/
	土耳其	http://www.ptt.gov.tr/sx/ptt/
	波兰	http://sledzenie.poczta—polska.pl/
	丹麦	http://www.postdanmark.dk

续 表

各国(地区)邮政	美国	http://tools.usps.com/go/trackconfirmaction_input
	加拿大	http://www.canadapost.ca/cpotools/apps/track/
	巴西	http://www.correios.com.br/english
	澳大利亚	http://auspost.com.au/track/
	新西兰	http://www.nzpost.co.nz/tools/tracking
航空快递	EMS	http://www.ems.com.cn/
	UPS	http://www.ups.com/
	DHL	http://www.cn.dhl.com/
	FedEx	http://www.fedex.com/
	TNT	http://www.tnt.com/
专线物流	中俄航空 Ruston	http://www.ruston.cc/customer/xiaojianchaxun.php
	航空专线—燕文	http://www.yw56.com.cn/
	新加坡小包(递四方)	http://www.4px.com/

理论支撑

一、跨境电子商务零售进口税收政策

该政策主要针对跨境电商进口中的“保税进口模式”。按照进口商品征收关税和进口环节增值税、消费税。凡列入国家《跨境电子商务零售进口商品清单》,简称“正面清单”,通过与海关联网的电子商务交易平台交易,能够实现交易、支付、物流电子信息“三单”比对,或者未通过与海关联网的电子商务交易平台交易,但快递、邮政企业能够统一提供交易、支付、物流等电子信息,并承诺承担相应法律责任进境的跨境电子商务零售进口商品,不再按照个人自用物品对待,而是按照货物征收关税和进口环节增值税、消费税。具体政策为跨境电子商务零售进口商品的单次交易限值为人民币2000元,个人年度交易限值为人民币20000元。在限值以内进口的跨境电子商务零售进口商品,关税税率暂设为0%;进口环节增值税、消费税取消免征税额,暂按法定应纳税额的70%征收。超过单次限值、累加后超过个人年度限值的单次交易,以及完税价格超过2000元限值的单个不可分割商品,均按照一般贸易方式全额征税。全额征税是指超过限值后,要按照发票总金额乘以适用的税率征税,而不是只对超额部分征税。

二、个人自用物品征收行邮税政策

该政策主要针对“海外直购或代购”模式,分为个人进境物品和个人邮递物品两种。

由个人携带进境的物品,金额在5000元以内(免税店购买的,金额在8000元以内,进境

物品价值以海关完税价格核算为准)，免税放行；超过免征数额但仍在个人自用合理范围内的，超额物品要征收行邮税，对不可分割的单件物品，全额征税；进出境的物品超出个人自用合理数量，要按货物办理报关手续或其他海关手续。烟酒、国家指定的 20 种商品不在免税范围。香港、澳门地区居民及因私往来香港、澳门的内地居民可免税带进香烟 200 支，或雪茄 50 支，或烟丝 250 克，和免税 12 度以上酒精饮料 1 瓶(0.75 升以下)；其他旅客则可免税带进香烟 400 支，或雪茄 100 支，或烟丝 500 克，和 12 度以上酒精饮料 2 瓶(1.5 升以下)。电视机、摄像机、录像机、放像机、音响设备、空调器、电冰箱(电冰柜)、洗衣机、照相机、复印机、程控电话交换机、微型计算机及外设、电话机、无线寻呼系统、传真机、电子计算器、打字机及文字处理机、家具、灯具、餐料等二十种商品按照国家规定征税。但不是说个人携带进境物品总金额只要不超过 5000 元或 8000 元，就可以免税放行，海关判断是否属于个人物品的原则是“合理自用”，例如个人携带一种物品进境，且数量大大超过了个人自用的数量范围，虽然总金额没有超过 5000 元或 8000 元，海关会判定属于货物，而不是物品，按照货物进口税率征税。

个人寄自或寄往港、澳、台地区的物品，每次限值为 800 元；寄自或寄往其他国家和地区的物品，每次限值为 1000 元，在限值以内的，按照国家规定征税，税额在人民币 50 元(含 50 元)以下的，海关予以免征；个人邮寄进出境物品超出规定限值的，应办理退运手续或者按照货物规定办理通关手续，但邮包内仅有一件物品且不可分割的，虽超出规定限值，经海关审核确属个人自用的，可以按照个人物品规定办理通关手续。海关总署和邮政局之间有合作协议，凡入境邮件须征税的，由海关向收件人开出税单，由邮局向收件人代收。国内国际快递公司，也是类似操作。中华人民共和国进境物品归类表/完税价格表：http://www.customs.gov.cn/publish/portal0/tab49564/info793342.htm。

如果实际购买价格是《完税价格表》列明完税价格的 2 倍及以上，或是完税价格的 1/2 及以下的物品，进境物品所有人应向海关提供销售方依法开具的真实交易的购物发票或收据，并承担相关责任，海关可以根据物品所有人提供的上述相关凭证，依法确定应税物品完税价格。《完税价格表》中完税价格另行确定的物品，按照相同物品相同来源地最近时间的主要市场零售价格确定其完税价格。表中未列名的物品，按其主要功能(或用途)归入相应类别；不能按照上述原则归入相应类别的物品，归入“其他物品”类别。

表 8-4　行邮税税率表

行邮税税率	适用商品名称
15%	最惠国税率为零的商品(食品、饮料、金银、电话机、家具、摄录一体机、数码照相机、耳机、磁带、计算机及其配件、书报杂志、教育用影视资料、玩具、游戏娱乐用品等)
30%	其他商品(纺织服装鞋帽、钟表及其配件、箱包、钻石及其首饰、洗护用品、家用医疗保健美容器材、厨卫小家电、冰洗空电摄及其配件、影音设备及其配件、文具用品、邮票艺术品收藏品、自行车、体育运动用品、其他用品等)
60%	征收消费税的高档消费品(烟酒、珠宝玉石、高尔夫球及球具、高档手表、化妆品等)

三、海关总署关于跨境电子商务零售进出口商品有关监管事宜的规定

(一)适用范围

电子商务企业、个人通过电子商务交易平台实现零售进出口商品交易,并根据海关要求传输相关交易电子数据的,按照本公告接受海关监管。

(二)企业管理

参与跨境电子商务业务的企业应当事先向所在地海关提交以下材料:

(1)企业法人营业执照副本复印件。

(2)组织机构代码证书副本复印件(以统一社会信用代码注册的企业不需要提供)。

(3)企业情况登记表,具体包括企业组织机构代码或统一社会信用代码、中文名称、工商注册地址、营业执照注册号,法定代表人(负责人)、身份证件类型、身份证件号码,海关联系人、移动电话、固定电话,跨境电子商务网站网址等。

企业按照前款规定提交复印件的,应当同时向海关交验原件。如需向海关办理报关业务,应当按照海关对报关单位注册登记管理的相关规定办理注册登记。

(三)通关管理

1.跨境电子商务零售进口商品申报前,电子商务企业或电子商务交易平台企业、支付企业、物流企业应当分别通过跨境电子商务通关服务平台(以下简称服务平台)如实向海关传输交易、支付、物流等电子信息。进出境快件运营人、邮政企业可以受电子商务企业、支付企业委托,在书面承诺对传输数据真实性承担相应法律责任的前提下,向海关传输交易、支付等电子信息。

2.跨境电子商务零售出口商品申报前,电子商务企业或其代理人、物流企业应当分别通过服务平台如实向海关传输交易、收款、物流等电子信息。

3.电子商务企业或其代理人应提交《中华人民共和国海关跨境电子商务零售进出口商品申报清单》(以下简称《申报清单》),出口采取"清单核放、汇总申报"方式办理报关手续,进口采取"清单核放"方式办理报关手续。

《申报清单》与《中华人民共和国海关进(出)口货物报关单》具有同等法律效力,相关数据填制要求详见附件1、附件2。

4.电子商务企业应当对购买跨境电子商务零售进口商品的个人(订购人)身份信息进行核实,并向海关提供由国家主管部门认证的身份有效信息。无法提供或者无法核实订购人身份信息的,订购人与支付人应当为同一人。

5.跨境电子商务零售商品出口后,电子商务企业或其代理人应当于每月10日前(当月10日是法定节假日或者法定休息日的,顺延至其后的第一个工作日,第12月的清单汇总应当于当月最后一个工作日前完成),将上月(12月为当月)结关的《申报清单》依据清单表头同一收发货人、同一运输方式、同一运抵国、同一出境口岸,以及清单表体同一10位海关商品编码、同一申报计量单位、同一币制规则进行归并,汇总形成《中华人民共和国海关出口货物报关单》向海关申报。

6.除特殊情况外,《申报清单》《中华人民共和国海关进(出)口货物报关单》应当采取通关无纸化作业方式进行申报。

《申报清单》的修改或者撤销,参照海关《中华人民共和国海关进(出)口货物报关单》修改或者撤销有关规定办理。

(四)税收征管

1.根据《财政部海关总署国家税务总局关于跨境电子商务零售进口税收政策的通知》(财关税〔2016〕18号)的有关规定,跨境电子商务零售进口商品按照货物征收关税和进口环节增值税、消费税,完税价格为实际交易价格,包括商品零售价格、运费和保险费。

2.订购人为纳税义务人。在海关注册登记的电子商务企业、电子商务交易平台企业或物流企业作为税款的代收代缴义务人,代为履行纳税义务。

3.代收代缴义务人应当如实、准确向海关申报跨境电子商务零售进口商品的商品名称、规格型号、税则号列、实际交易价格及相关费用等税收征管要素。

跨境电子商务零售进口商品的申报币制为人民币。

4.为审核确定跨境电子商务零售进口商品的归类、完税价格等,海关可以要求代收代缴义务人按照有关规定进行补充申报。

5.海关对满足监管规定的跨境电子商务零售进口商品按时段汇总计征税款,代收代缴义务人应当依法向海关提交足额有效的税款担保。

海关放行后30日内未发生退货或修撤单的,代收代缴义务人在放行后第31日至第45日内向海关办理纳税手续。

(五)物流监控

1.跨境电子商务零售进出口商品监管场所必须符合海关相关规定。

监管场所经营人、仓储企业应当建立符合海关监管要求的计算机管理系统,并按照海关要求交换电子数据。

2.跨境电子商务零售进出口商品的查验、放行均应当在监管场所内实施。

3.海关实施查验时,电子商务企业或其代理人、监管场所经营人、仓储企业应当按照有关规定提供便利,配合海关查验。

4.电子商务企业或其代理人、物流企业、监管场所经营人、仓储企业发现涉嫌违规或走私行为的,应当及时主动报告海关。

(六)退货管理

在跨境电子商务零售进口模式下,允许电子商务企业或其代理人申请退货,退回的商品应当在海关放行之日起30日内原状运抵原监管场所,相应税款不予征收,并调整个人年度交易累计金额。在跨境电子商务零售出口模式下,退回的商品按照现行规定办理有关手续。

(七)其他事项

1.在海关注册登记的电子商务企业、电子商务交易平台企业、支付企业、物流企业等应当接受海关后续管理。

2.本公告有关用语的含义:

"参与跨境电子商务业务的企业"是指参与跨境电子商务业务的电子商务企业、电子商务交易平台企业、支付企业、物流企业等。

"电子商务企业"是指通过自建或者利用第三方电子商务交易平台开展跨境电子商务业务的企业。

"电子商务交易平台企业"是指提供电子商务进出口商品交易、支付、配送服务的平台提供企业。

"电子商务通关服务平台"是指由电子口岸搭建,实现企业、海关以及相关管理部门之间数据交换与信息共享的平台。

3. 以保税模式从事跨境电子商务零售进口业务的,应当在海关特殊监管区域和保税物流中心(B 型)内开展,除另有规定外,参照本公告规定监管。

本公告自 2016 年 4 月 8 日起施行,施行时间以海关接受《申报清单》申报时间为准,未尽事宜按海关现行规定办理。

自本公告施行之日起,海关总署公告 2014 年第 56 号同时废止。

四、跨境电商零售进出口商品申报清单数据

1. 进口商品申报清单数据(表 8-5)

表 8-5 中华人民共和国跨境电子商务零售进口商品申报清单数据

序号	中文名称	必填项	说明
清单表头			
1	预录入编号	否	电子口岸的清单编号(B+8 位年月日+9 位流水号)
2	订单编号	是	电商平台的原始订单编号
3	电商平台代码	是	电商平台识别标识
4	电商平台名称	是	电商平台名称
5	电商企业代码	是	电商企业的海关注册登记(备案)编码(18 位)
6	电商企业名称	是	电商企业的海关注册登记(备案)名称
7	物流运单编号	是	物流企业的运单包裹面单号
8	物流企业代码	是	物流企业的海关注册登记(备案)编码(18 位)
9	物流企业名称	是	物流企业的海关注册登记(备案)名称
10	担保企业编号	否	需与清单有关企业一致(电商企业或平台,申报企业)
11	账册编号	否	保税模式填写具体账号,用于保税进口业务在特殊区域辅助系统记账(二线出区核减)
12	清单编号	否	海关审结的清单编号(4 位关区+4 位年+1 位进出口标记+9 位流水号)
13	进出口标记	是	I—进口,E—出口

续 表

序号	中文名称	必填项	说明
清单表头			
14	申报日期	是	申报时间以海关入库反馈时间为准，格式：YYYYMMDD
15	申报地海关代码	是	
16	进口口岸代码	是	商品实际出我国关境口岸海关的关区代码 JGS/T 18《海关关区代码》
17	进口日期	是	时间格式：YYYYMMDD
18	订购人证件类型	是	1—身份证；2—其他
19	订购人证件号码	是	海关监控对象的身份证号
20	订购人姓名	是	海关监控对象的姓名，要求个人实名认证
21	订购人电话	是	海关监管对象的电话，要求实际联系电话
22	收件人地址	是	收件人的地址，实际为运单收货人地址，不一定为个人实名认证的订购人住址
23	申报企业代码	是	申报单位的海关注册登记代码(18 位)
24	申报企业名称	是	申报单位的海关注册登记名称
25	区内企业代码	否	网购保税模式必填，用于区内企业核扣账册
26	区内企业名称	否	网购保税模式必填，用于区内企业核扣账册
27	监管方式	是	默认为 1210/9610 区分保税或一般模式
28	运输方式	是	海关标准的参数代码《JGS—20 海关业务代码集》— 运输方式代码。直购指跨境段物流运输方式。网购保税按二线出区
29	运输工具编号	否	直购进口必填。进出境运输工具的名称或运输工具编号填报内容应与运输部门向海关申报的载货清单所列相应内容一致，同报关单填制规范
30	航班航次号	否	直购进口必填。进出境运输工具的航次编号
31	提运单号	否	直购进口必填。提单或运单的编号，直购必填
32	监管场所代码	否	针对同一申报地海关下有多个跨境电子商务的监管场所，需要填写区分；海关特殊监管区域或保税物流中心(B 型)不需要填报
33	许可证号	否	商务主管部门及其授权发证机关签发的进出口货物许可证的编号
34	启运国(地区)	是	直购模式填写
35	运费	是	物流企业实际收取的运输费用
36	保费	是	物流企业实际收取的商品保价费用
37	币制	是	人民币(代码：142)
38	包装种类代码	否	海关对进出口货物实际采用的外部包装方式的标识代码，采用 1 位数字表示，如：木箱、纸箱、桶装、散装、托盘、包、油罐车等

续 表

序号	中文名称	必填项	说明
清单表头			
39	件数	是	件数(包裹数量)
40	毛重(千克)	是	商品及其包装材料的重量之和,计量单位为千克
41	净重(千克)	是	商品的毛重减去外包装材料后的重量,即商品本身的实际重量,计量单位为千克
42	备注	否	
清单表体			
43	序号	是	从1开始连续序号(一一对应关联电子订单)
44	账册备案料号	否	1210保税进口二线出区业务(必填),支持保税模式的账册核扣
45	企业商品货号	否	电商平台自定义的商品货号(SKU)
46	企业商品品名	否	电商平台的商品品名
47	商品编码	是	海关对进出口货物规定的类别标识代码,采用海关综合分类表的标准分类,总长度为10位数字代码,前8位由国务院关税税则委员会确定,后2位由海关根据代征税、暂定税率和贸易管制的需要增设的
48	商品名称	是	中文名称,同一类商品的名称。任何一种具体商品可以并只能归入表中的一个条目
49	商品规格型号	是	满足海关归类、审价以及监管的要求为准。包括品名、牌名、规格、型号、成分、含量、等级等
50	条码	否	商品条形码一般由前缀部分、制造厂商代码、商品代码和校验码组成。没有条形码填“无”
51	原产国(地区)	是	海关标准的参数代码《JGS—20海关业务代码集》国家(地区)代码表填写代码
52	币制	是	人民币(代码:142)
53	数量	是	
54	法定数量	是	
55	第二数量	否	
56	计量单位	是	海关标准的参数代码《JGS—20海关业务代码集》— 计量单位代码
57	法定计量单位	是	海关标准的参数代码《JGS—20海关业务代码集》— 计量单位代码
58	第二计量单位	否	海关标准的参数代码《JGS—20海关业务代码集》— 计量单位代码
59	单价	是	成交单价
60	总价	是	
61	备注	否	

2. 出口商品申报清单数据(表 8-6)

表 8-6　中华人民共和国跨境电子商务零售出口商品申报清单数据

序号	中文名称	必填项	说明
清单数据表头			
1	申报海关代码	是	办理通关手续的 4 位海关代码 JGS/T 18《海关关区代码》
2	申报日期	是	申报时间以海关审批反馈时间为准,格式:YYYYMMDDhhmmss
3	预录入编号	否	电子口岸生成标识清单的编号(B+8 位年月日+9 位流水号)
4	订单编号	是	电商平台的原始订单编号
5	电商平台代码	是	电商平台的海关注册登记编码
6	电商平台名称	是	电商平台的海关注册登记名称
7	物流运单编号	是	物流企业的运单包裹面单号
8	物流企业代码	是	物流企业的海关注册登记编码
9	物流企业名称	是	物流企业的海关备注册登记名称
10	清单编号	否	海关审结生成标识清单的编号(4 位关区+4 位年+1 位进出口标记+9 位流水号)
11	进出口标记	是	I—进口,E—出口
12	出口口岸代码	是	商品实际出我国关境口岸海关的关区代码 JGS/T 18《海关关区代码》
13	出口日期	是	时间格式:YYYYMMDD
14	生产销售单位代码	是	出口发货人填写海关企业代码
15	生产销售单位名称	是	实际发货人的企业名称
16	收发货人代码	是	一般指电商企业的海关注册登记代码
17	收发货人名称	是	一般指电商企业的海关注册登记名称
18	报关企业代码	是	申报单位的海关注册登记代码
19	报关企业名称	是	申报单位的海关注册登记名称
20	区内企业代码	否	针对保税出口模式,区内仓储企业代码,用于一线出区核减账册
21	区内企业名称	否	针对保税出口模式,区内仓储企业名称
22	贸易方式	是	默认为 9610,可以为 1210 保税模式,支持多种跨境贸易方式
23	运输方式	是	海关标准的参数代码《JGS—20 海关业务代码集》— 运输方式代码
24	运输工具名称	否	进出境运输工具的名称或运输工具编号。填报内容应与运输部门向海关申报的载货清单所列相应内容一致;同报关单填制规范
25	航班航次号	否	进出境运输工具的航次编号

续 表

序号	中文名称	必填项	说明
清单数据表头			
26	提(运)单号	否	提单或总运单的编号
27	总包号	否	物流企业对于一个提运单下含有多个大包的托盘编号(邮件为邮袋号)
28	监管场所代码	否	针对同一申报地海关下有多个跨境电子商务的监管场所,需要填写区分
29	许可证号	否	商务主管部门及其授权发证机关签发的进出口货物许可证的编号
30	运抵国(地区)	是	出口货物的直接运抵的国家(地区),《JGS－20 海关业务代码集》国家(地区)代码表填写代码
31	指运港代码	是	出口运往境外的最终目的港的标识代码。最终目的港不可预知时,应尽可能按预知的目的港填报
32	运费	是	物流企业实际收取的运输费用
33	运费币制	是	海关标准的参数代码《JGS－20 海关业务代码集》－ 货币代码
34	运费标志	是	1－率,2－单价,3－总价
35	保费	是	物流企业实际收取的商品保价费用
36	保费币制	是	海关标准的参数代码《JGS－20 海关业务代码集》－ 货币代码
37	保费标志	是	1－率,2－单价,3－总价
38	包装种类代码	是	海关对进出口货物实际采用的外部包装方式的标识代码,采用1位数字表示,如:木箱、纸箱、桶装、散装、托盘、包、油罐车等
39	件数	是	件数(包裹数量)
40	毛重(千克)	是	商品及其包装材料的重量之和,计量单位为千克
41	净重(千克)	是	商品的毛重减去外包装材料后的重量,即商品本身的实际重量,计量单位为千克
42	备注	否	
清单数据表体			
43	商品项号	是	从1开始连续序号,与订单序号保持一致
44	企业商品编号	否	企业内部对商品唯一编号
45	海关商品编码	是	海关对进出口商品规定的类别标识代码,采用海关综合分类表的标准分类,总长度为10位数字代码,前8位由国务院关税税则委员会确定,后2位由海关根据代征税、暂定税率和贸易管制的需要增设的
46	商品名称	是	同一类商品的名称。任何一种具体商品可以并只能归入表中的一个条目

续　表

序号	中文名称	必填项	说明
清单数据表体			
47	规格型号	是	满足海关归类、审价以及监管的要求为准。包括:品名、牌名、规格、型号、成分、含量、等级等
48	条形码	是	商品条形码一般由前缀部分、制造厂商代码、商品代码和校验码组成。没有条形码填“无”
49	最终目的国(地区)代码	是	海关标准的参数代码《JGS－20 海关业务代码集》国家(地区)代码表填写代码
50	币制	是	海关标准的参数代码《JGS－20 海关业务代码集》－ 货币代码
51	申报数量	是	
52	法定数量	是	
53	第二数量	否	
54	申报计量单位	是	海关标准的参数代码《JGS－20 海关业务代码集》－ 计量单位代码
55	法定计量单位	是	海关标准的参数代码《JGS－20 海关业务代码集》－ 计量单位代码
56	第二计量单位	否	海关标准的参数代码《JGS－20 海关业务代码集》－ 计量单位代码
57	单价	是	成交单价
58	总价	是	总价＝成交数量×单价

项目九　国际货运风险控制与纠纷处理

项目导入

国际货物运输的时间、空间跨度比较大，涉及的国家、部门、作业环节众多，使用的文字、文件、单证复杂，各国的法律法规复杂多变。因此，国际货物运输的风险比国内运输大得多。所以对国际货运货代事故的预防和纠纷的处理非常重要。处理海上货运事故应分清是谁的责任，适用什么法律或国际惯例。在进行货运事故的处理时应坚持实事求是、有根有据、合情合理、注重实效的原则。索赔人应在规定的时间内发出索赔通知，提交索赔清单和索赔单证向责任方提出索赔。

学习目标

◉能够运用有关国际海运与航空法规、条约、惯例分析、预防、处理海上、航空货运事故。

业务操作

任务一：货代与托运人纠纷预防与处理

案例1：A是广州市的一家货代公司，B是深圳一家进出口公司，C是湖南省的一家生产企业。C委托B代理进口一批化工原料。C于2006年12月持B致A的信件，向A办理8吨化工原料的进口货运代理手续，并随函附有按CIF条件的进口合同副本一份，在该合同的副本上由B公司的业务员手书注明收货人名称、地址、电话、联系人及用卡车运至某地某库之字样。时隔3个月后，货从国外运抵广州，于是A向C发出"进口货物到货通知书"，在通知书的注意事项第5条内注明货运指定仓库加批加保由货代统一办理。A于办好进口报关、纳税等事项后，以自己的名义委托广州市一家具有合法营运手续的车队D将货物运往合同上指定的仓库，不料货在运输途中由于驾驶员违章操作，导致与另一卡车相撞后车货俱毁。事后，C以A转交他人运输，又未履行加保为由，向A索赔，A以造成货损是D的责任而拒赔。双方经多次协商未果，最后C向法院起诉A。此案如何判决？说明理由。

分析：此案A是货运代理人，B是进出口经营权代理人，C是委托人。根据案例，C与A之间有货运代理合同，而且该种代理是间接代理，间接代理中代理事项的法律责任由代理人承担。C与B之间有商品进口代理合同。C不能向B、D索赔。因为C和B之间只是进出口经营权代理，不是货运代理。C也不能直接起诉D，因为是间接代理。C可以起诉

A,A 赔偿 C 后,依它与 D 的合同起诉 D。

任务二:海运提单纠纷处理

案例 2:2000 年 1 月至 5 月中化国际公司与韩国某服装公司签订出口服装贸易合同,由原告分批向韩国出口服装。合同签订后,原告委托承运人分批承运出口服装,承运人向中化公司签发正本提单 24 份。后韩国公司并未付款赎单,银行将提单退回中化公司。2001 年 11 月中化公司手持 24 份正本提单到韩国釜山港保税库处理货物时,才得知价值 50 多万美元的货物已被韩国公司用副本提单提走,于是中化公司以无单放货为由将承运人告上法庭,而被告承运人则辩称:根据韩国关税法规定进口货物应存放在保税库内且不需承运人的正本提单就可以报关放货,将货物交给保税库就完成交货义务,放货是韩国主管部门的行为,自己无过错。2001 年 11 月 6 日中方将承运人诉至法院。

分析:(1)提单是货物所有权的凭证。不论货物在谁手里,谁取得了提单,谁就掌握了货物所有权。(2)为了减少压港压船,提高通关效率,有些国家规定可以凭副本提单加保函提取货物(比如我国),但只是承运人对收货方的货物借出行为,货物所有权仍控制在正本提单持有人手中。(3)船方赔偿中化公司的损失,然后向韩方索赔。

案例 3:中国 A 公司于 2006 年 11 月 30 日同瑞士 S 公司签订销售某种农产品 2000 长吨的销售合同。装运日期为 2006.12—2007.01,付款条件为保兑的不可撤销信用证,并委托中外运租船装运。外运公司(B 公司)原洽谈的"东风"轮临时损坏,在日本修理,不能按时到达装货港,外运公司接到上述消息后改派"曲兰西克"号,2007 年 1 月 31 日到达装货港装船。装船过程中又连日雨雪,直到 2 月 11 日才装船完毕。A 公司为取得符合信用证规定的提单,要求船公司签发 1 月 31 日装船的提单,并向船公司出具了保函:由倒签提单引起的一切责任由 A 公司承担。船舶到达鹿特丹后,瑞士 S 公司认为提单上的装船日期是伪造的,拒不提货并提出索赔,但 A 公司回电不承认提单日期有错误,S 公司聘请律师上船要求查看航海日志。经查证该船实际装船日期为 2 月 11 日,而不是 1 月 31 日,于是律师凭拍摄的航海日志向当地法院起诉,法院扣押了该船。此案如何判决?

分析:(1)该提单是倒签提单。(2) 该保函是恶意保函。因为 B 公司明知 2 月 11 日装船,却签发 1 月 31 日的提单,属于恶意串通行为。(3)S 公司起诉 B 公司,B 公司赔偿 S 公司后,可以凭保函向 A 公司索赔,但得不到法律保护,因为是恶意保函。

案例 4:上海某公司从美国进口一个装载电子产品的 40 英尺集装箱。美方的托运人在向船公司订舱时,在订舱单上注明"装载舱内",但实际上集装箱并非装载舱内,而是装载甲板,提单上运输条款为 CY—CY,并记载 SLAC 条款。集装箱运抵上海外高桥集装箱码头,卸船时箱子外表状况良好,铅封也正常,但拆箱时却发现箱内电子产品相当部分已受潮锈损,经商检认定,锈损系海水所致,于是收货人提出赔偿要求,但承运人认为:根据提单背面"舱面货选择权"条款,承运人有权将货物装在舱面而无须征得货主同意,因而并不对损害承担责任。此案如何判决?理由?

分析:(1)在班轮运输中,不签订专门的运输合同,订舱单可以看成运输合同。(2)当订舱单的条款同提单条款相冲突时,以订舱单的约定为准;当不冲突时,提单的条款对双方还是有约束力的。(3)承运人要赔偿托运人的损失。

任务三:承运人的责任与免责

案例 5:某轮将 A 公司的 17800 箱苹果从布宜诺斯艾利斯运往温哥华,承运人签发了清洁提单,在装船前各有关方对苹果进行了检查。当苹果抵达温哥华时,发现所有苹果处于毁损状态。货方认为既然签发了清洁提单,就证明货物在装船时是良好的,货损是由于承运人在积载时货箱之间间隔不充分,影响了冷藏舱内冷气的流通,因此要求船方赔偿其损失。船方认为苹果的积载并无不当,冷气系统也没有问题,货损原因是苹果在装船前过熟,不适于漫长的海上运输,这属于货物的固有缺陷,承运人可以免责。此案如何判决?

分析:(1)属于承运人的免责第九条。(2)如果货物的固有缺陷是从外观上能够观察到的,而承运人又签发了清洁提单,则承运人负责赔偿;如果货物的固有缺陷不能从外观上观察到,只要承运人能证明自己在运输途中按一般常识适当谨慎地照料了货物,就可以免除责任。

案例 6:上海 A 公司和荷兰 B 公司签订了肠衣买卖合同,价格是 CIF。A 公司依买卖合同的规定把货物用水桶装妥后交上海远洋运输公司运输,承运人依托运人要求将货物装在水线以下远离锅炉的舱位,然后签发了清洁提单。船到目的港时发现木桶全部被压碎,造成货物损失约 15 万美元。B 公司作为收货人向承运人索赔,承运人以途中遇到大风浪使船舶剧烈颠簸和包装良好是托运人的义务之一为由拒赔。此案如何判决?理由是什么?

分析:(1)此案属于承运人免责第十条。(2)如果包装不当是可以从外观上觉察到的,而承运人又签发了清洁提单,承运人要负责赔偿;如果包装不当不能从外观上觉察到,而承运人又能证明自己在运输中按规则操作,则不承担责任。

任务四:航空货运纠纷处理

案例 7:2001 年 12 月 6 日,某公司(托运人)委托 A 航空公司的代理 B 公司空运 20 箱丝绸服装至米兰,并向保险公司投保,保险金额为 73 849 美元。同日,B 公司出具一份航空货运单注明:第一承运人为 A 航空公司(杭州—北京),第二承运人为 C 航空公司(北京—米兰)。货物共 20 箱,750 公斤,该货物“声明价值(运输)”未填写。A 航空公司于 12 月 20 日将货物由杭州运抵北京。12 月 28 日,A 航空公司在准备按约将货物转交 C 航空公司运输时,发现货物已灭失。2002 年 2 月 20 日保险公司对投保人(托运人)进行了全额赔偿并取得权益转让书后,于 2 月 27 日向 B 公司提出索赔请求。B 公司将保险公司索赔请求材料转交 A 航空公司。A 航空公司表示愿意以每公斤 20 美元限额赔偿保险公司,保险公司坚持要 A 公司全额赔偿,不接受 A 公司的赔偿意见,遂向法院起诉。此案如何判决?赔偿金额应为多少?

分析:(1)保险公司在依保险合同全额赔偿托运人取得代位权后,应该起诉谁?由于航空货运单是 B 公司出具的,即 B 公司“以自己的名义行事”,这种代理在法律上叫“间接代理”。法律后果应该由 B 公司自己承担,保险公司可以起诉 B 公司。鉴于 A 公司愿意承诺赔偿,B 公司可以不承担责任。(2)《华沙公约》规定:赔偿分为限制损害赔偿、按声明价值损害赔偿、无限制损害赔偿。本案没有声明价值，因此不能按照声明价值金额赔偿。本案中原告没有证明损害是由于A航空公司故意行为或者违反航空运输操作规则引起的，所以也不能按照无限制损害赔偿，只能按照限制损害赔偿。本案原告实际损失73 849美元，但《华沙公约》赔偿限额为每公斤20美元，即应该赔偿15 000美元。

理论支撑

一、货运事故责任划分

（一）托运人的责任

首先，不论是海上货物运输、航空货物运输，还是公路或者铁路货物运输，也不论是单一运输方式的货物运输，还是货物多式联运的组织方式，托运人根据运输合同将货物交付承运人或者多式联运经营人之前所发生的一切货损、货差均由托运人自己负责。

其次，当货物交付承运人，由于货物的包装不坚固、标志不清，或由于托运人隐瞒货物种类或其特性，或潜在缺陷等原因造成货损时，则由托运人负责。

（二）承运人的责任

货物在承运人监管过程中所发生的货损、货差事故，除由于托运人的原因和不可抗力等原因外，原则上都由承运人承担责任。但是根据国际公约或者一些国家的海商法，承运人及其雇用人的某些过失可以免责。我们在下节将专门论述。

承运人管理货物的时间不仅仅指货物装载在运输工具上的阶段，也包括货物等待装运和等待提货阶段。这要由运输合同的条款约定来决定。

（三）第三者的责任

严格地讲，在货物的运输过程中，货物仅处于承运人和托运人的监管下。因此，对于货损事故，尽管可能确定是第三者的责任，承运人或托运人都不能免予承担责任。只不过是承运人与托运人根据运输合同解决了货损、货差的赔偿问题之后，再根据事故的责任追究第三方责任人。

在国际海上货物运输中，第三方责任人一般是港口装卸企业，陆路及水路运输企业，第三方船舶、车辆以及仓储企业等。

二、索赔

货物运输中发生了货损、货差后，受到损害的一方向责任方索赔和责任方处理受损方提出的赔偿要求是货运事故处理的主要工作。货主对因货运事故造成的损失向承运人等责任人提出赔偿要求的行为称为索赔。承运人等处理货主提出赔偿要求的行为称为理赔。

（一）索赔必须具备的条件

一项合理的索赔必须具备以下四个基本条件：

1. 索赔人具有索赔权。提出索赔的人原则上是货物所有人，或提单上记载的收货人或合法的提单持有人。但是，根据收货人提出的"权益转让书(letter of subrogation)"，也可以由有代位求偿权的货物保险人或其他有关当事人提出索赔。货运代理人受货主的委托，也可以办理货运事故的索赔事宜。

在实践中，我国的某些部门和单位还通过委托关系，作为索赔人的代理人进行索赔。如在CIF或CFR价格条件下，港口的外轮代理公司就可以受货主委托成为向国外航运公司提出货运事故赔偿的索赔人。

2. 责任方必须具有实际赔偿责任。收货人作为索赔方提出的索赔应属于承运人免责范围之外的，或属保险人承保责任内的，或买卖合同规定由卖方承担责任的货损、货差。

3. 赔偿的金额必须是合理的。合理的赔偿金额应以货损实际程度为基础。要注意在实际中责任人经常受到赔偿责任限额规定的保护。

4. 在规定的期限内提出索赔。索赔必须在规定的期限，即"索赔时效"内提出。否则，索赔人提出的索赔在时效过后难以得到赔偿。

(二)索赔的一般程序

1. 发出索赔通知

(1)国际海上货物运输中的规定。我国《海商法》和有关的国际公约，如《海牙规则》《维斯比规则》《汉堡规则》以及各承运人的提单条款，一般都规定，货损事故发生后，根据运输合同或提单有权提货人，应在承运人或承运人的代理人、雇用人交付货物当时或规定的时间内，向承运人或其代理人提出书面通知，声明保留索赔的权利，否则承运人可免除责任。

关于发出索赔通知的时限，我国《海商法》第81条第1款规定："承运人向收货人交付货物当时，收货人未将货物灭失或者损坏的情况书面通知承运人的，此项交付视为承运人已经按照运输单证的记载交付以及货物状态良好的初步证据。"该条的第2款又规定："货物灭失或者损坏的情况非显而易见的，在货物交付的次日起连续7日内，集装箱货物交付的次日起15日内，收货人未提交书面通知的，适用前款规定。"

《海牙规则》则规定："根据运输契约有权收货的人，除非在卸货港将货物灭失和损害的一般情况，于货物被移交他监督之前或者当时(如果灭失或损害不明显，则在3日内)，已用书面通知承运人或其代理人，这种移交便应作为承运人已经按照提单规定交付货物的证据。"

(2)国际航空货物运输中的规定。在国际航空运输中，《海牙议定书》第26条规定："关于损坏事件，收件人应于发现损坏后，立即向承运人提出异议，如系行李，最迟应在收到行李后7天内，如系货物，最迟应在收到货物后14天内提出。关于延误事件，最迟应在行李或货物交付收件人自由处置之日起21天内提出异议。"

2. 提交索赔申请书或索赔清单

索赔申请书、索赔函或索赔清单(statement of claims)是索赔人向承运人正式要求赔偿的书面文件。索赔函的提出意味着索赔人正式向承运人提出了索赔要求。因此，如果索赔方仅仅提出货损通知，而没有递交索赔申请书或索赔清单，或出具有关的货运单证，则可解释为没有提出正式索赔要求，承运人不会受理货损、货差的索赔，即承运人不会进行理赔。

3.提起诉讼或仲裁

因发生货运事故而产生的索赔可以通过当事人双方之间的协调、协商，或通过非法律机关的第三人的调停予以解决。但是，这种协商、调停工作并不能保证出现可预见的解决问题的结果。这样，双方最终可能只有通过法律手段解决争议，也就是要进入司法程序，提起诉讼。另外，双方还可以通过仲裁解决争议。

法律对涉及索赔的诉讼案件规定了诉讼时效。因此，无论向货损事故的责任人提出了索赔与否，在解决问题没有希望的前提下，索赔人应在规定的诉讼时效届满之前提起诉讼。否则，就失去了起诉的权利，往往也失去了索赔的权利和经济利益。

《海牙规则》和《海牙—维斯比规则》关于诉讼时效，规定期限为1年。我国《海商法》第257条规定："就海上货物运输向承运人要求赔偿的请求权，时效期为一年，自承运人交付或者应当交付货物之日起计算。"

（三）索赔中需要提供的单证

索赔人具有证明其收到的货物并不是在提单或者运单所记载的货物状态下接受的举证责任。作为举证的手段，索赔人要出具货运单证、检验证书、商业票据和有关记录等，以便证明货损的原因、种类、损失规模及程度，以及货损的责任。

1.海运中主要的索赔单证

(1)提单正本。提单既是承运人接受货物的证据，也是交付货物给收货人的交货凭证，还是确定承运人与收货人之间责任的证明，是收货人提出索赔依据的主要单证。提单的货物收据作用，表明了承运人所收货物的外表状况和数量，交付货物时不能按其提交这一事实本身就说明了货损或货差的存在；提单作为运输合同（证明），规定了承运人的权利、义务、赔偿责任和免责项目，是处理承运人和货主之间争议的主要依据。

(2)卸货港理货单或货物溢短单、残损单等卸货单证。这些单证是证明货损或货差发生在船舶运输过程中的重要单证。如果这些卸货单证上批注了货损或货差情况，并经船舶大副签字确认，而在收货单上又未做出同样的批注，就证明了这些货损或货差是发生在运输途中的。

(3)重量单。船方对所卸货物件数或数量有疑问时，一般要求复查或重新理货，并在证明货物溢短的单证上做出"复查"或"重理"的批注。这种情况下，索赔时，必须同时提供复查结果的证明文件或理货人签发的重理单。并以此为依据证明货物有无短缺。

(4)货物残损检验报告。在货物受损的原因不明显或不易区别，或无法判定货物的受损程度时，可以申请具有公证资格的检验人对货物进行检验。在这种情况下，索赔时必须提供检验人检验后出具的"货物残损检验证书"(inspection certificate for damage&shortage)。

(5)商业发票。商业发票(invoice)是贸易中由卖方开出的一般商业票据。它是计算索赔金额的主要依据。

(6)装箱单。装箱单(packing list)也是一种商业票据，列明了每一箱内所装货物的名称、件数、规格等，用以确定损失程度。

(7)修理费。用来表明被损坏的仪器设备、机械等成套货物的修理所花费的费用。

(8)有关的文件。用来证明索赔的起因和作为索赔数目的计算依据。

(9)权益转让证书。所谓的权益转让,就是收货人根据货物保险合同从保险公司得到赔偿后,将自己的索赔权利转让给保险公司,由保险公司出面向事故责任人或其代理人提出索赔的行为。

权益转让的证明文件就是"权益转让书(letter of subrogation)"。它表明收货人已将索赔权益转让给保险公司。

2.空运中主要的索赔单证

航空货物运输办理索赔时,索赔人也要提供能够证明货运事故的原因、损失程度、索赔金额、责任所在,以及索赔人具有索赔权利的单证,这些单证主要是:

(1)索赔函。

(2)货运单正本或副本。

(3)货物商业发票、装箱清单和其他必要资料。

(4)货物舱单(航空公司复印)。

(5)货物运输事故签证(货物损失的客观详细情况)。

三、代理人与委托人的法律关系

《中华人民共和国民法通则》第63条以及《中华人民共和国合同法》第402、403条,对代理行为作了规定。直接代理是指代理人在代理权限内,以委托人的名义行事,只要代理人在代理过程中本身没有违法行为,代理事项的法律责任由委托人承担,这在法律上称为直接代理。

间接代理,是指代理人以自己的名义为被代理人办理委托事项,代理事项的法律责任由代理人承担,法律上称为间接代理。

此外,《民法通则》对代理权的产生、无权代理、代理与第三人的责任以及代理的终止等有关问题都作了明文规定。例如,《民法通则》第66条规定:没有代理权(指根本未授权代理)、超越代理权(指代理人所实施的代理并不在其所获得的代理授权范围之内)或代理权终止后的行为,只有经过被代理人的追认,被代理人才承担民事责任;未经追认的行为,则由行为人承担民事责任。被代理人在面对无权代理行为时,既有追认的选择权也有拒绝的选择权,换言之,被代理人既可追认也可不追认。在无权代理人遭到被代理人拒绝追认时,如有异议,可以提出具有代理权的事实证明进行抗辩。另外,如本人知道他人以本人名义实施民事行为而未作过否认表示的,应视为同意。

当代理人不履行职责给被代理人造成损害的,应由代理人承担民事责任。如代理人与第三人串通,损害被代理人的利益的,应由代理人和第三人负连带责任。如果第三人明知行为人没有代理权或超越代理权或代理权已终止还与行为人实施民事行为给他人造成损害的,第三人和行为人负连带责任。

《民法通则》第67条规定,代理人知道被委托代理的事项违法而仍然进行代理活动的,或者被代理人知道代理人的代理行为违法而不表示反对的,由被代理人和代理人负连带责任。

四、提单的法律地位

(一)提单释义

《中华人民共和国海商法》(1993 年 7 月 1 日起实施)第七十一条规定:“提单,是指用以证明海上货物运输合同和货物已经由承运人接收或者装船,以及承运人保证据以交付货物的单证。提单中载明的向记名人交付货物,或者按照指示人的指示交付货物,或者向提单持有人交付货物的条款,构成承运人据以交付货物的保证。”

(二)提单的性质

提单具有以下三种性质:

1. 提单是海上货物运输合同成立的证明。理论上,提单不是运输合同,只是合同的证明,依据是提单作为经济合同的要件,如提单不是双方合意的产物,履行在前签发在后等,但实践中是将提单视做合同。承、托双方的权利和义务,责任和免责,靠提单条款规定、约束、限制。实际判例里,大多数国家将提单视做承运人与收货人、提单持有人之间的合同,只不过将提单和运输合同(班轮运输合同是订舱单)看作两种不同性质的合同以及在冲突法规则下赋予它们不同的地位。即如果提单的内容与运输合同的内容不冲突,提单条款对双方具有约束力;如果提单的内容与运输合同的内容相冲突,则以运输合同为准。

当提单转让给善意的第三人(提单的受让人、收货人等)以后,承运人与第三人之间的权利、义务等就按提单条款的规定处理,即此时提单就是第三人与承运人之间的运输合同。我国的《海商法》第七十八条第一款规定:“承运人同收货人、提单持有人之间的权利、义务关系,依据提单的规定确定。”

2. 提单是证明承运人已接管货物和货物已装船的货物收据(receipt for the goods shipped)。“收货待运提单”是证明承运人已接管货物、具有明显的货物收据功能的单证。“已装船提单”是在货物装船后,根据货物的原始收据——大副收据等签发的,提单上记载有证明收到货物的种类、数量、标志、外表状况的内容。此外,由于国际贸易中经常使用 FOB、CFR 和 CIF 三个传统的价格术语,在这三个传统的“装运合同(shipping contract)”价格术语下,是以货物装船象征卖方将货物交付给买方,货物装船时间也就意味着卖方的交货时间,因此,提单上还记载有货物装船的时间。

提单作为货物收据的效力,其在托运人或收货人手中而有所不同。对托运人来说,提单只是承运人依据托运人所列提单内容收到货物的初步证据(prima facie evidence)。换言之,如果承运人有确定证据证明他在事实上未收到货物,或者在收货时实际收到的货物与提单所列的情况有差异,承运人可以通过一定方式减轻或者免除自己的赔偿责任。但对善意接受提单的收货人,提单是承运人已按托运人所列内容收到货物的绝对证据(conclusive evidence)。承运人不能提出相反的证据否定提单内所记载的内容。

3. 提单是承运人保证凭以交付货物和可以转让的物权凭证(document of title)。提单作为物权凭证的功能是用法律的形式予以确定的,提单的转移就意味着提单上所记载货物的转移,提单的合法受让人或提单持有人就有权要求承运人交付提单上所记载的货物。除提单中有关规定外，提单的转让是不需要经承运人同意的。

承运人或其代理人在目的港交付货物时，必须向提单持有人交货。在这种情况下，即使是真正的收货人，如果不能递交正本提单，承运人也可以拒绝对其放行货物。也就是说，收货人是根据提单物权凭证的功能，在目的港以提单相交换来提取货物。

提单的转让是受时间上的制约的。在办理提货手续前，提单是可以转让的。但是，一旦办理了手续后，该提单就不能再转让了。

（三）倒签提单、顺签提单、预借提单

1. 倒签提单（anti－B/L，或 back－B/L）：货物装船后，提单的签发日期在实际装船日期之前。

风险：倒签提单在法律上是一种欺诈行为，承运人和托运人面临着“伪造提单”的风险责任，收货人可以“违约”或“侵权”为由提起诉讼。

2. 顺签提单（Post－Date B/L）：货物装船后，提单的签发日期在实际装船日期之后。

风险：会产生在提前期内发生货损的风险，因为保险日期是从装船日期起算的。

3. 预借提单（advanced B/L）：货物尚未装船而提前签发了已装船提单。

风险：货物尚未装船而签发了已装船清洁提单后，有可能因种种原因改变原订的装船船舶，退关，发生货损货差，都会增加承运人的风险责任。银行或收货人掌握预借提单的事实，可以“伪造提单”为由起诉承运人。

4. 保函：海运实践中经常会由当事人向承运人出具保函。《汉堡规则》和我国最高人民法院的司法解释，将保函分为恶意保函和善意保函。恶意保函：承运人同保函出具方串通，欺骗第三方。恶意保函对任何一方都无效。善意保函：承运人在不知情或无法知情的情况下相信了保函出具方所说的是事实。善意保函在双方之间有效，对第三方无效。一般来说，倒签、顺签、预借、“不清洁变清洁”提单而出具的保函都是恶意保函；凡是因承运人“不知情或无法知情”而接受的保函，都是善意保函。

5. “舱面货选择权”：《海牙规则》规定，承运人有权将货物装在舱面而无须征得货主同意，对由此造成的损害不承担赔偿责任。各国司法实践中，对舱面货选择权的处理：原木、长大件等无法装载舱内的货物，船长按惯例装载舱面而无须征得货主的同意；其他货物，如果装载舱面，必须要在提单正面注明“ON DECK”（舱面货），否则由此造成的损失，承运人不能援引“舱面货选择权”条款免责。

五、承运人的责任与免责

我国海商法规定了承运人的责任与免责条款，《海牙规则》也有类似的规定。

（一）承运人责任条款

1. 承运人保证船舶适航责任：即指承运人应使船舶在船体强度、结构、机器设备等各方面能抵御预定航线或预定航线区段中可能遇到的一般风险。此外由于船舶积载不当而危及船舶的航行安全时，也可认为船舶不适航；承运人要配备合格的船员，装备船舶航行所需各种通信装置和文件资料，供应船舶燃油、淡水等必需品；承运人应在开航前（“开航前”是指装货时）和开航时（“开航时”是指离开锚地时）谨慎处理，使货舱、冷藏舱、冷气舱和该船其他载货处所适于并能安全接收、载运和保管货物，如果船舶缺乏这种能力，即认为不适航。

2.承运人管理货物责任：承运人应当妥善而谨慎地装载、操作、运送、保管、照料和卸下所运货物。“妥善”是指要求船长、船员以及相关人员具备专业知识和技能，在装卸、积载等每一个运输环节，建立一套良好的工作系统，以保证货物运输质量；而“谨慎”则是指工作的认真程度，要求承运人及其代理人、雇员尽心尽力。否则，承运人对任何一个环节中发生的货损都须负责。

（二）承运人免责条款

1.船长、船员及其他承运人所雇用的人员在驾驶和管理船舶上有过失（管船过失可免，管货过失不免）。

2.火灾（承运人所雇用人造成的可以免责，本人造成的不能免责）。

3.天灾、海难。

4.战争或武装冲突。

5.政府或主管部门的行为、检疫限制或司法扣押。

6.罢工。

7.海上救助。

8.托运人、代理人的过失造成的。

9.货物的自然特性或固有缺陷引起的。

10.货物的包装不良或标志欠缺、不清引起的。

11.经谨慎处理仍未发现船舶的潜在缺陷，是指合格的专业人员，正常的责任心所不能发现的缺陷，通常是船舶结构方面的缺陷。

12.非由于承运人或承运人的受雇人过失造成的。

（三）海运货损赔偿限额

海牙规则	维斯比规则	汉堡规则	海商法
100英镑/件/单位	1万金法郎/件/单位，或30金法郎/公斤，取其高	835SDR/件/单位，或者2.5SDR/公斤，取其高	666.67SDR/件或2SDR/公斤，取其高

六、国际航空法条约

国际航空法条约总称“华沙体制”，主要由1929年《华沙公约》、1955年《海牙议定书》、1975年《蒙特利尔第四号议定书》构成。

1.索赔地点：可以在始发站、目的站或损失事故发生的中间站提出索赔。

2.索赔时限：对货物损坏或短缺应在收到货物后次日起14天内提出，对于运输延误应在货物交由收货人支配之日起21天内提出，对货物丢失应在自填开货运单的次日起120天内提出。如未能在上述时限内提出异议，即丧失向承运人索赔的权利。

3.索赔手续：应提出书面赔偿要求，开具“索赔清单”，详细说明货物损坏、短缺、遗失、延误的情况，并随附货运单、商业发票、装箱单的影印件。

4.理赔与赔偿原则：赔偿分为限制损害赔偿、按声明价值损害赔偿、无限制损害赔偿。

限制损害赔偿:最高赔偿每公斤 20 美元;按声明价值损害赔偿:但声明价值最高不能超过货物的实际价值;无限制损害赔偿:如果损害是承运人故意行为或者违反航空运输操作规则引起的,要承担无限制损害赔偿责任,按实际损失赔偿。

5.诉讼地点与时限:起诉地点可以是承运人的所在地或签约地或目的地法院。诉讼应在航空器到达目的地之日起,或应该到达之日起,或运输停止之日起两年内提出,否则便丧失追诉权。

参考文献

[1] 报关水平测试教材编写委员会. 报关业务技能[M]. 北京:中国海关出版社,2015

[2] 中国国际货运代理协会. 国际海上货运代理理论与实务[M]. 北京:中国商务出版社,2010

[3] 中国国际货运代理协会. 国际航空货运代理理论与实务[M]. 北京:中国商务出版社,2010

[4] 张为群. 国际货运代理实务操作[M]. 重庆:西南财经大学出版社,2011.

[5] 朱岩,王贵斌. 国际货运代理实务理论与实务操作[M]. 杭州:浙江工商大学出版社,2013.

[6] 张丽英. 国际经济法教学案例[M]. 北京:法律出版社,2004.

[7] 王中,王晓菡. 外贸法律实务[M]. 北京:对外经济贸易大学出版社,2004.

[8] 李勤昌. 国际货物运输[M]. 大连:东北财经大学出版社,2007.

[9] 何银星. 货代高手教你做货代[M]. 北京:中国海关出版社,2010.

[10] 赵加平. 国际货运及代理实务[M]. 北京:中国海关出版社,2014.

[11] 郑俊田,刘文丽,徐晨. 报关单填制与商品归类技巧专项训练[M]. 北京:对外经济贸易大学出版社,2013.

[12] 于波. 空运和快递业务流程与操作实务[M]. 大连:大连海事大学出版社,2009.

[13] 冯晓宁,梁永创,齐建伟. 跨境电商[M]. 北京:人民邮电出版社,2015.

[14] 肖瑞萍. 民用航空危险物品运输[M]. 北京:科学出版社,2009.

[15] 赖焕俊. 物流与运输法规[M]. 南京:东南大学出版社,2009.

[16] 速卖通大学. 跨境电商物流[M]. 北京:电子工业出版社,2015.

[17] 余世明. 国际商务单证实务[M]. 3 版. 广州:暨南大学出版社,2011.

[18] 刘艳华,李玉静. 国际商法[M]. 北京:中国财政经济出版社,2008.

[19] 杨鹏强. 国际货运代理实务[M]. 北京:电子工业出版社,2008

[20] 姜伟. 航运地理[M]. 北京:人民交通出版社,2009

[21] 王任祥. 交通运输地理[M]. 北京:人民交通出版社,2008

[22] 王桂英. 出入境报检实务[M]. 北京:中国海关出版社,2014

[23] 朱岩. 技能性人才培养模式的实践与理论探索. 高等理科教育,2009(3)

[24] 朱岩. 倒签提单在国际贸易实践中的风险控制. 对外经贸实务,2011(12)

[25] 朱岩. 以理论与实务、本科与高职关系视角构建国际物流课程——以货代课程为实验样本[J]. 物流科技,2011(12)

[26] 徐秦. 国际船舶代理实务[M]. 武汉:武汉大学出版社,2013.